高职高专人力资源管理专业系列规划教材

# 劳动关系管理

李青　孙悦⊙主编

## （第3版）

电子工业出版社·

**Publishing House of Electronics Industry**

北京·BEIJING

# 内 容 简 介

本书以劳动关系管理的内容和职能为主线，介绍了劳动合同管理、劳动就业管理、用人单位内部劳动规则管理、职工民主管理及工作时间和休息休假管理、劳动安全卫生和劳动保护管理、工资管理、劳动争议管理等内容。本书在第 2 版的基础上，对相关内容根据国家最新颁布的相关政策和法律法规进行了修订，更新了大部分案例，突出了高职高专实践教学的特色。尤其是对每章后的习题题型进行了统一的调整设置，使其更加符合学生课后复习和巩固的需要。本书既可作为高职高专人力资源管理专业系列规划教材，又适合作为人力资源培训机构的培训用书，还可以供社会各界从事人力资源管理工作的人员参考和阅读。

**图书在版编目（CIP）数据**

劳动关系管理 / 李青，孙悦主编. —3 版. —北京：电子工业出版社，2016.8
高职高专人力资源管理专业系列规划教材
ISBN 978-7-121-29609-3

Ⅰ. ①劳…　Ⅱ. ①李…　②孙…　Ⅲ. ①劳动关系—管理—高等职业教育—教材　Ⅳ. ①F246

中国版本图书馆 CIP 数据核字（2016）第 181513 号

策划编辑：姜淑晶
责任编辑：张　京
印　　刷：北京京师印务有限公司
装　　订：北京京师印务有限公司
出版发行：电子工业出版社
　　　　　北京市海淀区万寿路 173 信箱　邮编 100036
开　　本：787×1092　1/16　　印张：13.5　字数：346 千字
版　　次：2006 年 6 月第 1 版
　　　　　2016 年 8 月第 3 版
印　　次：2020 年 12 月第 5 次印刷
定　　价：38.00 元

凡所购买电子工业出版社图书有缺损问题，请向购买书店调换。若书店售缺，请与本社发行部联系，联系及邮购电话：（010）88254888，88258888。

质量投诉请发邮件至 zlts@phei.com.cn，盗版侵权举报请发邮件至 dbqq@phei.com.cn。

本书咨询联系方式：（010）88254496。

# 高职高专人力资源管理专业系列规划教材（第 3 版）编委会

# 第 3 版总序

高职高专人力资源管理专业系列规划教材，经过多年教学实践的检验，得到了使用该教材的高职高专院校的普遍认可，也受到了广大师生的好评。但是随着社会的发展、改革的深化、科技的进步和国内外人力资源管理专业学科建设的日益完善与创新，尤其是近年来国家颁布实施了一系列相关的新的法律法规，这些客观形势的变化，迫切要求对本套教材进行全方位的修订、更新升级、丰富完善，以满足和适应当前及今后教学的需要。

此次修订，在保持第 2 版主体结构和基本内容不变的前提下，紧密围绕高职高专人力资源管理专业教学实际需要和零距离上岗这两大主题，有更新、有增加、有精简、有创新，更加重视实践教学环节，加强学生的岗位技能训练，使学生能够更快地适应人力资源管理职业岗位的要求。

修订后的第 3 版教材仍然保持原来的显著特点。

（1）目标定位准确。本套教材以强化高职高专院校学生实践能力和职业技能为目标，力求实现学生从学校到工作岗位的"零距离"。

（2）内容与时俱进。本套教材的内容融入了人力资源管理理论研究与实践应用的最新成果和国家最新颁布的方针、政策、法律法规。

（3）体例新颖活泼。本套教材在保持第 2 版的主体结构和基本内容不变的基础上，删繁就简、突出重点、弃旧更新、丰富完善。对每章章后的习题题型进行了统一的调整设置，一律改为名词解释、选择题、判断题、简答题和案例题，使其更加符合学生课后复习和巩固的需要。

本套教材以培养具备人力资源管理及管理学、经济学方面的基本理论和基本知识，熟悉人力资源管理相关法规和政策，具有良好人际沟通能力和组织协调能力，能够在企事业单位和政府机关及其他各种组织中从事人力资源管理和相关研究的专门人才为目标，突出抓好把国内外人力资源管理最新理论、方法同我国人力资源管理实践的结合，侧重于将理论运用于实践这一过程的培养，强化学生对操作技能与方法的掌握，真正做到学以致用，运用自如。

本套教材包括：《人力资源管理基础》（第 3 版）、《人力资源规划》（第 3 版）、《员工薪酬福利管理》（第 3 版）、《劳动关系管理》（第 3 版）、《人员素质与能力测评》（第 3 版）、《绩效考评》(第 3 版)、《人员招聘与配置》(第 3 版)、《人力资源培训与开发 (第 3 版)》、《人力资源管理实用文案》(第 3 版)。

本套教材是高职高专学生走向社会、实现零距离上岗不可多得的教科书,同时适合作为社会力量办学机构与人才培训机构的培训用书,还可供社会各界从事人力资源管理工作的人员参考阅读。

在修订过程中,编者借鉴和吸收了国内外专家学者的最新科研成果,同时参阅了大量相关书籍和资料,在此谨向原作者表示深深的谢意!

由于编者水平有限,加之时间仓促,书中疏漏之处在所难免,恳请专家、同行和广大读者批评指正,以便下一次再版时修订完善。

唐　静

高职高专人力资源管理专业

系列规划教材(第 3 版)编委会主任

# 第 3 版前言

　　本书是高职高专人力资源管理专业系列规划教材之一，是在第 2 版的基础上修订而成的。原教材经过多年教学实践的检验，得到了使用该教材的高职高专院校的普遍认可，也受到了广大师生的好评。近年来，随着改革的进一步深化，在一些法律法规废止的同时，许多新的法律法规陆续实施，人力资源管理机构和部门不断调整，这些客观形势的变化迫切要求对本书内容进行修订与更新，以适应当前及今后教学的需要。

　　此次修订，在保持第 2 版主体结构不变的前提下，对劳动关系管理概述、劳动合同管理概述、劳动就业管理、用人单位内部劳动规则管理、职工民主管理及工作时间和休息休假管理、劳动安全卫生和劳动保护管理、工资管理、劳动争议管理等内容，删繁就简、突出重点、弃旧更新、丰富完善。对每章后的习题题型进行了统一的调整设置，一律改为名词解释、选择题、判断题、简答题和案例题，使其更加符合学生课后复习和巩固的需要。

　　本书由李青（沈阳师范大学）、孙悦（沈阳大学）担任主编。写作分工是：李青编写第 1、2、6、8 章；孙悦编写第 3、4、5、7 章。李青、孙悦负责统稿，同时对全书进行仔细认真的审定，并对全书的体系架构和内容调整提出重要的建议。唐静、戴卫东、张倜、刘崇林、杨雷、戴环宇等老师不辞辛劳对本书内容的修改、案例的选用、知识链接的增换、习题的设计与解答、全书文字的打字速录等等，做了大量的卓有成效的工作。

　　本书是集体智慧的结晶，是大家共同的劳动成果。在此谨对上述全体人员及其付出的辛苦努力表示衷心的感谢！

　　在本书的修订过程中，我们拜读了国内外许多专家、学者的著作，并借鉴了其中部分内容，在此谨向他（她）们表示深深的感谢和敬意！

　　受时间和水平所限，书中难免会有错误和纰漏，敬请专家和读者不吝指正。

编　者

# 目　　录

# 第 **1** 章

# 劳动关系管理概述

## ➲ 本章重点掌握

劳动关系和劳务关系的含义；劳动关系的特征与类型；劳动关系与劳务关系的联系与区别；劳动关系管理理论与制度。

## ↗ 学习导航

第 1 章

| |
| --- |
| 1.1 劳动关系概述<br>1.1.1 劳动关系的含义及特征<br>1.1.2 劳动关系的类型<br>1.1.3 我国劳动关系现状及发展趋势 |

→

| |
| --- |
| 1.2 劳动关系与劳务关系<br>1.2.1 劳务关系的含义、要素和特征<br>1.2.2 劳务关系的现状与运用<br>1.2.3 劳动关系与劳务关系的联系与区别<br>1.2.4 劳动合同与劳务合同 |

| |
| --- |
| 1.3 劳动关系管理理论与制度<br>1.3.1 劳动关系管理理论<br>1.3.2 劳动关系管理制度 |

# 1.1 劳动关系概述

### 引导案例 1-1

孙某于 2015 年 3 月被某供电公司聘用为抄表员，帮助公司在月底抄表收费。双方口头约定孙某的报酬按照抄表的户数确认，每抄一个电表获得报酬 0.80 元，多劳多得。孙某开始抄表后，最高时每月可领取 2000.00 多元，最低时每月只领取 800.00 元。2016 年 4 月，公司考虑孙某年龄偏大，便提出与孙某解除聘用关系。孙某认为自己已经为公司工作了 1 年多，与公司之间存在劳动关系，公司不能随意与自己解除聘用关系，并于 2016 年 4 月 30 日向当地劳动仲裁委员会提出申诉，要求供电公司支付经济补偿金。

思考题：（1）孙某和某供电公司之间是否存在劳动关系？

（2）孙某的要求应当得到支持吗？

## 1.1.1 劳动关系的含义及特征

### 1. 劳动关系的含义

劳动关系是指劳动者与用人单位（包括各类企业、个体工商户、事业单位等）在实现劳动过程中建立的社会经济关系。

劳动过程的实现，必须以劳动力和生产资料两个要素相结合为前提。或者说，劳动过程即劳动力和生产资料两个要素的动态结合过程。在劳动力和生产资料分别归属于不同主体的社会条件下，只有这两种主体之间形成劳动力与生产资料相结合的社会关系，劳动过程才能够实现。

从广义上讲，生活在城市和农村的任何劳动者与任何性质的用人单位之间因从事劳动而结成的社会关系都属于劳动关系的范畴。从狭义上讲，现实经济生活中的劳动关系是指依照国家劳动法律法规规范的劳动法律关系，即双方当事人是被一定的劳动法律规范所规定和确认的权利和义务联系在一起的，其权利和义务的实现，是由国家强制力来保障的。劳动法律关系的一方（劳动者）必须加入某一个用人单位，成为该单位的一员，并参加单位的生产劳动，遵守单位内部的劳动规则；而另一方（用人单位）则必须按照劳动者的劳动数量或质量给付其报酬，提供工作条件，并不断改进劳动者的物质文化生活。

### 2. 劳动关系的特征

在现代市场经济中，劳动关系的一般特征主要表现在以下几个方面。

（1）劳动关系是在实现劳动过程中所发生的关系，与劳动有着直接的联系。所谓实现劳动过程，是指劳动者参加用人单位某种劳动的过程，参加物质生产领域的，表现为物质生产性的劳动过程；参加非物质生产领域的，则表现为非物质生产性的劳动过程。

（2）劳动关系的双方当事人，一方是劳动者，另一方是提供生产资料的用人单位。也就是说，作为劳动关系当事人一方的劳动者并非同自有的或直接支配的生产资料相结合，而是与用人单位提供的生产资料相结合。

（3）劳动关系的一方（劳动者）要成为另一方（用人单位）的成员，并遵守单位的内部劳动规则。

 相关链接

### 事实劳动关系

事实劳动关系是指用人单位与劳动者没有订立书面合同，但双方实际履行了劳动权利义务而形成的劳动关系。

事实劳动关系包括以下几个概念：

（1）没有书面合同形式，以口头协议代替书面劳动合同而形成的劳动关系；

（2）应签订而未签订劳动合同。用人单位招用劳动者后不按规定订立劳动合同而形成的劳动关系；

（3）用人单位与劳动者以前签订过劳动合同，但是劳动合同到期后用人单位同意劳动者继续在本单位工作却没有与其及时续订劳动合同而形成的事实延续的劳动关系；

（4）以其他合同形式代替劳动合同，即在其他合同中规定了劳动者的权力、义务条款，如在承包合同、租赁合同、兼并合同中规定了职工的使用、安置和待遇等问题，这就有了作为事实劳动关系存在的依据；

（5）劳动合同构成要件或相关条款缺乏或违法，事实上成为无效合同，但是双方依照这一合同规定已经建立的劳动关系。

## 1.1.2　劳动关系的类型

劳动关系可分别依不同标准进行多种分类。

（1）以生产资料所有制为标准进行分类。在当前市场经济条件下，可以将劳动关系划分为全民企业劳动关系、集体企业劳动关系、私营企业劳动关系以及外商企业劳动关系4种。

（2）以管理方与员工之间在利益方面的相互关系进行分类。可以将劳动关系划分成利益一致型劳动关系、利益协调型劳动关系以及利益冲突型劳动关系。

（3）以劳动关系主体中各方力量的对比进行分类。可以将劳动关系划分成均衡型劳动关系、不均衡型劳动关系和政府主导型劳动关系。

### 1.1.3 我国劳动关系现状及发展趋势

#### 1. 我国劳动关系现状

在我国内地和香港、澳门、台湾地区，因实行不同的社会制度，劳动关系现状也就有所差别，主要表现在以下几个方面。

（1）不同所有制性质的企业，其劳动关系的运行规则有一定差别。目前，不同所有制劳动关系之间，在确立方式、内容、存在范围、受国家控制程度等方面，还有一定的不同。

（2）劳动合同关系和非合同劳动关系仍然并存。

（3）劳动力市场配置机制和行政配置机制同时对劳动关系发生作用。劳动力市场配置机制对劳动合同关系的运行起支配作用，同时在一定程度上影响着非劳动合同关系的运行；劳动力行政配置机制仍支配着非合同劳动关系的运行，并对劳动合同关系有一定的制约作用。因而，在劳动关系的运行过程中，存在两种劳动力配置机制的摩擦。

按照社会主义市场经济的要求，不同所有制性质劳动关系将逐步按统一规则运行；劳动合同关系将逐步成为劳动关系的普遍形式；劳动力市场配置机制将逐步取代劳动力行政配置机制，并对劳动关系起支配作用。

在我国香港、澳门和台湾地区，劳动关系现状有以下特点：

（1）完全或基本上是以生产资料私有制为基础的雇佣劳动关系；

（2）全部是劳动合同关系，完全按市场规则运行；

（3）由本地区劳动法律法规调整，不适用中国内地的劳动法规。

#### 2. 我国劳动关系发展趋势

（1）劳动关系将逐步趋于国际化。经济全球化的进程及我国加入 WTO 后，越来越多的外国企业来华投资。这种涉外劳动关系的发展，要求我国劳动关系的运作符合国际通行规则和公认的劳工标准与惯例。

（2）劳动关系将更加市场化。

1）国有企业劳动关系面临市场化的重大转折。

2）随着企业破产、兼并、合并、联合、转让行为的增多，将带来劳动关系的剧烈变动和冲突，劳动力市场将出现个体化、弹性化的趋势，兼职、非全日制、阶段性就业关系将呈增长趋势。

（3）劳动关系呈多变性。随着所有制结构调整和企业产权制度改革的深入，企业产权所有者、经营者、劳动者各自的利益取向日益清晰和独立。所有者追求收益最大化、经营者追求利润最高化、劳动者追求待遇最优化。这三者之间既有相互依存、共同发展的同一性，也有利益冲突的矛盾性。用人单位对不需要的员工可以辞退；劳动者对不满意的用人单位也可以选择辞职，劳动关系呈现复杂多变的发展趋势。

（4）劳动关系冲突渐趋激化。

1）非国有企业组建工会难。

2）现有的工会劳动模式难以适应员工利益多元化的需要。

3）企业工会在相当程度上仍然依附管理层，难以发挥制衡作用。

（5）劳资对立社会化。面对劳动关系冲突、对立呈社会化趋势，改革现有体制已迫在眉睫，应在法院设立劳动法庭，采取或裁或审、一裁终局的办法，探索市场化的处理机制和方式，从而解决因仲裁人员少、案件多、争议不能及时化解而引发的冲突。

# 1.2 劳动关系与劳务关系

## 引导案例 1-2

张三在常福乐大卖场某家电品牌专营柜台上班，劳动合同是与厂家签订的。因张三不参加大卖场每日晨会，被大卖场警告说要解除劳务关系。

思考题：（1）张三与常福乐大卖场存在劳务关系吗？

（2）张三不是常福乐大卖场的员工，大卖场有资格解除张三的劳务关系吗？

## 1.2.1 劳务关系的含义、要素和特征

### 1. 劳务关系的含义

劳务关系是指提供劳务的一方为需要的一方以劳动形式提供劳务活动，而需要方支付约定的报酬的社会关系。劳务关系由《中华人民共和国民法通则》和《中华人民共和国合同法》进行规范和调整，建立和存在劳务关系的当事人之间是否签订书面劳务合同，由当事人双方协商确定。

劳务关系是由两个或两个以上的平等主体，通过劳务合同建立的一种民事权利义务关系。该合同可以是书面形式的，也可以是口头形式或其他形式的。其适用的法律主要是《中华人民共和国合同法》（以下简称《合同法》）。劳务关系、劳务合同是一种通俗称呼，在《合同法》中是没有这类名词的。属于承包劳务情形的劳务合同可归属法定的"承揽合同"，属于劳务人员输出情形的劳务合同可归属法定的"租赁合同"。劳务合同与劳动合同不同没有固定的格式、必备的条款，其内容可依照《合同法》第12条规定，由当事人根据具体情况自主随机选择条款，具体约定。

### 2. 劳务关系的要素

（1）主体：劳务关系的主体，不仅包括自然人，也包括法人、合伙、国家、外国组织及其他特殊组织（包括非法人组织、清算组织等）。

（2）内容：即权利义务具有广泛性。

（3）客体：既包括行为，也包括物、智力成果及与人身不可分离的非物质利益（人格和身份）。

### 3．劳务关系的特征

（1）劳务关系的基本特征。

1）双方当事人的地位平等，在人身上不具有隶属关系。

2）工作风险一般由提供劳务者自行承担。但由雇工方提供工作环境和工作条件的和法律另有规定的除外。

3）基于民事法律规范成立，并受民事法律规范的调整和保护。

4）主体具有不特定性，提供劳务方和用工方都可以是自然人、法人或其他组织。

（2）狭义的劳务关系的特点。

1）狭义的劳动关系是一种准劳动关系。

2）用工方不具备《劳动法》中用人单位的主体资格，或者具备主体资格但工作内容具有临时性。

3）由用工方提供工作环境和工作条件。

4）根据用工方的指示从事生产经营活动。

5）由用工方承担劳作过程中人身伤害的风险。这是基于民法中"谁受益谁负责"的原则请求赔偿的，而不是基于《劳动法》中的工伤赔偿。

## 1.2.2　劳务关系的现状与运用

目前，与劳动关系相近的一类劳务关系大致有以下几种情形。

（1）用人单位将某项工程发包给某个人员或某几个人员，或者将某项临时性或一次性工作交给某个人或某几个人，双方订立劳务合同，形成劳务关系。这类从事劳务的人员一般是自由职业者，身兼数职，自己通过中介机构存放档案，缴纳保险。

（2）用人单位向劳务输出公司提出所需人员的条件，由劳务输出公司向用人单位派遣劳务人员，双方订立劳务派遣合同，形成较为复杂的劳务关系。具体说，用人单位与劳务输出公司是一种劳务关系，劳动者与劳务输出公司是一种劳动关系，而与其所服务的用人单位也是一种劳务关系。这种劳务关系的情形有人称之为"租赁劳动力"。

（3）用人单位中的待岗、下岗、内退、停薪留职人员，在外从事一些临时性有酬工作而与另外的用人单位建立的劳务关系。由于这些人员与原单位的劳动关系依然存在，所以与新的用人单位只能签订劳务合同，建立劳务关系。根据《最高人民法院关于审理劳动争议案件适用法律若干问题的解释（三）》第8条的规定："企业停薪留职人员、未达到法定退休年龄的内退人员、下岗待岗人员及企业经营性停产放长假人员，因与新的用人单位发生用工争议，依法向人民法院提起诉讼的，人民法院应当按劳动关系处理。"上述人员与用人单位之间已被视为劳动关系。

（4）已经办手续的离退休人员，又被用人单位聘用后，双方签订聘用合同。这种聘用关系现已明确确定为劳务关系（根据《最高人民法院关于审理劳动争议案件适用法律若干问题的解释（三）》第 7 条之规定）。

（5）一般来讲，对于常年性岗位上的劳动者，用人单位必须与之建立劳动关系，签订劳动合同。一次性或临时性的非常年性工作或可发包的劳务事项，用人单位可使用劳务人员，并与之签订劳务合同。

劳务合同的内容一般包括合同期限、劳务工作内容及要求、劳务报酬、合同的终止与解除、违约责任、争议解决的方式，以及需要约定的其他内容。虽然劳务合同的法定形式多样化，但涉及劳动主体的劳务关系还是以书面形式签订劳务合同为好。用人单位在认清劳动关系与劳务关系之后，应特别注意自觉守法，不能将应建立劳动关系的情形统统改为建立劳务关系，以规避法律，使用廉价劳动力。不过，用人单位采用租赁劳动力的方式，以劳务关系代替劳动关系的情形例外。

## 1.2.3　劳动关系与劳务关系的联系与区别

劳动关系与劳务关系都是当事人一方提供劳动力给他方使用，由他方给付劳动报酬，即当事人之间因提供劳务和接受劳务而发生的民事关系。

在劳动关系调整工作中，时常遇到劳动关系与劳务关系并存的情况。从整体上看，劳动关系与劳务关系的区别主要有 5 点。

### 1．主体不同

劳动关系的主体是确定的，一方是用人单位，另一方必然是劳动者。劳动者必须加入用人单位，成为其中一员，并且遵守单位的规章制度，双方存在领导与被领导的关系，反映的是劳动力与生产资料相结合的关系。劳务关系当事人一方或双方既可以是法人，也可以是其他组织，还可以是自然人；劳务提供者无须加入另一方，双方不存在领导与被领导的关系，劳务方只要按照约定完成工作任务即可，另一方无权提出额外要求。

### 2．劳动风险责任承担不同

作为劳动关系当事人一方的用人单位组织劳动，享有劳动支配权，因而有义务承担劳动风险责任。作为劳务关系当事人一方的劳务提供者自行安排劳动，自己承担劳动风险责任。

### 3．劳动报酬的性质、支付方式不同

基于劳动关系发生的劳动报酬是工资，且有按劳分配的性质，其支付方式特定化为一种持续的、定期的支付。基于劳务关系发生的劳动报酬是劳务费，且有劳务市场属性，其支付方式为一次性劳务价格支付。

### 4．适用法律不同

劳动关系适用《中华人民共和国劳动法》，而劳务关系则适用《合同法》。

## 5．合同的法定形式不同

劳动关系用劳动合同来确定，其法定形式必须是书面的；而劳务关系用劳务合同来确立，其法定形式除书面的以外，还可以是口头的或其他形式的。

# 1.2.4 劳动合同与劳务合同

### 1．劳动合同与劳务合同的定义

劳动合同是指劳动者与用人单位之间为确立劳动关系，依法协商达成的双方权利和义务的协议。劳动合同是确立劳动关系的法律依据，凡是建立劳动关系就应订立劳动合同。劳动合同能够规范人们在劳动过程中的行为，规范劳动活动，调整劳动关系，从而达到维护劳动关系双方当事人的利益，保证社会生产正常秩序的目的。

劳务合同是确立雇主和劳务人员相互之间的法律关系，各自的权利、义务和职责的协议。当事人双方（或多方）签订劳务合同后开始生效，双方（或多方）都必须按照合同规定的条款办事。如发生纠纷，都要根据签订的合同条款解决。

### 2．劳动合同与劳务合同的区别

具体而言，劳动合同与劳务合同的区别如下所述。

（1）合同的内容不同。劳动合同规定的是劳动者作为用人单位的一个成员，承担一定的工种或职务工作，并遵守用人单位的内部劳动规则和其他规章制度；用人单位负责分配工作或工种，按照劳动者劳动的数量和质量支付劳动报酬，并根据劳动法律、法规和双方协议约定提供各种劳动条件、社会保障和福利待遇。根据《劳动法》的规定，劳动合同应当具备以下条款：劳动合同期限、工作内容、劳动保护和劳动条件、劳动报酬、劳动纪律、劳动合同终止条件、违反劳动合同的责任等必备条款。而劳务合同的内容规定的是一方提供劳务而另一方给付报酬，是在意思自治的原则下，当事人在法律规定的范围内约定的，法律未做强制性规定。

（2）适用的法律规范不同。劳动合同由劳动法律规范来调整，而劳务合同由民事法律规范来调整。由于适用的法律不尽相同，因此在适用法律的一些基本原则上也有所不同。劳动合同中的劳动者在签订劳动合同时，遵循平等自愿、协商一致的原则，双方的法律地位平等；在劳动合同的履行过程中，劳动者必须参加到用人单位的劳动组织中去，担任一定的职务，从事一些工种的工作，服从用人单位的行政领导和指挥，遵守劳动纪律，双方存在隶属关系。而劳务合同在订立和履行的过程中必须遵循民事主体地位平等的原则，双方不存在隶属关系。

（3）法律责任后果不同。用人单位违反劳动合同可能承担行政责任、民事责任甚至刑事责任。比如用人单位侮辱、体罚、殴打、非法搜查和拘禁劳动者的，由公安机关对责任人员处以15日以下拘留、罚款或者警告；构成犯罪的依法追究刑事责任。违反劳务合同一般只承担民事赔偿责任，而不涉及行政和刑事责任。

劳动合同格式见附录A，劳务合同格式见附录B。

# 1.3 劳动关系管理理论与制度

## 1.3.1 劳动关系管理理论

### 1. 劳动关系管理理论的主要学派

劳动关系是劳动经济学、劳动社会学及人力资源管理学科研究的重要范畴。从理论上讲，劳动关系是指劳动者及用人单位在实现劳动的过程中所形成的一种社会经济利益关系。而在实践中，由于各国的社会制度和文化传统的区别，劳动关系又被称为劳资关系、雇佣关系、雇员关系等。

如何调整劳动关系并使其与社会经济发展目标相一致？西方发达国家为此已进行了几个世纪的探索和改进，并在此基础上产生了现代的劳动关系理论。这些理论对各国的产业政策、立法和制度产生了持续性的影响，劳动关系实践又进一步完善和丰富了各国劳动关系理论。

西方学者从不同立场和对现象的认识出发，得出了互不相同的结论，形成了具有代表性的 5 个学派：新保守派、管理主义学派、正统多元论学派、自由改革主义学派及激进派。

这些学派的相似之处在于，都承认雇员和管理方之间存在目标和利益的差异。

这些学派之间也存在以下区别。

（1）员工和管理方之间的目标和利益差异的重要程度、认识各不相同。

（2）在市场经济中，对这些差异带来的问题提出了不同的解决方案。

（3）对于双方的力量分布和冲突的作用持不同看法，尤其是对冲突在劳动关系中的重要程度，以及员工内在力量相对于管理方是否存在明显劣势这两个问题上存在分歧。

（4）在工会的作用以及当前体系所需的改进等方面各执一词。

研究劳动关系理论的好处在于：有助于建立劳动关系体系讨论的基本框架，直接得到需要研究的相关问题，获得各派观点之间的逻辑联系；由于每个学派都从不同角度来考虑劳动关系的不同方面，因此有助于全面理解劳动关系的内容。

### 2. 人本管理

现代企业劳动关系管理至关重要，其中，对人的关怀与否，关怀程度如何以及如何关怀，直接影响到企业劳动关系的好坏，即"以人为本"的管理问题，也就是"人本管理"。

当代"人本管理"的思想已经在现代企业中得到广泛推广与运用，发达国家企业中普遍推行的"以人为中心的管理"越来越显示出强大的生命力。我国国内理论家和企业家也意识到企业中最重要的资源是人力资源，注意到人力资源开发和管理的重要性，纷纷开始"人本管理"的研究和实践。

"人本管理"特别重视处理好人与人之间的关系，也就是说，处理好人与人之间的关系是企业管理的重要任务和基本内容之一。企业劳动关系是企业内部管理者与劳动者之间的关系，是企业内部的一种核心的或最为重要的人与人之间的关系，因此处理好企业内部管理者与劳动者之间的关系，实现企业劳动合作，更是在现代企业管理中居于核心的地位，也是人力资源管理的重要内容和基本目标之一。总之，国内外当代劳动关系中的"人本化"情结正呈现以下趋势，值得企业界关注。

（1）人才开发备受关注。当代企业已不满足于被动地接纳工人的已有素质，他们不但设法研究人的真正需要，而且更深刻地认识到员工的进步会带来企业的发展，而企业的发展更需要员工的进步。因此对员工进行再教育，总有一天会得到高额的回报。管理者更注重：在社会地位上的人格尊重和心理满足；上进的机会；工会活动的自由；了解企业的内情；有效的领导，等等，以此开发员工的潜能。

（2）制度建设作保障。企业内部的制度建设是以员工参与管理、对员工的信任为基础的。这使管理者无论遇到什么样的困难，都可以得到员工广泛的支持。人员的流动在市场化条件下是一个必然的趋势，但如果员工没有相应的保障，他们的潜力就难以发挥，因此企业内外制度建设是企业制胜的法宝之一。

（3）管理者与员工界限淡化。只有劳动力使用者与劳动者，雇主与雇员，管理者与工人，高层管理人员、中层管理人员、基层管理人员相互之间进行良好的沟通，才能使企业真正走上"以人为本"、"团队精神"的管理之路。管理者与员工没有了明显的界限，更强调协作，强调工作团队，二者融为一体，更能消除冲突，增强凝聚力，使劳资关系结成一个统一体。

总之，企业劳动关系经历了从对立到中立、从中立到利益一致的过程。其中，人本情结贯穿始终，实现人本管理，是企业劳动关系管理的关键所在。

## 1.3.2　劳动关系管理制度

在建立和完善社会主义市场经济体制过程中，我国的劳动关系日趋复杂多样。我国致力于维护和谐稳定的劳动关系，初步形成了以《劳动法》为主体的调整劳动关系的法律法规体系，建立了劳动合同制度、集体合同制度、三方协调机制、劳动标准体系、劳动争议处理体系和劳动保障监察制度，与社会主义市场经济相适应的新型劳动关系基本形成。

### 1. 劳动合同制度

我国的劳动合同制度从 20 世纪 80 年代中期开始试点，在 20 世纪 90 年代得到大力推行，至今已在各类企业中广泛实施。劳动合同是劳动者与用人单位建立劳动关系的基本法律形式。用人单位与劳动者依法建立劳动关系，应该书面订立劳动合同，在订立劳动合同过程中，劳动关系双方必须遵循平等、自愿、协商一致的原则，实行劳动合同制度，明确劳动者与用人单位双方的权利和义务，保障劳动者择业自主权和用人单位的用人自主权。因此，劳动合同制度是劳动法各项制度的基础。

### 2．集体合同制度

集体协商与集体合同制度是市场经济条件下协调劳动关系的重要形式。政府鼓励企业不断加强职工代表大会和工会的职能，完善职工民主参与制度。劳动法律法规规定，职工可以就劳动报酬、工作时间、休息休假和劳动安全卫生、保险福利等事项，由工会代表或直接推荐职工代表与用人单位平等协商，签订集体合同。

### 3．三方协调机制

我国积极建立既与世界接轨又符合本国国情的政府、工会和企业三方协调机制。这种协调机制，由各级政府劳动和社会保障部门、工会组织、企业方派出代表组成协调机制，对涉及劳动关系的重大问题进行沟通和协商，对拟订有关劳动和社会保障法规以及涉及三方利益调整的重大改革方案和政策措施提出建议。

### 4．劳动标准体系

我国政府重视合理确定、依法公布、适时调整劳动标准，保障劳动者合法权益，促进经济和社会发展。目前已初步形成了以《劳动法》为核心，内容涉及工时、休息、休假、工资、禁止使用童工、女职工和未成年工特殊劳动保护、劳动定额、职业安全卫生等方面的劳动标准体系，并根据经济和社会的发展不断调整和完善。

为保证劳动标准的科学性和合理性，并使其得到顺利实施，政府在制定、公布和调整劳动标准时都要向工会组织、企业组织及专家学者广泛征求意见。我国政府一贯主张劳动标准必须与本国经济和社会发展水平相协调，保障基本人权，促进国民经济发展和社会进步，并在此基础上逐步提高水平，重视国际社会关于制定和实施劳动标准的经验，并结合本国经济和社会发展的实际，适时加入有关国际劳工公约。

### 5．劳动争议处理体系

我国政府主张及时、依法处理劳动纠纷，维护当事人双方的合法权益。《劳动法》明确规定了依法解决劳动争议的程序和机构。按照规定，劳动者和用人单位发生劳动争议，当事人可以向所在单位劳动争议调解委员会申请调解；调解不成，当事人一方要求仲裁的，可以向劳动争议仲裁委员会申请仲裁。当事人一方也可以直接向劳动争议仲裁委员会申请仲裁。对仲裁判决不服的，可以向人民法院提起诉讼。

### 6．劳动保障监察制度

自 1993 年以来，我国逐步建立了劳动保障监察制度，《劳动法》、《中华人民共和国行政处罚法》等法律法规规定了劳动保障监察机构的职责和工作程序。劳动和社会保障行政部门依法对用人单位执行劳动和社会保障法律法规的情况进行监督检查，有权制止违反劳动和社会保障法律法规的行为，责令改正并可依法做出警告、罚款等行政处罚。任何组织和个人对于违反劳动和社会保障法律法规的行为都有权检举和控告；当事人认为劳动和社会保障行政部门在实施监察执法时侵犯了其合法权益的，可以提起行政复议或行政诉讼。

## 本章习题

### 一、名词解释

1. 劳动关系　　2. 劳务关系　　3. 劳动合同　　4. 劳务合同　　5. 人本管理

### 二、选择题

1. 违反劳务合同一般只承担（　　）。
A. 公司责任　　B. 刑事责任　　C. 行政责任　　D. 民事赔偿责任

2. 集体协商与（　　）是市场经济条件下协调劳动关系的重要形式。
A. 集体管理制度　　　　　　B. 民主管理制度
C. 集体合同制度　　　　　　D. 职工代表大会制度

3. 以生产资料所有制为标准进行分类，在当前市场经济条件下可以将劳动关系划分为
（　　）。
A. 全民企业劳动关系　　　　B. 集体企业劳动关系
C. 私营企业劳动关系　　　　D. 外商企业劳动关系
E. 国际企业劳动关系

4. 劳动关系管理制度包括（　　）。
A. 劳动合同制度　　　　　　B. 集体合同制度
C. 劳动标准体系　　　　　　D. 三方协调机制
E. 劳动争议处理体系

5. 西方学者从不同立场和对现象的认识出发，得出了互不相同的结论，形成的具有代表性的学派有（　　）。
A. 新保守派　　　　　　　　B. 管理主义学派
C. 正统多元论学派　　　　　D. 自由改革主义学派
E. 激进派

### 三、判断题

1. 劳动过程的实现，必须以劳动力和生产资料两个要素相结合为前提。（　　）
2. 已经办理离退休手续的人员，又被用人单位聘用后，双方签订聘用合同，这种聘用关系完全是劳务关系。（　　）
3. 劳动关系当事人一方或双方既可以是法人，也可以是其他组织，还可以是自然人。（　　）
4. 劳动关系适用《合同法》，而劳务关系则适用《劳动法》。（　　）
5. 劳动关系用劳动合同来确定，其法定形式必须是书面的。（　　）

## 四、简答题

1. 简述劳动关系的定义及其分类。
2. 简述劳动关系与劳务关系的区别与联系。
3. 什么是劳动合同？
4. 劳动关系管理制度有哪些？
5. 什么是人本管理？

## 五、案例题

【案情】

2015 年年初，作为厨师的孙某带着五个徒弟与柳河月大酒店签订了一份名称为“劳务协议”的书面材料，酒店作为甲方，孙某作为乙方。协议规定：孙某等六人在大酒店负责炒菜一年，酒店每月支付 3 万元给孙某等六人作为工资。协议还规定：孙某等六人上岗前必须协助大酒店一起办理餐饮从业人员卫生许可证，每天工作时间不得少于 7 小时，他们要遵守大酒店的相关规章制度，大酒店负责他们的食宿等。上半年大酒店能够按照协议的规定每月按时给孙某等六人 3 万元，但从下半年起，酒店便以经营不善、资金周转困难等理由迟延支付每月给孙某等六人的 3 万元钱。到了 2015 年年底，大酒店累计拖欠孙某等六人的钱共计 10 万余元。

孙某等六人拿着当初与酒店签订的协议到当地劳动局去申请劳动仲裁，劳动局的工作人员看过协议后说：这是一份劳务协议，不属于劳动争议仲裁的受理范围，叫他们直接去法院起诉。孙某等六人到律师事务所咨询，律师听完他们的讲述，又看过协议后，认为他们与酒店存在劳动关系，不能直接向法院起诉而应当先通过劳动部门解决。

【问题】

（1）柳河月大酒店与孙某等六人之间是劳务关系还是劳动关系？说明理由。
（2）酒店拖欠工资所引发的争议属于什么争议？应通过何种方式解决？

# 第 **2** 章

# 劳动合同管理概述

## → 本章重点掌握

　　劳动合同的相关概念；劳动合同管理制度及有关部门对劳动合同的管理；集体协商与集体劳动合同的含义；集体劳动合同的内容、期限和履行。

## ↗ 学习导航

第 2 章

| 2.1　劳动合同概述 |
|---|
| 2.1.1　劳动合同及其法律特征 |
| 2.1.2　劳动合同的性质 |
| 2.1.3　劳动合同在企业管理中的地位和作用 |
| 2.1.4　劳动合同的种类 |
| 2.1.5　劳动合同的内容 |
| 2.1.6　劳动合同的形式及格式 |
| 2.1.7　劳动合同的订立 |
| 2.1.8　劳动合同的履行 |
| 2.1.9　劳动合同的变更 |
| 2.1.10　劳动合同的解除 |
| 2.1.11　劳动合同的终止 |
| 2.1.12　无效劳动合同 |

| 2.2　劳动合同管理 |
|---|
| 2.2.1　劳动合同管理制度 |
| 2.2.2　劳动行政主管部门对劳动合同的管理 |
| 2.2.3　用人单位对劳动合同的管理 |
| 2.2.4　工会对劳动合同的管理 |

| 2.3　集体协商与集体劳动合同管理 |
|---|
| 2.3.1　集体协商与集体劳动合同概述 |
| 2.3.2　集体劳动合同的内容和期限 |

# 2.1　劳动合同概述

## 2.1.1　劳动合同及其法律特征

### 1．劳动合同的含义

劳动合同亦称劳动契约，是指劳动者与用人单位之间为确立劳动关系，依法协商达成的双方权利和义务的协议。劳动合同是确立劳动关系的法律形式。按照劳动合同的规定，劳动者加入企业、个体经济组织、事业组织、国家机关、社会团体等用人单位，成为该单位的成员，承担一定的工种、岗位或职务工作，并且遵守单位内部劳动规则和其他规章制度；企业、个体经济组织、事业组织、国家机关、社会团体等用人单位则按照劳动者劳动的数量和质量支付劳动报酬，并且根据劳动法规和双方协议提供必要的劳动条件，保证劳动者享受本单位成员的各种权利和福利待遇。

### 2．劳动合同的法律特征

（1）劳动合同的主体是用人单位和劳动者的双方。劳动合同的当事人必须一方是企事业、机关、团体等用人单位的行政方面，另一方就是劳动者。除了企事业、机关、团体等用人单位以外，个体劳动者在录用学徒或者是帮手时，也可以订立劳动合同。

（2）劳动合同是以确定劳动关系为目的，以明确双方当事人相互间的权利和义务为内容的协议。

（3）劳动合同的订立、变更、解除只能是双方当事人协商一致的合法而真实的意愿表示。在明确了解了劳动合同的定义及其法律特征后，才能对劳动合同进行有效的管理。

## 2.1.2　劳动合同的性质

在我国，劳动合同是劳动者和用人单位依照法律确立劳动关系的协议，是为了实现劳动权利和招用人员的法律形式。根据我国《劳动法》规定，劳动合同是劳动者实现劳动权利和履行劳动义务的一种重要的法律形式，也是各用人单位组织劳动，进而实现其目标的一种重要的法律手段。所以，劳动合同具有法律意义上的性质。劳动合同的社会经济地位在不同性质的国家是有区别的，因此劳动合同又有其社会性。

### 1．劳动合同的法律性质

从法律性质来看，劳动合同作为一种确立劳动者与用人单位劳动关系的法律手段，具有《合同法》规定的性质。

（1）劳动合同主体地位平等。劳动合同的当事人双方享有独立的法律人格，在劳动合同的订立、履行、解除等法律关系中互不隶属，地位平等，各自能独立表达自己的意志。任何一方不因为性质、经济地位的不同而处于不平等的地位，不得将自己的意志强加给对方或对他方进行胁迫，尤其是严禁用人单位对劳动者横加限制或进行强制命令。只有真正做到了主体地位平等，才能使所订立的劳动合同具有合法性和公正性。

（2）劳动合同是双方当事人自愿协商、意思表达一致的法律行为，而不是单方面的法律行为。劳动合同和一般合同一样，只有经过主体双方协商一致，才能签订。

（3）劳动合同具有合法性。劳动合同是一种合同，也必然是一种合法的法律行为，主体双方必须依法订立劳动合同，做到主体合法、内容合法和形式合法，而且在履行、变更、终止或解除劳动合同中，也必须遵守国家的法律法规。

### 2. 劳动合同的社会性质

从社会性质来看，劳动合同是一种企业单位用人制度，不仅资本主义国家可以采用，社会主义国家也可以采用。所以，劳动合同在不同性质的国家里采用，具有不同的社会性质。在资本主义制度下，由于私有制，劳动者被剥夺了生产资料，除了能支配自己的劳动力以外，一无所有。为了生存，劳动者只能出卖自己的劳动力给资本家，所以劳动者与资本家订立的劳动合同是一种劳动力买卖契约，是一种剥削与被剥削的劳动关系。

在社会主义制度下，由于实行了生产资料的公有制和社会主义市场经济，在现在的企业中，当事人双方在生产关系中的地位不是对立的，而是平等的。所以从这个意义上讲，我国的劳动合同制度不是雇佣劳动制，而是保障劳动者作为生产资料主人自主选择职业的一种有效的手段。

## 2.1.3　劳动合同在企业管理中的地位和作用

### 1. 劳动合同在企业管理中的地位

劳动合同是产生劳动法律关系的法律事实。劳动者同用人单位签订劳动合同，对于保障劳动者的合法权益，以及用人单位合理使用劳动力，增强企业活力，发挥劳动者的积极性和创造性，提高劳动生产率，促进社会主义现代化建设，具有重要意义。

### 2. 劳动合同的作用

（1）它是劳动者实现劳动权的重要保障。劳动权是劳动者获得职业的权利。它是劳动者生存的权利。《中华人民共和国宪法》（以下简称《宪法》）规定："中华人民共和国公民有劳动的权利和义务。"国家通过宪法和法律保障劳动者实现劳动权。劳动合同是保障劳动者实现劳动权的法律形式。它可以将国家规定的客观劳动权变为劳动者的主观劳动权。劳动者签订劳动合同，意味着劳动权的实现，劳动者在合同期限内获得有保障的工作，用人单位不得无故解除劳动合同。国家通过促进经济和社会发展，创造就业条件，扩大就业机会，保障劳动者实现劳动权。

（2）它是用人单位合理使用劳动力、巩固劳动纪律、提高劳动生产率的重要手段。用人单位可以根据生产经营或工作需要确定招收录用劳动者的时间、条件、方式和数量，并且通过与劳动者签订不同类型、不同期限的劳动合同，发挥劳动者的专长，做到人尽其才，合理使用劳动力。用人单位享有依法订立、变更、解除、终止劳动合同的自主权，劳动者能进能出，可以促使劳动力流动，优化劳动力资源配置。劳动合同规定劳动者必须遵守其所在单位的内部劳动规则和其他规章制度，有利于巩固劳动纪律。签订劳动合同的目的之一是为了提高劳动生产率。量才录用劳动者、节约与合理使用劳动力、贯彻"各尽所能、按劳分配"的原则、加强劳动保护、改善劳动条件、实行奖惩制度等，都是劳动合同规定的调动劳动者的劳动积极性、提高劳动生产率的具体措施。因此，用人单位认真履行劳动合同，能调动广大劳动者的劳动积极性，促进劳动生产率的提高。

（3）它是减少和防止产生劳动争议的重要措施。在我国社会主义制度下，劳动者同用人单位的根本利益是一致的，但是由于种种原因也会产生矛盾，发生劳动争议。这种争议属于人民内部矛盾，应当按照处理人民内部矛盾的方法去解决。签订劳动合同，明确规定当事人双方的权利、义务和责任，有助于提高双方履行合同的自觉性，促使他们正确地行使权利，严格地履行义务，这样，就可以减少和防止发生劳动争议。

## 2.1.4 劳动合同的种类

劳动合同可依不同标准或从不同角度做多种划分。在立法上和实践中的分类方法，常见的有下述几种。

### 1. 以合同主体为标准的分类

此种分类的法律意义在于，不同主体的劳动合同在法律依据和法定内容方面都有所不同。从劳动者的角度分类，主要是按照劳动者在劳动分工结构中所处地位不同或者劳动者所属用工形式不同对劳动合同进行分类的。例如，在《比利时雇用合同》中，将雇用合同划分为工人雇用合同、职员雇用合同、商业推销员雇用合同、家庭佣人雇用合同和学生雇用合同，并对各种雇用合同分设专章予以规定。从我国现行劳动立法和劳动合同实践来看，劳动合同有必要划分为工人劳动合同、管理人员劳动合同、技术人员劳动合同、学徒工劳动合同和临时工劳动合同。从用人单位的角度分类，各国通行的做法，是按照用人单位所属产业不同，将劳动合同划分为工业、商业、矿业、农业、海运、家事等劳动合同；在我国现阶段，还有必要按照用人单位的所有制性质不同对劳动合同进行分类。

### 2. 以合同期限为标准的分类

按照法律对劳动合同有效期限的要求不同，将劳动合同划分为定期劳动合同、不定期劳动合同和以完成一定工作（工程）为期限的劳动合同，这是大多数国家劳动立法的通例。我国《劳动法》和以前的有关劳动法规也肯定了这种分类。定期劳动合同，又称有固定期限劳动合同，是明确规定了合同有效期限并可依法延长期限的劳动合同。劳动关系只在合同有效期限内存续，期限届满则劳动关系终止。不定期劳动合同，又称无固定期限劳动合同，它没有明确规定合同有效期限，劳动关系可以在劳动者的法定劳动年龄范围内和企业的存在期限内持续存在，只有在符合法定或约定条件和情况下，劳动关系才可终止。以完成一项工作（工程）为期限的劳动合同，是把完成某项工作（工程）规定为合同终止条件的劳动合同。这实际上是一种特殊的定期劳动合同，但不存在合同延期的问题。

### 3. 以合同目的为标准的分类

劳动合同的内容和法律适用，在一定程度上取决于订立劳动合同的具体目的，因而有必要以合同目的为标准对劳动合同进行分类。在我国，依此标准可将劳动合同划分为下述几种。

（1）录用合同，是指以职工录用（雇用）为目的，由用人单位在招收社会劳动力为新职工时与被录用者依法签订的，缔结劳动关系并给定劳动权利和劳动义务的合同。它具有普遍适用性，是劳动合同的基本类型。

（2）聘用合同，是指以招聘或聘请在职或非在职劳动者中有特定技术、业务专长者为专职或兼职的技术专业人员或管理人员为目的，由用人单位与被聘用者依法签订的，缔结劳动关系并约定聘用期间劳动权利和劳动义务的合同。

（3）借调合同，又称借用合同，是指为了将某用人单位职工借调到另一用人单位从事短期性工作，而由借调单位、被借调单位和被借调职工三方当事人依法签订的，约定借调期间三方当事人之间权利和义务的合同。

（4）劳动组合合同，又称上岗合同，是指以实现劳动组织合理化为目的，由企业与参加劳动组合的职工依法签订的，约定职工在其劳动关系存续期间的某段时间在特定岗位上工作及其劳动权利和劳动义务的合同。它以录用或聘用职工时所确立的劳动关系为前提和基础，是既存劳动关系内容的具体化，当其内容与录用（聘用）合同内容有所不同时，则会引起录用（聘用）合同内容的变更。

（5）停薪留职合同，是指为了使特定职工有期限地离岗停薪并保留劳动关系，而由用人单位与该职工依法签订的，约定停薪留职期间和此期间双方权利义务的合同。

（6）学徒培训合同，是指以招收学徒并将其培训成合格职工为目的，由招徒单位与学徒依法签订的，约定学徒期间及此期间双方权利义务的合同。由于学徒经培训后考核合格可转为正式职工，故该合同所确立的是预备劳动关系，可视为一种附条件（经考核合格）的录用合同。

## 2.1.5 劳动合同的内容

劳动合同的内容，即劳动合同条款，它作为劳动者与用人单位合意的对象和结果，将劳动关系当事人双方的权利和义务具体化。在各国关于劳动合同内容的立法中，主要就内容构成和若干重要条款做出规定。

### 1．关于合同内容构成的一般规定

根据各国劳动法的规定，劳动合同内容由法定必备条款和约定必备条款构成。

（1）法定必备条款，即法律规定劳动合同必须具备的条款。只有完全具备这种条款，劳动合同才能依法成立。它有一般法定必备条款和特殊法定必备条款之区分。

1）一般法定必备条款，是法律要求各种劳动合同都必须具备的条款。根据我国《劳动法》的规定，劳动合同应当具备以下条款：① 合同期限。除依法允许订立不定期合同的情况以外，都应当规定合同的有效期限，其中应包括合同的生效日期和终止日期，或者决定合同有效期限的工作（工程）项目。② 工作内容。即关于劳动者的劳动岗位、劳动任务条款。③ 劳动保护和劳动条件。即关于用人单位应当为劳动者提供劳动安全卫生条件和生产资源条件的条款。④ 劳动报酬。即关于劳动报酬的形式、构成、标准等条款。⑤ 劳动纪律。即关于劳动者应当遵守劳动纪律的条款，它一般不尽列劳动纪律的内容，只是表明劳动者同意接受用人单位依法制定的劳动纪律。⑥ 合同终止条件。即关于劳动合同在法定终止条件之外的哪些情况下可以或应当终止的条款。⑦ 违约责任。即关于违反劳动合同的劳动者和用人单位各自应如何承担责任的条款，不仅包括关于依法承担违约责任的具体规定，而且含有关于在合法范围内承担或免除违约责任的具体约定。

2）特殊法定必备条款，是法律要求某种或某几种劳动合同必须具备的条款。有的劳动合同由于自身的特殊性，立法特别要求其除一般法定必备条款外，还必须规定一定的特有条款。例如，《比利时雇用合同法》规定，商业推销员雇用合同中应制定计算佣金的条款；学生雇用合同中应包括履行合同地点、日工时和周工时、学生食宿地点等条款。我国有关劳动法规中也有此类规定，例如，外商投资企业劳动合同和私营企业劳动合同中应包括工时和休假条款；学徒培训合同中应当有培训目标、学习期限、生活待遇等条款。

（2）约定必备条款，即劳动关系当事人或其代表约定劳动合同必须具备的条款。它是法定必备条款的必要补充，其具备与否，对劳动合同可否依法成立，在一定程度上有决定性意义。按照做出约定的主体不同，它可分为集体合同约定必备条款和劳动合同当事人约定必备条款。前者即集体合同要求在劳动合同中必须载明的条款，既包括集体合同已规定标准而应由劳动合同将其具体化的条款，也包括集体合同仅列出项目而应由劳动合同明确其内容的条款。在有的国家（如日本等）对劳动合同必备条款，法规中少做或不做规定，而主要由集体合同约定。后者即签订劳动合同时当事人一方或双方特别约定劳动合同中必须有的条款。我国《劳动法》规定，劳动合同除法定必备条款外，当事人可以协商约定其他内容。

在约定必备条款中，有的属于法定可备条款，即法律规定劳动合同可以具备的条款。劳动合同的某些内容由于非常重要而不应被忽视，但又不宜作为法定必备条款，于是，在立法中予以特别提示，指明在劳动合同中可以做出专项约定。此类条款通常有试用期条款、保密条款和禁止同业竞争条款等。

### 2．关于若干合同条款的特殊规定

在各国劳动法中，均就若干重要条款应否或可否由劳动合同约定和劳动合同应如何约定，做了特别规定。

（1）试用期条款。即约定用人单位对新录用职工实行试用期的合同条款。试用期，是指包括在劳动合同期限内的，劳动关系还处于非正式状态，用人单位对劳动者是否合格进行考核，劳动者对用人单位是否适合自己要求进行了解的期限。试用期满，被试用者即成为正式职工。在我国，《劳动法》颁布以前的有关法规，曾将试用期条款作为法定必备条款。

根据《劳动法》的规定，试用期条款属于法定可备条款。我国现行立法对此规定的要点如下。

1）适用范围，对初次就业或再就业时改变劳动岗位或工种的劳动者，劳动合同可以约定试用期；其工作岗位或工种没有发生变化的劳动者，在同一用人单位只能试用一次。

2）期限限制，《劳动合同法》第十九条规定："劳动合同期限三个月以上不满一年的，试用期不得超过一个月；劳动合同期限一年以上不满三年的，试用期不得超过二个月；三年以上固定期限和无固定期限的劳动合同，试用期不得超过六个月。"

（2）保密条款和禁止同业竞争条款。前者即约定劳动者对用人单位商业秘密负保密义务的合同条款，它包括对保密的内容、范围、期限和措施等的约定。后者即约定禁止劳动者参与或者从事与用人单位同业竞争以保守用人单位商业秘密的合同条款，它包括对禁止同业竞争的期限、范围和补偿等的约定。二者在我国都属于法定可备条款。

关于保密条款，我国立法规定，在劳动合同中可以约定劳动者保守用人单位商业秘密的有关事项，并可约定在劳动合同终止前或该劳动者提出解除劳动合同后一定时间内（不超过 6 个月），调整其工作岗位，变更劳动合同的相关内容。关于禁止同业竞争条款，我国立法表明，可以在劳动合同中约定或者由用人单位规定掌握用人单位商业秘密的劳动者在终止或解除劳动合同后一定期限内（不超过 3 年），不得到与原用人单位生产同类产品或经营同类业务且有竞争关系的其他用人单位任职，也不得自己生产或经营与原用人单位有竞争关系的同类产品或业务，但用人单位应当给予该劳动者一定经济补偿。我国台湾地区的立法也允许约定禁止同业竞争条款。其《劳动契约法》规定，劳动契约应约定劳动者于劳动关系终止后不得与雇方竞争营业，但以劳动者因劳动关系得知雇方技术上秘密而对于雇方有损害时为限；雇方对劳动者如无正当理由而解约时，其禁止竞争营业之约定失其效力。有的国家（如比利时）规定，对工资达到一定数额的劳动者，才可以或应当在雇用合同中约定保密条款和相应的禁止同业竞争条款；如果雇主无正当理由或劳动者有正当理由终止合同，则这种条款无效。

（3）第二职业条款。即约定劳动者可否从事第二职业以及如何从事第二职业的合同条款。有些国家和地区的立法表明，允许劳动合同当事人双方约定此种条款。我国台湾地区的立法规定，劳动者于劳动契约期满前，未经雇方同意不得与第三人订立劳动契约，但无损于原契约的履行者不在此限。我国有关法规和政策规定，可从事第二职业的，只限于一定范围内的劳动者；凡从事第二职业者，应当事先取得用人单位同意或者在劳动合同中已做许可性约定。所以，除了被法规和政策禁止从事第二职业的劳动者外，都在劳动合同中约定第二职业条款。如果约定允许从事第二职业，就应当对从事第二职业的条件、职业范围，尤其是与第一职业的关系，做出具体约定。

（4）保证金条款。即约定劳动者向用人单位交纳一定货币或其他财物，在有特定违约或解约行为时不予退还，并以此作为缔结劳动关系前提条件的合同条款。

（5）违约金和赔偿金条款。即约定不履行劳动合同而应支付违约金或赔偿金的合同条款，它包括对违约金或赔偿金的支付条件、项目、范围和数额等内容的约定。在有些国家的立法中，禁止劳动合同约定违约金或赔偿金数额。例如，《日本劳动标准法》规定，禁止雇主签订预先规定不履行劳动合同时的违约金或损坏赔偿金额的合同。这是因为在签订劳动合同时对违反劳动合同可能造成的损失难以预计，并且，因劳动者承担赔偿责任的能力极为有限而只宜适用合理赔偿原则。所以对违反劳动合同所造成的损失，应当实行法定赔偿标准，而不适宜由劳动合同约定赔偿金数额。至于违约金的确定，也必然要考虑违反劳动合同所可能造成的损失和劳动者的财产承受能力等因素，因而违约金数额也不应当由劳动合同约定，而只应按法定标准确定。

在我国，现行立法允许劳动合同约定违约金和赔偿金条款，但对是否允许约定违约金或赔偿金数额则无明确规定。基于我国的实践和现行立法，借鉴外国的立法经验，就违约金和赔偿金条款应当明确以下要点：

1）凡是立法就赔偿金数额已规定标准的，劳动合同就不应当约定赔偿金数额；

2）劳动合同只可以就没有法定标准而损失额可以预计的赔偿金约定其数额；

3）劳动合同约定劳动者支付赔偿金的数额，应当符合合理赔偿原则；

4）违约金由于在违反劳动合同但未造成损失的情况下具有惩罚性，因而，劳动者支付违约金的数额应当实行法定标准而不由劳动合同约定。

鉴于实践中劳动者在用人单位出资培训后违约的现象比较突出，我国劳动部规定，可以在劳动合同中就用人单位为劳动者支付培训费用和劳动者违约时赔偿培训费做出约定，但约定的赔偿标准不得违反国家有关规定。

（6）限制工资权条款。即约定允许用人单位扣除工资、要求劳动者部分放弃工资支配自由等限制劳动者工资权的合同条款。由于这种条款与工资支付保障的精神不符，有的国家在立法中禁止在劳动合同中约定这种条款。例如，《日本劳动标准法》规定，雇主不得在劳动合同之后附订要求劳动者将其工资进行储蓄的合同或者关于劳动者委托雇主管理其工资储蓄的合同。

（7）歧视条款。即约定给予劳动者以歧视待遇的合同条款。这种条款侵犯了劳动者权益，因而为各国立法所明令禁止。例如，《巴林劳工法》规定，任何合同不得订有劣于该企业现有合同中条件或者劣于公认的其职业本身性质所要求的条件，而且在雇用的环境、工人的资历和能力都是相同的条件下，工人任何公开表示或暗示可放弃同一企业或同一职业工人所享有的特权均属无效。有的国家还专门对与工会有关的歧视条款做了禁止性规定。例如，《尼日利亚联邦共和国劳工法》规定，劳动合同不应当规定以下事项。

1）以工人是否参加工会或是否放弃工会会员资格作为雇用条件。

2）因下列原因之一而给予开除处分或使其蒙受其他损失：因工人是工会会员；于工作时间之外或经雇主同意于工作时间之内从事工会活动；因雇员失去或被剥夺工会会员资格，拒绝成为工会会员；或者由于其他原因尚不是工会会员。

## 2.1.6　劳动合同的形式及格式

### 1．劳动合同的形式

劳动合同的形式，是劳动合同内容赖以确定和存在的方式，即劳动合同当事人双方意思表示一致的外部表现。各国关于劳动合同可以或应当以什么形式存在，都由立法明确规定。劳动合同形式有口头形式和书面形式之分。各国劳动立法对此做出的选择，可归纳为3 种形式：

（1）允许一般劳动合同采用口头形式，只要求特定劳动合同采用书面形式；

（2）一般要求劳动合同采用书面形式，但允许在特殊情况下劳动合同采用口头形式；

（3）要求所有劳动合同都采用书面形式。在我国，曾有地方性法规允许劳动合同在特殊情况下采用口头形式，例如，《海南省外商投资企业劳动管理暂行规定》只要求雇用期一个月以上的劳动合同以书面形式订立，而根据我国《劳动法》的规定，凡劳动合同都应当采用书面形式。

凡是法定应当以书面形式订立的劳动合同，均为要式合同。在要式合同的适用范围内，如果合同形式不符合要式合同的要求，就会给合同当事人带来一定的法律后果。由于立法规定，要式劳动合同的目的在于更有效地保护劳动者合法权益，因而，许多国家从有利于劳动者的角度，规定了劳动合同不符合要式合同要求的法律后果。其中常见的有：

（1）定期劳动合同因未采用书面形式而转化为不定期劳动合同。例如，《比利时雇用合同法》规定，如缺乏书面文件表示合同已按一定期限或明确的任务签订，则应当作为以相同条件签订的没有一定期限的合同。又如，《法国劳动法典》规定，有固定期限的雇用合同采用书面形式，而非书面合同就意味着是签订了一个没有特别说明时间的合同。

（2）劳动者因劳动合同未采用书面形式而有权单独证实其权利。例如，《利比亚劳工法》规定，雇用合同应该用阿拉伯文字书写，在没有书面合同的情况下，应允许工人单独以任何有效的证明方式确立其权利。又如，《伊拉克共和国劳工法》规定，若书面合同遗失，只有工人有权用某种可行的证明方式对合同加以证实。

劳动合同形式还有主件和附件。主件一般是指在确立劳动关系时所订立的书面劳动合同。附件一般是指法定或约定作为劳动合同主件之补充而明确当事人双方相互权利义务的书面文件。在我国，法定的劳动合同附件主要有以下两个。

（1）用人单位内部劳动规则，即用人单位劳动规章制度。《劳动法》规定，用人单位应当建立和完善劳动规章制度。

（2）专项劳动协议，即已确立劳动关系的劳动者与其用人单位就某项事项所签订的专项协议。劳动部规定，生产经营发生重大变化的企业应当与劳动者签订劳动合同，但劳动合同中有关工作岗位、劳动报酬等内容，可以在协商一致的基础上通过签订专项协议来规定；用人单位应当与本单位的待岗或放长假人员就劳动合同的有关内容协商签订专项协议。

### 2．劳动合同的格式

书面劳动合同一般包括 5 部分。

（1）约首条款。它包括当事人双方的名称（用人单位和劳动者分别简称为甲方和乙方）、地址、身份以及签订劳动合同的宗旨和法律依据等。

（2）必备内容。可根据实际情况选定以下内容：合同期限和试用期限，工作岗位和工种，工作时间和休假，工资待遇，劳动保护方面的特殊要求，社会保险和福利，劳动纪律，合同的变更、解除与终止，违约责任及其他。

（3）补充条款。除了必备条款外，合同双方认为需要约定的其他事项，可以在附加条款的地方填写。

（4）结束条款。它包括合同生效日期、合同份数、双方当事人签名、盖章及日期、签证机关盖章及签证日期。

（5）合同附件。它是指需要附加的说明文本或其他文件。

## 2.1.7　劳动合同的订立

### 1．劳动合同订立的原则

劳动合同的订立，是指劳动者与用人单位之间建立劳动关系，依法就双方的权利义务协商一致，设立劳动合同关系的法律行为。《劳动合同法》第三条规定："订立劳动合同，应当遵循合法、公平、平等自愿、协商一致、诚实信用的原则。依法订立的劳动合同具有约束力，用人单位与劳动者应当履行劳动合同约定的义务。"按照这一规定，订立劳动合同必须遵循下列原则。

（1）合法的原则。所谓合法，就是依法订立劳动合同。订立劳动合同的行为，不得违反法律、行政法规的规定。依法订立劳动合同，必须符合 3 项要求。

1）当事人必须具备合法的资格。作为用人单位，应是依法成立的企业、个体经济组织、国家机关、事业组织、社会团体等用人单位。作为劳动者，必须具有劳动权利能力和劳动行为能力，即应是年满 16 周岁、具有劳动能力的中国人、外国人和无国籍人。

2）劳动合同内容合法。劳动合同各项条款必须符合国家法律、行政法规的规定。

3）订立劳动合同的程序和形式，必须符合劳动法律、法规的规定。只有依法订立劳动合同，才能得到国家承认，并受法律的保护。

（2）平等自愿、协商一致的原则。平等，是指当事人双方的法律地位平等，当事人双方以平等的身份订立劳动合同。自愿，是指订立劳动合同完全出于当事人自己的意志，任何一方不得将自己的意志强加给对方，也不允许第三者进行非法干预。协商一致，是指当事人双方在充分表达自己意思的基础上，经过平等协商，取得一致的意见，签订劳动合同。

订立劳动合同的程序，是指订立劳动合同必须遵守先后有序的行为规范。在国家没有制定专门的规范订立劳动合同的程序以前，应按照订立合同的一般程序法则进行，即分为要约和承诺两个基本阶段。

要约，是指当事人一方向特定的或不特定的另一方提出订立劳动合同的意思表示。提出要约的一方称为要约人。劳动合同的要约通常由用人单位发出。要约方式多为招工简章、招工（招聘）公告，报刊、广播、电视广告等。企业招工，首先应向社会公布招工简章，明确招收的工种或专业、招工名额、男女比例、招工对象及条件、招工的地区范围、报考的时间及地点、试用期或合同期限、录用后的权利义务及工资福利待遇等，以便于求职者择业应招。要约人提出要约后，应受要约内容的约束。要约人在要约的有效期限内，有义务按照要约提出的条件同对方订立劳动合同。

但是，有下列情形之一的，要约对要约人则不具有约束力：

1）要约的期限届满；

2）要约明示的招录人数已足额；

3）要约人发生非主观性障碍，丧失用人的权利能力。

接受要约的人为受要约人。受要约人同意要约的意思表示，在法律上称为承诺。承诺包括应招表示和应招行为。应招表示，是指受要约人按照要约规定的期限内表示愿意接受要约的内容。应招行为，是指受要约人按照要约人的要求提交有关证明文件，填写应招表格，接受考试、考核和体格检查等行为。受要约人只有应招表示而无应招行为或者应招行为不符合要约人规定的条件的，并不构成承诺，不发生约束力。只有受要约人既有应招表示、应招行为，又符合要约人要约条件的，双方才能签订劳动合同，确立劳动关系。

### 2．劳动合同订立的条件

劳动合同订立的条件，是指劳动合同当事人能够享有劳动权利和履行劳动义务的资格和能力。用人单位和劳动者订立劳动合同，是建立劳动关系的一种法律行为，必须具备法定条件，并非任何一个社会劳动组织和劳动者都可以签订劳动合同。

（1）劳动合同的主体由特定的用人单位和劳动者双方构成。劳动合同当事人一方是企业、事业、机关、团体等用人单位，另一方是劳动者本人。

（2）签订劳动合同的双方当事人必须具备合格的主体资格。用人单位必须具有法人资格，私营企业必须具有公民资格；劳动者一方必须具备劳动行为能力和劳动权利能力，劳动者必须年满 16 周岁，且身体健康，具有初中以上文化程度，现实表现好。

（3）国有企业招收职工，必须是在国家下达的劳动用工计划指标内，并向当地劳动部门办理录用职工手续。

### 3．订立劳动合同的内容

（1）订立前的知情权。劳动者在订立劳动合同前，有权了解用人单位相关的规章制度、劳动条件、劳动报酬等情况，用人单位应当如实说明。

用人单位在招用劳动者时，有权了解劳动者的健康状况、知识技能和工作经历等情况，劳动者应当如实说明。

（2）劳动合同的文本与文字。劳动合同文本可以由用人单位提供，也可以由用人单位与劳动者共同拟订。由用人单位提供的合同文本，应当按照公平原则，不得损害劳动者的合法权益。

劳动合同应当用中文书写，也可以同时用外文书写，双方当事人另有约定的，从其约定。同时用中、外文书写的劳动合同文本，内容不一致的，以中文劳动合同文本为准。劳动合同一式两份，当事人各执一份。

（3）劳动合同的主要条款。劳动合同应当具备以下条款：劳动合同期限、工作内容、劳动保护和劳动条件、劳动报酬、劳动纪律、劳动合同终止的条件、违反劳动合同的责任。

劳动合同除前款规定的必备条款外，当事人还可以协商约定其他内容。劳动合同必备条款不全，但不影响主要权利义务履行的，劳动合同成立。劳动合同当事人可以按国家和本市的有关规定，在劳动合同中约定参加社会保险的具体事项。

劳动合同当事人在劳动合同中约定终止条件的，应当经双方当事人协商一致，并不得违反法律、法规和规章的规定。

（4）劳动合同的期限。劳动合同的期限分为固定期限、无固定期限和以完成一定的工作为期限。劳动合同期限由用人单位和劳动者协商确定。

（5）劳动合同的生效日期。劳动合同自双方当事人签字之日起生效，当事人对生效的期限或者条件有约定的，从其约定。

（6）劳动合同的试用期。劳动合同当事人可以约定试用期。劳动合同期限不满 6 个月的，不得设试用期；满 6 个月不满 1 年的，试用期不得超过 1 个月；满 1 年不满 3 年的，试用期不得超过 3 个月；满 3 年的，试用期不得超过 6 个月。劳动合同当事人仅约定试用期的，试用期不成立，该期限为劳动合同期限。

（7）劳动合同的服务期。劳动合同当事人可以对由用人单位出资招用、培训或者提供其他的特殊待遇的劳动者的服务期做出约定。

约定的服务期限长于劳动合同期限，劳动合同期满由用人单位终止合同的，不得追索劳动者服务期的赔偿责任。劳动合同期满用人单位要求劳动者继续履行服务期的，双方当事人应当续订劳动合同，对服务期的履行方式双方有约定的，从其约定。劳动者违反服务期约定的，应当承担违约责任。

（8）商业秘密保护。劳动合同当事人可以在劳动合同中约定保密条款或者单独签订保密协议。商业秘密进入公知状态后，保密条款、保密协议约定的内容自行失效。

对负有保守用人单位商业秘密义务的劳动者，劳动合同当事人可以就劳动者要求解除劳动合同的提前通知期在劳动合同或者保密协议中做出约定，但提前通知期不得超过 6 个月。在此期间，用人单位可以采取相应的脱密措施。

（9）竞业限制。对负有保守用人单位商业秘密义务的劳动者，劳动合同当事人可以在劳动合同或者保密协议中约定竞业限制条款，并约定在终止或者解除劳动合同后，给予劳动者经济补偿。竞业限制的范围仅限于劳动者在离开用人单位一定期限内不得自营或者为他人经营与原用人单位有竞争的业务。竞业限制的期限由劳动合同当事人约定，最长不得超过 3 年，但法律、行政法规另有规定的除外。

劳动合同双方当事人约定竞业限制的，不得再约定解除劳动合同的提前通知期。竞业限制的约定不得违反法律、法规的规定。双方当事人可以在劳动合同或保密协议中约定劳动者在一定的期限内不得到有竞业限制的用人单位任职，劳动者违反竞业限制约定的，应当按约定的违约金承担违约责任。

（10）劳动合同的违约金额。劳动合同对劳动者的违约行为设定违约金的，仅限于违反期限约定及违反保守商业秘密约定。违约金数额应当按照公平、合理的原则约定。

违约金数额、承担责任和支付办法应由双方当事人按照公平、合理的原则在劳动合同中约定。劳动者违反约定的，应当承担违约责任。

双方当事人约定的违约金数额高于因劳动者违约给用人单位造成实际损失的，劳动者应当按双方约定承担违约金；约定的违约金数额低于实际损失，用人单位请示赔偿的，劳动者应按实际损失赔偿。约定的违约金数额太高，当事人可以要求适当减少。双方当事人因违约金发生争议的，可以按劳动争议处理程序解决。

（11）劳动条件和劳动报酬标准。劳动合同约定的劳动条件和劳动报酬标准，不得低于集体合同的规定；低于集体合同规定的，遵从集体合同的规定。

（12）劳动合同的续订。劳动合同期满，经当事人协商一致，可以续订劳动合同。续订劳动合同不得给定试用期。

（13）劳动合同的无效。有下列情形之一的，劳动合同无效：违反法律、行政法规的；采取欺诈、威胁等手段订立的。无效的劳动合同，自订立的时候起，就没有法律约束力。确认劳动合同部分无效的，如果不影响其余部分的效力，其余部分仍然有效。

劳动合同的无效，由劳动争议仲裁委员会或者人民法院确认。

（14）用工登记。用人单位与劳动者建立劳动合同关系，应当向劳动保障行政部门指定的经办机构办理用工登记手续。

### 4．订立劳动合同应注意的问题

（1）劳动合同应由双方各执一份。劳动合同是当事人的合意，应由当事人双方各执一份为凭。但实践中存在两份合同在一方手上而另一方无合同的情况，在此情况下，一旦双方发生争议，要以合同作依据时，无合同的一方就非常被动。无合同的一方多数情况下是劳动者，但有时也是用人单位。

这种情况之所以出现，直接的原因在于合同当事人签订劳动合同的方式不当。正确的签约方法应是合同双方签字盖章，然后各执一份保留。但实践中，许多用人单位都是将事先做好的劳动合同文本一式二份交给劳动者先行签字，然后由劳动者将自己签好的劳动合同交还用人单位盖章，用人单位盖章后将其中一份交给劳动者。这种签约方式签约效率较高，问题是如果用人单位出于某种目的而有意不将劳动者已签好字的应当交还劳动者的那份劳动合同交还劳动者，那么上述情况就出现了，即两份合同全到了用人单位的手上，劳动者则两手空空。相反的情况也有，即用人单位将自己盖好章的两份劳动合同文本全部交给劳动者签字，劳动者签字后出于某种目的故意未将应交归用人单位的那份劳动合同交归用人单位。

这种情况的出现，对于手上没有劳动合同的一方是非常不利的，由于两份合同均在对方手上，如果对方恶意地更改合同的条款，那么除非能够证明对方确属恶意更改，否则将不得不承受这一更改的后果。而实际上要证明对方确属恶意更改是非常困难的。

因此，建议无论是用人单位还是劳动者在签订劳动合同时，不仅要注意签约的效率性，也要注意签约的严肃性，做到当面签订、同时签订。

（2）一方拒绝或拖延签约。目前用人单位拒绝或拖延同劳动者订立劳动合同的情况比较普遍。作为弱势群体，为了能保住这份工作，许多劳动者委曲求全，对用人单位的这一违法做法只是忍让迁就，但实际上，法律对此的态度是很明确的。《劳动合同法》第八十九条规定："用人单位违反本法规定未向劳动者出具解除或者终止劳动合同的书面证明，由劳动行政部门责令改正；给劳动者造成损害的，应当承担赔偿责任。"《违反〈劳动法〉有关劳动合同规定的赔偿办法》第二条规定，用人单位故意拖延不订立劳动合同，即招用后故意不按规定订立劳动合同以及劳动合同到期后故意不及时续订劳动合同的，按以下执行："（一）造成劳动者工资收入损失的，按劳动者本人应得工资收入支付给劳动者，并加付应得工资收入 25%的赔偿费用；（二）造成劳动者劳动保护待遇损失的，应按国家规定补足劳动者的劳动保护津贴和用品；（三）造成劳动者工伤的，除按国家规定提供治疗期间的医疗待遇外，还应支付相当于医疗费用 25%的赔偿费用；（四）造成女职工和未成年工身体健康损害的，除按国家规定提供治疗期间的医疗待遇外，还应支付相当于其医疗费用25%的赔偿费用；（五）劳动合同约定的其他赔偿费用。"

《上海市劳动合同条例》第二十七条规定："应当订立书面劳动合同而未订立，但劳动者按照用人单位要求履行了劳动义务的，当事人的劳动合同关系成立，劳动者的劳动报酬和劳动条件，按照下列规定确认：① 劳动报酬和劳动条件高于用人单位规章制度、集体合同规定或者法定劳动标准相应内容的，按照实际已经履行的内容确认。② 劳动报酬和劳动条件低于用人单位规章制度、集体合同规定或者法定劳动标准的，按照有利于劳动者的原则确认。"该条例第四十条规定："应当订立劳动合同而未订立的，劳动者可以随时终止劳动关系。应当订立劳动合同而未订立的，用人单位提出终止劳动关系，应当提前 30 日通知劳动者。"《最高人民法院关于审理劳动争议案件适用法律若干问题的解释》第十六条规定："劳动合同期满后，劳动者仍在原用人单位工作，原用人单位未表示异议的，视为双方同意以原条件继续履行劳动合同。一方提出终止劳动关系的，人民法院应当支持。"

个别劳动者出于某种目的考虑不愿同用人单位签订劳动合同，这种情况较少，但的确存在，对于这部分劳动者，建议用人单位及时解除双方合同，以免后患。

（3）厂长、经理、党委书记等劳动合同的签订。厂长、经理、党委书记等劳动合同的签订，按以下方式办理：由上级部门聘任（委任）的厂长、经理、党委书记，应与聘任（委任）部门签订劳动合同；由公司董事会聘任的经理及其他经营管理人员，应与公司董事会签订劳动合同。实践中，有的厂长、经理未按上述方式办理，而是自己代表单位同自己签订了劳动合同，由于法律禁止"自己代理"，即代理他人同自己签约，这样签订的劳动合同是不成立的，不具有法律效力。

## 2.1.8　劳动合同的履行

### 1．劳动合同履行的含义

劳动合同履行，是指当事人双方按照劳动合同规定的条件，履行自己所应承担义务的行为。《劳动合同法》第二十九条规定："用人单位与劳动者应当按照劳动合同的约定，全面履行各自的义务。"劳动合同的履行，并不是当事人一方所能完成的，必须由当事人双方共同完成。只有当事人双方各自履行自己所应承担的义务，才能保证劳动合同履行。

### 2．劳动合同履行的原则

结合劳动法律关系的特点，履行劳动合同应遵循以下几项原则。

（1）亲自履行原则。亲自履行，是指劳动合同当事人自己履行劳动合同规定的义务的行为。劳动法律关系是劳动者与用人单位依法形成的权利义务关系。劳动者提供劳动力、用人单位使用劳动力的特点，决定劳动合同当事人享有的权利必须亲自享受而不得转让，义务必须履行而不得代行或转移。因此，劳动合同当事人双方必须亲自履行劳动合同规定的义务。

（2）权利义务统一原则。劳动合同当事人双方互为权利、义务主体，其权利义务是在劳动过程中实现的。这就决定当事人的权利、义务具有不可分割的统一性，不能只享受权利而不履行义务，也不能只尽义务而不享受权利。劳动合同当事人双方互有请求权，以保证劳动合同规定的双方权利义务得以实现。因此，当事人双方必须按照权利义务统一原则履行劳动合同。

（3）全面履行原则。劳动合同规定的各项条款有其内在联系，是不能割裂的统一整体，当事人任何一方不得分割履行某些条款规定的义务或者不按合同约定履行。当事人双方必须按合同约定的时间、地点和方式，全面履行劳动合同规定的各项义务。只有当事人双方按约定全面履行自己的义务，才能保证劳动合同得以全部履行。

（4）协作履行原则。协作履行，是指当事人双方相互协作、共同完成劳动合同规定的任务。协作履行原则是根据劳动合同客体特征提出的。劳动法律关系客体是劳动行为，而劳动行为是在运用劳动能力、实现劳动过程中发生的行为，只有当事人双方协作才能完成劳动合同规定的任务。因此，协作履行是劳动合同履行的必然要求。

## 2.1.9　劳动合同的变更

### 1．劳动合同变更的含义

劳动合同变更，是指当事人双方对依法成立、尚未履行的劳动合同条款所做的修改或增减。劳动合同的变更，只限于劳动合同条款内容的变更，不包括当事人的变更。

《劳动合同法》第三十五条规定："用人单位与劳动者协商一致，可以变更劳动合同约定的内容。变更劳动合同，应当采用书面形式。变更后的劳动合同文本由用人单位和劳动者各执一份。"

### 2．劳动合同变更的条件

劳动合同依法订立后，当事人双方必须全面履行合同规定的义务，任何一方不得擅自变更劳动合同。但是，在履行合同过程中，由于主、客观情况发生变化，也可以变更劳动合同。根据劳动法律、法规的有关规定和劳动合同的实践，允许变更劳动合同的条件如下。

（1）订立劳动合同时所依据的法律、法规已经修改或废止。

（2）企业经有关部门批准转产、调整生产任务，或者由于上级主管部门的相关决定改变单位的工作任务。

（3）企业严重亏损或发生自然灾害，确实无法履行劳动合同规定的义务。

（4）当事人双方协商同意。

（5）法律允许的其他情况。

在劳动合同没有变更的情况下，用人单位不得安排职工从事合同规定以外的工作，但下列情况除外。

（1）发生事故或遭遇灾害，需要及时抢修或救灾。

（2）因工作需要而临时调动工作。

（3）发生短期停工。

（4）单位行政依法任命、调动职工工作。

（5）法律允许的其他情况。

### 3．劳动合同变更的程序

变更劳动合同，应当坚持平等自愿、协商一致的原则，不得违反法律，行政法规的规定。

劳动合同变更的程序，一般分为以下 3 个步骤。

（1）及时提出变更合同的要求。当事人一方要求变更劳动合同时，应及时向对方提出变更合同的要求，说明变更合同的理由、内容、条件以及请示对方答复的期限等项内容。

（2）按期做出答复。当事人一方得知另一方提出变更合同的要求，应在对方规定的期限内做出答复，可以表示同意，也可以提出不同意见，另行协商，还可以在不违背法律规定的情况下表示不同意。

（3）双方达成书面协议。当事人双方就变更劳动合同的内容经过协商，取得一致意见，应当达成变更劳动合同的书面协议，载明变更的具体内容、变更的生效日期，经双方签字盖章后生效。当然，在某种情况下，当事人双方也可以口头达成变更合同的协议，不过应尽可能以书面形式达成变更劳动合同的协议。

劳动合同部分内容变更后，其他内容可以维持原劳动合同的规定，也可以做相应的修改。

## 2.1.10 劳动合同的解除

### 1．劳动合同解除的含义

劳动合同的解除，是指当事人双方提前终止劳动合同的法律效力，解除双方的权利义务关系。它是因发生一定的法律事实，导致有效的劳动合同在期限届满之前终止。

劳动合同解除分为法定解除和协商解除两种。法定解除，是指因发生法律、法规或劳动合同规定的情况，提前终止劳动合同的法律效力。协商解除，是指当事人双方因某种原因，协商同意提前终止劳动合同的法律效力。

劳动合同解除与劳动合同的订立或变更不同。订立或变更劳动合同是当事人双方的法律行为，必须经双方协商一致才能成立。劳动合同解除可以是双方的法律行为，也可以是单方的法律行为，既可以由当事人双方协商一致解除劳动合同，也可以由当事人一方提出解除劳动合同。

### 2．劳动合同解除的条件和程序

（1）劳动合同解除的条件。

1）双方协商解除的条件。《劳动合同法》第三十六条规定："用人单位与劳动者协商一致，可以解除劳动合同。"双方协商解除劳动合同，应由当事人双方按照要约、承诺的程序达成解除劳动合同的书面协议。当事人双方协商解除劳动合同必须符合下列条件：一是双方自愿；二是平等协商；三是不得损害一方利益。

2）用人单位解除劳动合同的条件。用人单位解除劳动合同分为以下 3 种情况。

一是因劳动者不符合录用条件或者有严重过错或触犯刑律，用人单位可随时通知劳动者解除劳动合同。《劳动合同法》第三十九条规定："劳动者有下列情形之一的，用人单位可以解除劳动合同：（一）在试用期间被证明不符合录用条件的；（二）严重违反用人单位的规章制度的；（三）严重失职，营私舞弊，给用人单位造成重大损害的；（四）劳动者同时与其他用人单位建立劳动关系，对完成本单位的工作任务造成严重影响，或者经用人单位提出，拒不改正的；（五）以欺诈、胁迫的手段或者乘人之危，使对方在违背真实意思的情况下订立或者变更劳动合同的；（六）被依法追究刑事责任的。"根据这一规定，劳动者有上述情形之一的，用人单位无须以任何形式提前通知劳动者，即可以同劳动者解除劳动合同。

二是因劳动者不能胜任工作或因客观原因致使劳动合同无法履行的，用人单位可以提前通知劳动者解除劳动合同。《劳动合同法》第四十条规定："有下列情形之一的，用人单位提前三十日以书面形式通知劳动者本人或者额外支付劳动者一个月工资后，可以解除劳动合同：（一）劳动者患病或者非因工负伤，在规定的医疗期满后不能从事原工作，也不能从事由用人单位另行安排的工作的；（二）劳动者不能胜任工作，经过培训或者调整工作岗位，仍不能胜任工作的；（三）劳动合同订立时所依据的客观情况发生重大变化，致使劳动合同无法履行，经用人单位与劳动者协商，未能就变更劳动合同内容达成协议的。"根据这一规定，用人单位解除劳动合同应提前三十日书面通知劳动者本人。这是因为解除劳动合同的原因并非劳动者个人过错。提前三十日以书面形式通知劳动者本人，可以使劳动者有所准备，以便寻找合适的劳动岗位。

三是因经济性裁减人员，用人单位按照法定程序与被裁减人员解除劳动合同。《劳动合同法》第四十一条规定："有下列情形之一，需要裁减人员二十人以上或者裁减不足二十人但占企业职工总数百分之十以上的，用人单位提前三十日向工会或者全体职工说明情况，听取工会或者职工的意见后，裁减人员方案经向劳动行政部门报告，可以裁减人员：（一）依照企业破产法规定进行重整的；（二）生产经营发生严重困难的；（三）企业转产、重大技术革新或者经营方式调整，经变更劳动合同后，仍需裁减人员的；（四）其他因劳动合同订立时所依据的客观经济情况发生重大变化，致使劳动合同无法履行的。裁减人员时，应当优先留用下列人员：（一）与本单位订立较长期限的固定期限劳动合同的；（二）与本单位订立无固定期限劳动合同的；（三）家庭无其他就业人员，有需要扶养的老人或者未成年人的。用人单位依照本条第一款规定裁减人员，在六个月内重新招用人员的，应当通知被裁减的人员，并在同等条件下优先招用被裁减的人员。"为了指导用人单位依法正确行使裁减人员权利，劳动部于 1994 年 11 月 14 日公布《企业经济性裁减人员规定》，规定用人单位濒临破产，被人民法院宣告进入法定整顿期间或生产经营发生严重困难，达到当地政府规定的严重困难企业标准，确需裁减人员的，可以裁员。但是，用人单位不得裁减下列人员：① 患职业病或者因工负伤并被确认丧失或者部分丧失劳动能力的；② 患病或者负伤，在规定的医疗期内的；③ 女职工在孕期、产期、哺乳期内的；④ 法律、行政法规规定的其他情形。用人单位从裁减人员之日起，6 个月内需要新招人员的，必须优先从本单位裁减的人员中录用。

用人单位确需裁减人员，应按下列程序进行：① 提前三十日向工会或者全体职工说明情况，并提供有关生产经营状况的资料；② 提出裁减人员方案，内容包括被裁减人员名单，裁减时间及实施步骤，符合法律、法规规定和集体合同约定的被裁减人员经济补偿办法；③ 将裁减人员方案征求工会或者全体职工的意见，并对方案进行修改和完善；④ 向当地劳动行政部门报告裁减人员方案以及工会或者全体职工的意见，并听取劳动行政部门的意见；⑤ 由用人单位正式公布裁减人员方案，与被裁减人员办理解除劳动合同手续，按照有关规定向被裁减人员本人支付经济补偿金，出具裁减人员证明书。

《劳动合同法》除了规定用人单位可以解除劳动合同的情况外，还专门规定用人单位不得解除劳动合同的情况。《劳动合同法》第四十二条规定："劳动者有下列情形之一的，用人单位不得依照本法第四十条、第四十一条的规定解除劳动合同：（一）从事接触职业病危害作业的劳动者未进行离岗前职业健康检查，或者疑似职业病病人在诊断或者医学观察期间的；（二）在本单位患职业病或者因工负伤并被确认丧失或者部分丧失劳动能力的；（三）患病或者非因工负伤，在规定的医疗期内的；（四）女职工在孕期、产期、哺乳期的；（五）在本单位连续工作满十五年，且距法定退休年龄不足五年的；（六）法律、行政法规规定的其他情形。"劳动者有上述情形之一的，即使劳动合同期限届满，劳动者仍有权依照原劳动合同的规定享受社会保险待遇。

3）劳动者解除劳动合同的条件。根据《劳动法》的规定，劳动者解除劳动合同有以下两种情况。

一是提前通知用人单位解除劳动合同的情况。《劳动合同法》第三十七条规定："劳动者提前三十日以书面形式通知用人单位，可以解除劳动合同。劳动者在试用期内提前三日通知用人单位，可以解除劳动合同。"这一规定的目的主要是保护劳动者在劳动关系中的弱者地位，维护劳动者自主的权利。劳动者在某一用人单位工作即实现劳动权后，由于主、客观原因不愿在该单位继续工作，可提前三十日以书面形式通知用人单位解除劳动合同。这样规定，既可以保障劳动者享有选择职业的权利，充分发挥其劳动的主动性、积极性和创造性，又利于促使劳动力合理流动，优化劳动力资源配置。

劳动者解除劳动合同无须征得用人单位同意，是否会损害用人单位的利益呢？劳动者是否会任意提出解除劳动合同呢？为了防止劳动者任意提出解除劳动合同而可能损害用人单位利益，《劳动法》做了如下规定：① 劳动者提前三十日以书面形式通知用人单位，可以解除劳动合同。劳动者在试用期内提前三日通知用人单位，可以解除劳动合同。用人单位可提早补充其所需要的劳动者，以保证生产经营和工作的正常进行。② 承担因违反规定解除劳动合同而给用人单位造成经济损失的赔偿责任。

二是随时通知用人单位解除劳动合同的情况。《劳动合同法》第三十八条规定："用人单位有下列情形之一的，劳动者可以解除劳动合同：（一）未按照劳动合同约定提供劳动保护或者劳动条件的；（二）未及时足额支付劳动报酬的；（三）未依法为劳动者缴纳社会保险费的；（四）用人单位的规章制度违反法律、法规的规定，损害劳动者权益的；（五）因本法第二十六条第一款规定的情形致使劳动合同无效的；（六）法律、行政法规规定劳动者可以解除劳动合同的其他情形。用人单位以暴力、威胁或者非法限制人身自由的手段强迫劳动者劳动的，或者用人单位违章指挥、强令冒险作业危及劳动者人身安全的，劳动者可以立即解除劳动合同，不需事先告知用人单位。"这是为了反对强迫劳动、保障劳动者享有选择职业的权利和取得劳动报酬的权利而赋予劳动者随时通知用人单位解除劳动合同的权利。由于劳动者有正当理由而提出解除劳动合同，所以无须设立解除劳动合同的附加条件，只要随时通知用人单位即可解除劳动合同。

4）外商投资企业解除劳动合同的条件。为了保障外商投资企业（以下简称企业）及其职工的合法权益，1994 年 8 月 11 日劳动部、对外贸易经济合作部制定的《外商投资企业劳动管理规定》，对企业和职工解除劳动合同的条件和程序做了明确规定。

有下列情形之一的，企业或职工可以解除劳动合同：①劳动合同当事人协商一致。②试用期内不符合录用条件，职工不履行劳动合同、严重违反劳动纪律和企业依法制定的规章制度，以及被劳动教养或判刑的，企业可以解除劳动合同。③企业以暴力、威胁、监禁或者其他妨害人身自由的手段强迫劳动，企业不履行劳动合同或者违反国家法律、行政法规，侵害职工合法权益的，职工可以解除劳动合同。

有下列情形之一的，企业在征求工会意见后，可以解除劳动合同，但是应当提前三十日以书面形式通知职工本人：① 职工患病或非因工负伤，医疗期满后，不能从事原工作或不能从事由企业另行安排的工作的。② 职工经过培训、调整工作岗位，仍不能胜任工作的。③ 劳动合同订立时所依据的客观情况发生变化，致使原劳动合同无法履行，经双方协商不能就变更劳动合同达成协议的。④ 法律、行政法规规定的其他情形。

但是，有下列情形之一的，企业不得解除劳动合同：① 职工患职业病或因工负伤并被确认丧失或部分丧失劳动力的。② 职工患病在规定的医疗期内的。③ 女职工在孕期、产期、哺乳期内的。因患职业病或因工致残的职工，若本人要求解除劳动合同，企业按当地政府规定，向社会保险机构缴纳因工致残就业安置费。

5）劳动合同自行解除的条件。劳动合同自行解除，是指因法律规定的特殊情况发生而导致劳动合同自行提前终止法律效力。它只适用法律规定的特殊情况，并且无须履行解除劳动合同的手续。根据我国有关劳动法规的规定，劳动者被除名、开除、劳动教养以及被判刑的，劳动合同自行解除。

（2）劳动合同解除的程序。根据《劳动法》的规定，劳动合同解除的程序如下。

1）提前通知对方。劳动合同任何一方当事人提出解除劳动合同，除法律有特别规定外，应当提前1个月以书面形式通知对方。提前通知对方，一方面可以使对方有较充裕的时间考虑解除劳动合同是否符合法律、行政法规的规定，以便采取相应的态度和措施；另一方面可以让对方在通知期内重新选择用人单位或招聘职工。

2）征求工会意见。工会是职工自愿结合的工人阶级的群众组织，依法组织职工参加本单位的民主管理和民主监督，维护职工的合法权益。用人单位解除劳动合同，必须征求本单位工会的意见。工会认为不适当的，有权提出意见。

### 3．解除劳动合同的经济补偿

解除劳动合同的经济补偿，是指因解除劳动合同而由用人单位给予劳动者的一次性的经济补偿金。

《劳动合同法》第四十五条规定："劳动合同期满，有本法第四十二条规定情形之一的，劳动合同应当续延至相应的情形消失时终止。但是，本法第四十二条第二项规定丧失或者部分丧失劳动能力劳动者的劳动合同的终止，按照国家有关工伤保险的规定执行。"

《劳动合同法》第四十六条规定："有下列情形之一的，用人单位应当向劳动者支付经济补偿：（一）劳动者依照本法第三十八条规定解除劳动合同的；（二）用人单位依照本法第三十六条规定向劳动者提出解除劳动合同并与劳动者协商一致解除劳动合同的；（三）用人单位依照本法第四十条规定解除劳动合同的；（四）用人单位依照本法第四十一条第一款规定解除劳动合同的；（五）除用人单位维持或者提高劳动合同约定条件续订劳动合同，劳动者不同意续订的情形外，依照本法第四十四条第一项规定终止固定期限劳动合同的；（六）依照本法第四十四条第四项、第五项规定终止劳动合同的；（七）法律、行政法规规定的其他情形。"

《劳动合同法》第四十七条规定："经济补偿按劳动者在本单位工作的年限，每满一年支付一个月工资的标准向劳动者支付。六个月以上不满一年的，按一年计算；不满六个月的，向劳动者支付半个月工资的经济补偿。劳动者月工资高于用人单位所在直辖市、设区的市级人民政府公布的本地区上年度职工月平均工资三倍的，向其支付经济补偿的标准按职工月平均工资三倍的数额支付，向其支付经济补偿的年限最高不超过十二年。本条所称月工资是指劳动者在劳动合同解除或者终止前十二个月的平均工资。"

《劳动合同法》第四十八条规定："用人单位违反本法规定解除或者终止劳动合同，劳动者要求继续履行劳动合同的，用人单位应当继续履行；劳动者不要求继续履行劳动合同或者劳动合同已经不能继续履行的，用人单位应当依照本法第八十七条规定支付赔偿金。"

## 2.1.11 劳动合同的终止

### 1．劳动合同终止的含义

劳动合同的终止，是指劳动合同期满或双方当事人约定的劳动合同终止的条件出现，以及劳动合同一方当事人因某种原因无法继续履行劳动合同时终结劳动关系的法律行为。

### 2．劳动合同终止的条件

《劳动法》第四十四条规定："有下列情形之一的劳动合同终止：（一）劳动合同期满的；（二）劳动者开始依法享受基本养老保险待遇的；（三）劳动者死亡，或者被人民法院宣告死亡或者宣告失踪的；（四）用人单位被依法宣告破产的；（五）用人单位被吊销营业执照、责令关闭、撤销或者用人单位决定提前解散的；（六）法律、行政法规规定的其他情形。"

### 3．劳动合同终止的程序

（1）提前通知。《劳动法》没有规定终止合同是否需要提前通知，但一般而言，终止合同应在合同期满日提出，而不是期满后一段时间才提出。一些地方根据实际情况，进一步规定终止劳动合同，用人单位应提前三十天通知劳动者。如北京市规定：劳动合同期限届满前，用人单位应当提前三十天将终止或者续订劳动合同的意向以书面的形式通知劳动者，经协商办理终止或者续订劳动合同手续。用人单位终止劳动合同的，应当向劳动者出具终止劳动合同的书面证明，并办理有关手续。

（2）逾期终止的法律后果。《最高人民法院关于审理劳动争议案件适用法律若干问题的解释》规定：劳动合同期满后，劳动者仍在原用人单位工作，原用人单位未表示异议的，视为双方同意以原条件继续履行劳动合同。一方提出终止劳动合同关系的，人民法院应当予以支持。

（3）终止合同应支付经济补偿。《劳动合同法》第四十六条规定："有下列情形之一的，用人单位应当向劳动者支付经济补偿：（一）劳动者依照本法第三十八条规定解除劳动合同的；（二）用人单位依照本法第三十六条规定向劳动者提出解除劳动合同并与劳动者协商一致解除劳动合同的；（三）用人单位依照本法第四十条规定解除劳动合同的；（四）用人单位依照本法第四十一条第一款规定解除劳动合同的；（五）除用人单位维持或者提高劳动合同约定条件续订劳动合同，劳动者不同意续订的情形外，依照本法第四十四条第一项规定终止固定期限劳动合同的;(六)依照本法第四十四条第四项、第五项规定终止劳动合同的;(七)法律、行政法规规定的其他情形。"

## 2.1.12 无效劳动合同

### 1. 无效劳动合同的概念

违反法律、行政法规的劳动合同以及采取欺诈、威胁等手段订立的劳动合同属于无效的劳动合同。无效的劳动合同,从订立的时候起,就没有法律约束力。劳动合同的无效由劳动争议仲裁委员会或者人民法院确认。

### 2. 避免签订无效劳动合同的原则

(1)坚持合法的原则。最关键的是在签订劳动合同时要坚持合法的原则,即在当事人双方协商确定劳动合同内容的条款时,要严格遵守法律、行政法规的规定。如招用 16 周岁以下的未成年人,就违反了国家禁止招用童工的规定;在合同里规定女职工在法定的婚育年龄不得结婚、生育,就违反了《妇女权益保障法》、《婚姻法》等法律的规定;甚至有些合同书规定工伤费用自理,半年支付一次工资、因病或非因工负伤医疗费自理等,更是违反了国家劳动法律、行政法规的规定。

(2)坚持平等自愿、协商一致的原则。签订劳动合同一定要坚持平等自愿、协商一致的原则,这是避免产生无效劳动合同的重要原则。从建立劳动关系之日起,用人单位和劳动者地位就是平等的,合同的各项条款确定,都要经过双方协商并达成一致意见,任何一方不得使用强加于人和欺诈、威胁等手段签订劳动合同。例如,一些劳动者为了尽快谋求工伤而默认了用人单位在合同中规定的不公平条款;还有些用人单位不真实或夸大介绍本单位的情况,诱使劳动者与其签订劳动合同;也有些劳动者隐瞒自己的真实情况与用人单位签订劳动合同等,都使劳动合同从签订之日起就成为无效劳动合同,其结果是使双方的合法权益都受到损害。

# 2.2 劳动合同管理

**引导案例 2-1**

新民电子公司在与员工签订劳动合同时遇到一个棘手的问题,员工桑某 2015 年 1 月 1 日进厂,但公司遗忘了与桑某签订劳动合同,桑某知道公司如果不与其签订书面劳动合同,依法需要向其支付双倍工资,因此一直不动声色,直至 2015 年 5 月 1 日,公司对劳动合同进行了一次普查,才发现与员工桑某漏签了劳动合同,公司表示要与员工桑某补签劳动合同,桑某同意补签,但是公司要先支付其 2015 年 1 月至 4 月的另一倍工资,否则桑某只愿意将补签劳动合同的日期订在 2015 年 5 月 1 日。

**思考题：**请问新民电子公司应当如何处理上述案件？

## 2.2.1 劳动合同管理制度

劳动合同管理制度，是指劳动合同当事人在劳动合同的订立、履行过程中必须遵守的管理规则，它同时也是劳动合同管理机关的管理手段和具体操作规则。其目的是为了有效地行使劳动合同管理职能，纠正和制止劳动合同在订立和履行过程中出现的违法现象和不合法做法。

具体来说，劳动合同管理制度主要包括劳动合同订立的协商制度、劳动合同鉴证制度、劳动合同履行情况的检查制度、劳动合同档案制度及劳动合同统计报告制度。

### 1. 劳动合同订立的协商制度

劳动合同订立的协商制度是劳动合同订立的原则之一。它具体指劳动合同的内容、具体条款，在法律、法规允许的范围内，由双方当事人共同讨论、互相协调，在取得完全一致的意思表示后，签订合同，建立劳动关系。劳动合同应当以书面形式订立，并具备以下条款：劳动合同期限、工作内容、劳动保护和劳动条件、劳动报酬、劳动纪律、劳动合同终止的条件及违反劳动合同的责任。

劳动合同除上述的必备条款外，当事人可以协商约定保守商业秘密等其他内容。《劳动合同法》第二十三条规定："用人单位与劳动者可以在劳动合同中约定保守用人单位的商业秘密和与知识产权相关的保密事项。对负有保密义务的劳动者，用人单位可以在劳动合同或者保密协议中与劳动者约定竞业限制条款，并约定在解除或者终止劳动合同后，在竞业限制期限内按月给予劳动者经济补偿。劳动者违反竞业限制约定的，应当按照约定向用人单位支付违约金。"《中华人民共和国反不正当竞争法》（1993 年 9 月 2 日公布）第十条对商业秘密进行了定义，商业秘密指不为公众所知悉、能为权利人带来经济利益、具有实用性并经权利人采取保密措施的技术信息和经营信息。劳动部《关于企业职工流动若干问题的通知》（1996 年 10 月 31 日劳部发[1996]355 号）第二条规定，用人单位与掌握商业秘密职工在劳动合同中约定保守商业秘密的有关事项时，可以约定在劳动合同终止前或该职工提出解除劳动合同后的一定时间内（不超过 6 个月），调整其工作岗位，变更劳动合同中相关内容；用人单位也可规定掌握商业秘密的职工在终止或解除劳动合同后的一定期限内（不超过 3 年），不得到生产同类产品或经营同类业务且有竞争关系的其他用人单位任职，也不得自己生产与原单位有竞争关系的同类产品或经营同类业务，但用人单位应当给予该职工一定数额的经济补偿。上述协商内容，如果合同文本中没有条款表述，可以在文本中"双方约定的其他事项"空白栏里填写，与其他条款一样，对当事人双方具有同等的约束力。一般来说，协商的方式是企业与劳动者一对一、面对面地进行讨论、谈判和协调。现实中有时候也采取通过企业民主管理程序来执行协调制度，即由企业负责劳动合同的专门部门起草包括协商内容在内的劳动合同制度实施方案，通过各种员工座谈会，广泛听取员工和工会的意见后，作为双方约定的事项写进劳动合同书。

### 2. 劳动合同鉴证制度

劳动合同鉴证，是指劳动行政机关对劳动合同的签订、变更程序及其内容的合法性、真实性、完备性、可行性进行全面审查、核实、确认的法律行为。在我国，鉴证是对劳动合同确立的劳动关系的合法性的证明，是国家对劳动合同实施有效管理的一种办法。目前，我国除了对私营企业签订劳动合同规定必须鉴证外，对其他劳动关系尚未做出必须鉴证的规定，一般采取自愿原则。但为了保证劳动合同的合法有效，劳动合同签订后，应当到当地劳动行政机关办理鉴证劳动合同的手续。

（1）劳动合同鉴证的程序和要求。

1）当事人申请。劳动合同签订后，当事人双方要亲自向劳动合同鉴证机关提出对劳动合同进行鉴证的申请，应当向鉴证机关提供下述材料：劳动合同书及其副本，营业执照或副本，法定代表人或委托代理人资格证明，被招用工人的身份证或户籍证明，被招用人员的学历证明、体检证明和《劳动手册》以及其他有关证明材料。

2）鉴证机关审核。鉴证机关的鉴证人员按照法定的鉴证内容，对当事人提供的劳动合同书及有关证明材料进行审查、核实。在劳动合同鉴证过程中，鉴证人员对当事人提供的材料，认为不完备或有疑义时，应当要求当事人作必要的补充或向有关单位核实；鉴证人员有权就劳动合同内容的有关问题询问双方当事人；对于内容不合法、不真实的劳动合同，鉴证人员应立即向当事人提出纠正。当事人对鉴证人员的处理认为有不当之处时，可以向鉴证人员所在的劳动行政机关申诉，要求做出处理。劳动合同鉴证申请人应当按照有关规定向鉴证机关交付鉴证费。

3）确认证明。劳动合同鉴证机关经过审查、核实，对于符合法律规定的劳动合同，应予以确认，由鉴证人员在劳动合同书上签名，加盖劳动合同鉴证章，或附上加盖劳动合同鉴证章和鉴证人员签名的鉴证专页。

（2）劳动合同鉴证审核的内容。劳动行政机关鉴证劳动合同时，主要从 3 个方面审查合同的合法性。

1）资格审查。主要是审查劳动合同关系双方的劳动行为能力和劳动权利能力以及各自的代表（或代理人）的代理行为、权限是否有效、合法。

2）行为审查。主要审查劳动合同关系双方签订合同的行为是否符合国家的有关规定，双方是否在完全平等、自愿的前提下签订合同，双方签订的合同有无损害第三者或社会公共利益的行为。

3）内容审查。主要是审查劳动合同是否违反国家法律，法规和政策；审查劳动者年龄、身体状况是否具有履行合同的能力；审查用人单位的资产状况是否能支付劳动者全部劳动报酬和社会保险福利费用；审查合同双方当事人权利和义务是否明确、公平；审查合同条款是否完备，形式是否合法，文字表述是否清楚、准确等。

### 3．劳动合同履行情况的检查制度

劳动合同履行情况的检查制度包括 3 方面，即经常性检查、定期检查和总结性检查。检查制度一般应根据劳动合同管理机关的职责有重点地进行。企业劳动合同的管理机构和工会组织要建立经常性的劳动合同检查制度，从而及时发现和解决合同履行过程中产生的问题，提高合同履约率，避免发生劳动合同的纠纷，并及时向主管部门报告检查和处理的结果。劳部发[1997]106 号《关于加强劳动合同管理完善劳动合同制度的通知》规定，用人单位要自行检查已签订的劳动合同书，对其中内容不符合《劳动法》及有关规定的条款应当进行修改，必备条款不全的应当尽快补充；条款过于原则的，可与职工协商一致签订补充协议，也可将有关具体内容直接补充到劳动合同中。通过以上措施，使劳动合同书比较全面细致地规定双方的权利和义务，使劳动合同易于履行。有关主管部门应建立合同的定期检查制度，对劳动合同的订立、履行、见证及其他制度的执行情况进行综合性的检查，及时发现和纠正带有全局性的错误做法，对劳动合同的管理给予政策性指导。

### 4．劳动合同档案制度

劳动合同是一种法律文书，是劳动关系双方当事人确立权利和义务的依据，也是解决劳动争议时明确责任的根据。因此，企业必须有专门的劳动合同管理机构，必须建立严格的劳动合同档案管理制度。具体来说，企业劳动合同管理机构应对本企业签订的劳动合同立案建档，并进行分类专项管理，将合同予以妥善保存，以备查考。劳动行政部门要建立签证合同卷宗，为监督检查劳动合同的履行和处理劳动争议提供帮助。劳动合同的档案制度包括建立劳动合同台账、卡片目录索引和卷宗等制度。劳部发[1997]106 号《关于加强劳动合同管理完善劳动合同制度的通知》规定，用人单位应当建立劳动合同台账，对劳动者的基本情况、实际工作年限、劳动合同期限、劳动合同中的约定条款等进行动态管理。有条件的用人单位，应当逐步实现管理手段的现代化。

### 5．劳动合同统计报告制度

全面实行劳动合同制度后，劳动合同统计报告制度是企业、企业主管部门、劳动行政部门对劳动力使用、流动情况进行管理的重要方式。通过建立劳动合同订立、履行、变化情况及其他有关的统计报告制度，可以让主管部门和劳动行政部门准确掌握劳动力的流动和使用情况。通过建立统计报告制度，为劳动力的宏观管理和具体配置提供决策依据。劳动合同统计报告制度是劳动行政部门对劳动力进行宏观管理的必要制度，必须建立健全。

## 2.2.2　劳动行政主管部门对劳动合同的管理

### 1．劳动合同的签订和续签

签订劳动合同应注意以下几方面。

（1）签订劳动合同要遵循平等自愿、协商一致的原则，不得违反法律、行政法规的规定。平等自愿是指劳动合同双方地位平等，应以平等身份签订劳动合同。自愿是指签订劳动合同完全是出于本人的意愿，不得采取强加于人和欺诈、威胁等手段签订劳动合同。协商一致是指劳动合同的条款必须由双方协商达成一致意见后才能签订劳动合同。

（2）签订劳动合同要符合法律、行政法规的规定。在执行劳动合同过程中，有些合同规定显失公平，违反了国家有关法律、行政法规的规定，使这类合同自签订之日起就成为无效或部分无效合同。

（3）劳动合同应当以书面形式签订，同时，要注意劳动合同的内容，这是履行劳动合同和处理劳动争议的重要依据。劳动合同必备条款必须写明。除此以外，劳动者与用人单位可协商约定其他条款。

（4）合同的语言表达要明确、易懂。依法签订的劳动合同是受法律保护的，它涉及当事人的权利、责任和利益，能够产生一定的法律后果，因此，签订劳动合同时，在语言表达和用词上必须通俗易懂，尽量写明确，以免发生争议。

（5）劳动合同草案一般由用人单位提出，征求应招工人的意见；也可以由被招工人与企业行政代表直接协商，共同起草。签订劳动合同前，用人单位应向被招工人如实介绍本单位的情况，被招工人也有权提出自己的意见和要求，双方经充分协商，达成一致意见后，填写好劳动合同书，并签名盖章。劳动合同签订后，应当到当地劳动行政机关申请签证，并向其主管部门和当地劳动部门备案。

劳动合同期限届满，经双方协商一致，可以续订劳动合同。劳动合同的续订是指双方当事人协商一致，延长即将期满的原劳动合同的有效期的法律行为。劳动合同的续订，应当具有法定的必备条件。续订劳动合同不需约定试用期。具体包括以下内容。

1）双方协商续订劳动合同。

2）劳动者在同一用人单位连续工作满 10 年，当事人双方同意续延劳动合同的，如果劳动者提出订立无固定期限的劳动合同，用人单位应当同意。

3）劳动者患职业病或因工负伤并被确认达到伤残等级，要求续订劳动合同的，用人单位应当同意。

4）劳动者在规定的医疗期内或者女职工在孕期、产期、哺乳期内，劳动合同期限届满时，用人单位应将劳动合同的期限顺延至医疗期、孕期、产期、哺乳期期满为止。

### 2．劳动合同的履行、变更、解除和终止

（1）劳动合同的履行。劳动合同的履行是指劳动合同在依法订立以后，双方当事人依据合同约定的条款，完成合同约定的义务，实现合同约定的权利，致使劳动合同所产生的劳动法律关系得以保持的过程。订立有效的劳动合同是履行的法律依据，也是履行的前提。劳动合同履行的内容即为执行劳动合同内容。履行的条件有：履行的主体必须是双方当事人；履行的标的必须明确；要有履行的期限；要有履行的地点；劳动合同履行的方法要与合同的性质和内容相适应。履行的原则有：全面履行原则；实际履行原则；法人代表变动不影响劳动合同的履行。此外，劳动者涉嫌违法犯罪被有关司法机关收容审查、拘留或逮捕的，用人单位在劳动者被限制人身自由期间可与其暂停合同履行。劳动合同履行的中止

是指在劳动合同履行中，出现了法定或当事人商定或合同约定的无法履行的情形，暂时停止履行，待暂停事由消失后继续履行。劳动合同履行的中止与劳动合同履行的终止不同，前者是劳动合同双方约定的权利和义务暂停，在暂停事由消失后仍然要恢复履行，而后者是双方约定的权利和义务归于消灭，不存在恢复履行的可能。

（2）劳动合同的变更。劳动合同的变更是指履行劳动合同过程中由于情况发生变化，经双方当事人协商一致，可以对劳动合同部分条款进行修改、补充。劳动合同的未变更部分继续有效。劳动合同的变更主要反映在4个方面：一是生产或者工作任务的增加或减少；二是劳动合同期限的延长或缩短；三是劳动者工种或职务的变化或变动；四是对劳动者支付劳动报酬的增加或减少。合同变更的原则有：协商一致原则；在有效期内的原则；局部性原则；合法性原则。

劳动合同变更的条件包括以下几个方面。

1）订立劳动合同时所依据的法律、法规、规章发生变化的，应当依法变更劳动合同的相关内容。

2）订立劳动合同时所依据的客观情况发生重大变化，致使劳动合同无法履行，当事人一方要求变更其相关内容或者劳动者部分丧失劳动能力或身体健康状况发生变化而引起的合同变更等。

3）用人单位发生合并或者分立，原劳动合同继续有效，劳动合同由继承权利义务的用人单位继续履行，用人单位变更名称的，应当变更劳动合同的相应条款内容。

劳动合同的单方变更，其程序为：将变更要求以书面形式送交另一方，并向对方提出变更合同的理由；接收变更请求方应在十五日内做出答复，同意、不同意或者提议再协调；在变更协议上签字盖章；变更生效。

（3）劳动合同的解除。劳动合同的解除是指劳动合同订立后，尚未全部履行以前，由于某种原因导致劳动合同一方或双方当事人提前中断劳动关系的法律行为。劳动合同的解除分为法定解除和约定解除两种。根据《劳动法》的规定，劳动合同既可以由单方依法解除，也可以双方协商解除。

解除劳动合同的程序：解除方提前三十日以书面形式通知对方；征求工会的意见，劳动者申请仲裁或者提起诉讼的，工会应当依法给予支持和帮助；用人单位提前解除劳动合同应该给予劳动者一次性经济补偿金；合同解除。

（4）劳动合同的终止。劳动合同期满或者当事人约定的劳动合同终止条件出现，劳动合同即行终止。劳动合同期限届满，但劳动者在医疗期、孕期、产期和哺乳期内，劳动合同的期限应自动延续至医疗期、孕期、产期和哺乳期满为止。

合同终止的条件包括：劳动合同期限届满；劳动合同约定的终止条件出现；劳动者达到法定退休的条件；劳动者死亡或者被人民法院宣告失踪、死亡；用人单位依法破产、解散。关于是否应在合同终止前提前通知对方，没有具体的规定，一般而言，终止合同应在合同期满日提出，有些地方根据实际情况，规定用人单位应提前通知劳动者。关于逾期终止，若合同期满后，劳动者仍在原单位工作，单位未表示异议的，视为双方同意以原条件继续履行劳动合同，一方提出终止要求，人民法院应当予以支持。《劳动法》对终止后是否应支付经济补偿未做规定，根据劳动法保护劳动者的原则和精神，若地方法规规定要支付经济补偿的，应当适用地方法规。

### 3．违约和法律责任

用人单位制定的劳动规章制度违反法律、法规规定的，由劳动行政部门给予警告，责令改正；对劳动者造成损害的，应当承担赔偿责任。

建立经济补偿制度，对维护劳动合同的权威，增强合同的约束力，保护劳动者的合法权益都有重要的意义。经济补偿是指用人单位违反劳动合同或者与劳动者解除劳动关系时，由用人单位根据有关规定向符合条件的劳动者支付一定货币的法律制度。此外，还应依照劳动合同履行的合法情况，依照相关法律、法规，辅以行政处罚制度和刑事处罚制度。

（1）用人单位有下列情形之一的，对劳动者造成损害，应当支付赔偿金。

1）雇用劳动者未签订劳动合同，或合同期满后存在劳动关系而未续订。

2）由于用人单位的原因导致合同的无效或部分无效。

3）违反法律法规规定或劳动合同约定解除合同。

4）解除劳动合同未按照规定支付经济补偿金。

5）用人单位违反有关规定或者劳动合同约定侵害女职工或者未成年工的合法权益。

6）用人单位以暴力、威胁或者非法限制人身自由的手段强迫劳动。

7）法律、法规规定的其他情形。

（2）劳动者违反规定或劳动合同的约定解除劳动合同，对用人单位造成损失的，应当赔偿下列损失：

1）用人单位录用劳动者直接支付的费用。

2）用人单位为劳动者支付的培训费用。

3）对生产、经营和工作造成的直接经济损失。

4）因劳动者严重违反劳动纪律或者用人单位规章制度，严重失职、营私舞弊，对用人单位权益造成重大损害，被解除合同的，应当承担赔偿责任。

5）劳动合同约定的其他赔偿费用。

## 2.2.3　用人单位对劳动合同的管理

### 1．劳动合同的制定

合同是确立和保证公司与员工之间合情、合理、合法的劳动关系的法律文书，在共同协商、自愿的基础上，可由公司负责印制，在对新员工考察合格并完全了解和同意合同全部条款后签订，公司方面须由法人代表或授权委托人签字并加盖公司公章。劳动合同的条款内容必须以《劳动法》和本地劳动法规为依据，确保劳动双方的合法权益，并须经专业律师审阅通过后方可使用，避免合同执行过程中发生劳资纠纷而成为无效合同。公司对个别岗位工作人员的特殊要求应以合同附件的形式体现出来，并与合同正本具有同等法律效力。公司所持的劳动合同由专职管理员负责保存、管理。公司根据发展或工作需要，可就全体员工或部分及个别员工的劳动合同相关条款经当事人同意后进行必要的修改和补充，修改补充后的合同同样具有法律效力。公司的各种规章制度和政策体制应与劳动合同的整体内容相吻合，相关人员在工作过程中应自觉遵守合同内容，以防公司方面出现违约情况而产生劳资纠纷。公司员工在合同期内出现违约情况时，应及时按合同规定予以处理，以避免和减少对劳动关系双方造成的损失和影响。

**2．劳动合同的履行**

用人单位应该建立和运用实用有效的管理手段，促进劳动合同的履行。主要体现在以下几方面。

（1）用人单位应当建立劳动合同台账，对劳动者的基本情况、实际工作年限、劳动合同期限、劳动合同中的约定条款等进行动态管理。有条件的用人单位，应当逐步实现管理手段现代化。

（2）用人单位要依照国家法律、法规，建立健全支撑劳动合同制度运行的企业内部配套规章制度，包括工资分配、工时、休息休假、劳动保护、保险福利制度及职工奖惩办法等，并把劳动合同履行情况与职工的劳动报酬、福利待遇联系起来，促进新型劳动用人机制的形成。

（3）用人单位制定的劳动合同制度实施方案应当经过职工代表大会或职工大会讨论通过，实施方案应当就劳动合同签订、履行和解除各个环节做出具体规定，作为劳动合同履行的依据。要加强对劳动合同签订、续订、变更、终止和解除各个环节的管理。劳动者履行劳动合同情况主要是指其个人工资、休假、保险福利、加班及奖惩等有关资料要有记录。劳动合同期满前应当提前一个月向职工提出终止或续订劳动合同的书面意见，并及时办理有关手续。

（4）落实劳动合同管理工作责任制。用人单位要指定专职或兼职人员，负责本单位劳动合同的日常管理工作。通过培训，使劳动合同管理人员熟悉和掌握有关法律、法规，做到依法管理，提高劳动合同管理水平。

**3．劳动合同的监督**

企业还有责任加强劳动合同管理的监督工作。工会和职工代表大会要积极参与本单位劳动合同制度的建立和管理工作，监督本单位劳动合同履行情况。对劳动合同履行过程中存在的问题和不足，提出意见和建议。劳动争议调解委员会也要做好本单位劳动争议调解工作，减少劳动争议的发生，保持劳动合同的平衡履行。

## 2.2.4　工会对劳动合同的管理

企业工会是企业劳动者自己的组织，是劳动者的代言人，工会可以代表劳动者集体就工资和劳动条件等问题与企业管理者进行集体谈判，签订集体合同。企业工会不但能代表员工进行合同签订的谈判，而且在合同执行的各个环节中始终以维护劳动者的权益为基本职能。我国《劳动合同法》规定："工会应当帮助、指导劳动者与用人单位依法订立和履行劳动合同，并与用人单位建立集体协商机制，维护劳动者的合法权益。"《全民所有制工业企业法》规定，"企业工会代表和维护职工利益，依法独立自主地开展工作"；《中外合作经营企业法》规定，"合作企业的职工依法建立工会组织，开展工会活动，维护职工的合法权益"。体现在劳动合同中，劳动者的合法权益包括劳动者的经济权益、政治权益和劳动权益。劳动权益是企业劳动者与管理者之间的劳动关系的核心内容。在劳动合同中，对劳动者的劳动权益主要包括劳动就业权、劳动报酬权、休假休息权、劳动保护权、职业培训权、请示劳动争议或冲突处理权及其他与劳动相关的权益等。

工会在对劳动关系的管理、协调中，为保障劳动者合法权益和合同的顺利执行，通常可采取的行为方式主要有集体谈判、直接行动、政治行动、劳动立法和互保互助。集体谈判是工会与管理者进行交涉、协商、确定薪酬、福利、工时、工作条件等有关劳动标准和劳动关系事务和活动，既可以在制定、签订劳动合同时进行，也可以在劳动合同执行的过程中，确认有必要的时候进行。直接行动是指工会在劳动合同合理、合法推进过程中，遇到集体谈判不能解决的问题时，可以采取罢工、罢市等方式来实现维护工人尤其是会员利益的目标，使劳动合同顺利进行。

# 2.3 集体协商与集体劳动合同管理

**引导案例 2-2**

前进棉纺集团公司现有职工 3246 人，先后与企业签订了劳动合同，2013 年 9 月 5 日，棉纺集团公司与工会签订集体合同，并于 9 月 29 日经劳动行政部门审查。该集体合同规定："公司根据国家有关规定，为员工办理社会统筹保险，并按时足额缴纳养老、工伤、生育、失业等保险费。工会有权监督，并向职工定期公开。"棉纺集团公司每月从职工工资中按规定扣缴了个人应缴的社会保险费，却没有及时上缴职工已缴给企业部分和企业应缴的社保费。截至 2016 年 3 月底，企业累计欠缴社会保险费 5 219 828.71 元，其中养老保险费 4 955 140.34 元、工伤保险费 132 397.22、生育保险费 28 421.39 元、失业保险费 103 869.76 元。2016 年 4 月，棉纺集团公司工会委员会向劳动争议仲裁委员会申请仲裁，要求棉纺集团公司补缴拖欠的社会保险费。

**思考题：**棉纺集团公司工会要求补缴社会保险费的请求应不应予以支持？为什么？

## 2.3.1 集体协商与集体劳动合同概述

### 1. 集体协商的含义

集体协商亦称集体谈判，是指用人单位工会或职工代表与相应的用人单位代表，为签订集体合同进行商谈的行为。

（1）集体协商的形式。

1）用人单位工会或职工代表与用人单位代表的集体协商。

2）行业或地区工会代表与相应的用人单位代表的集体协商。

在我国，由于行业或地区用人单位组织形式正处于改革时期，尚未形成符合社会主义市场经济体制需要的行业或地区用人单位组织形式，因此，目前只有用人单位工会或职工代表与用人单位代表集体协商这一种形式，而且集体协商只适用于企业和实行企业化管理的事业单位及其工会或职工为签订集体合同而举行的集体协商。

（2）集体协商的特点。

1）集体协商代表身份和人数对等。用人单位内部集体协商，集体协商代表是用人单位工会或全体职工代表和用人单位代表，双方人数对等，并且各派一名首席代表；行业系统或地区区域集体协商，协商代表是行业或地区工会代表与相应的用人单位代表，双方人数对等，并且各派一名首席代表。

2）集体协商双方代表的法律地位平等。集体协商双方代表是对等组织或集体的代表，法律地位是平等的，没有上级与下级、领导与被领导、高低贵贱之分，双方代表都以平等身份进行商谈。

3）集体协商是公开、平等协商。集体协商的内容、时间、地点和代表，根据集体协商涉及的单位、行业、地区不同，在相应的范围内公开，使该单位、该行业、该地区全体职工知晓，乃至为社会所公知。此外，集体协商应是平等协商。双方在各自充分发表意见的基础上平等协商，任何一方不得无视对方意见，更不得压制对方。

4）集体协商是和平协商。集体协商涉及双方利益，有时矛盾很尖锐，甚至发生突然事件，造成不良的社会后果。集体协商的目的是协调双方的利益、消除双方的矛盾。因此，集体协商是和平协商，任何一方不得有过激行为。双方应当遵循合作原则，和平解决双方的矛盾，使双方的利益得到公正的解决。

5）集体协商是在法律、法规规定的范围内协商。集体协商双方代表根据法律、法规的规定，就劳动报酬、工作时间、休息休假、劳动安全卫生、保险福利等事项协商，双方达成的协议必须符合法律、法规的规定。在集体协商过程中，任何一方都不得以闭厂、罢工等手段要挟对方，不得损害国家的、社会的、集体的利益和其他公民的合法的自由和权利。因此，集体协商必须遵守法律、法规的规定，双方签订的集体合同必须合法。

集体协商是一项法律制度，是有法律后果的行为。

（3）集体协商的意义。

1）它是维护职工合法权益不可缺少的、重要的手段。由于种种原因，用人单位侵犯职工合法权益的事情时有发生，职工个人固然可以采取各种形式，通过各种途径维护自己的合法权益，但是由于职工个人在用人单位处于弱者地位，自己的合法权益，特别是带有普遍性的共同利益有时得不到应有的保护。因此，职工联合起来，通过工会或以全体职工的名义与用人单位交涉，即以集体协商方式要求用人单位满足职工的合法权益则是势在必行。因此，集体协商是职工联合起来，团结一致，维护职工合法权益不可缺少的、重要的手段。

2）它是协调、稳定劳动关系和维护正常的生产、经营和工作秩序的重要保证。职工集体因劳动报酬、工作时间、休息休假、劳动安全卫生、保险福利等事项与用人单位双方的劳动关系，使生产、经营和工作无法顺利进行。实行集体协商制度，可以及时反映全体职工的意见和要求，争取用人单位的理解、支持和满足职工的合理要求，从而化解矛盾，协调、稳定双方的劳动关系，维护正常的生产、经营、工作秩序，促进生产发展，保障工作顺利进行。

3）它是保障社会安定的重要方法。社会安定是保证改革顺利进行和经济发展的必要条件。保障社会安定的关键，在于保持各单位的安定。在劳动过程中，职工集体与用人单位因劳动问题发生矛盾时有发生。如果不及时解决或处理不得当，蔓延社会，引发社会问题，影响社会安定。实行集体协调制度，沟通用人单位与其工会或职工代表的联系，把集体劳动问题解决在本单位，不仅保证用人单位的安定，而且有利于社会安定。因此，集体协商是保障社会安定的重要方法。

### 2．集体协商的代表

为指导和规范集体协商，2003 年 12 月 30 日劳动和社会保障部第 7 次部务会议通过的《集体合同规定》对集体协商代表的产生、任期做了明确规定。

集体协商双方的代表人数应当对等，每方至少 3 人，并各确定 1 名首席代表。用人单位一方的协商代表，由用人单位法定代表人指派，首席代表由单位法定代表人担任或由其书面委托的其他管理人员担任。职工一方的协商代表由本单位工会选派。未建立工会的，由本单位职工民主推荐，并经本单位半数以上职工同意。

职工一方的首席代表由本单位工会主席担任。工会主席可以书面委托其他协商代表代理首席代表。工会主席空缺的，首席代表由工会主要负责人担任。未建立工会的，职工一方的首席代表从协商代表中民主推举产生。

用人单位一方首席代表，由用人单位法定代表人担任或指派。工会一方首席代表，通常由工会主席担任；不是工会主席的，应由工会主席书面委托。集体协商双方首席代表可以书面委托本单位以外的专业人员作为本方协商代表。委托人数不得超过本方代表的三分之一。

集体协商代表一经产生，无特殊情况，必须履行义务。遇有不可抗力造成空缺的，应按上述规定指派或推举新的协商代表。

职工一方代表在劳动合同期内自担任代表之日起 5 年以内除个人严重过失外，用人单位不得与其解除劳动合同。个人严重过失包括严重违反劳动纪律或用人单位规章制度和严重失职，营私舞弊，对用人单位利益造成重大损害以及被依法追究刑事责任等。

### 3．集体协商应注意的问题

集体协商应遵守法律、法规的规定和平等、合作的原则，任何一方不得有过激行为。

集体协商的内容、时间、地点应由双方共同商定。

集体协商前，双方应就协商的内容各自准备提纲或要点。在不违反有关保密法律、法规的规定和不涉及企业商业秘密的前提下，协商双方有义务向对方提供与集体协商有关的情况或资源。

协议未达成一致意见，或者出现事先未预料的问题时，经双方同意，可以暂时中止协商。协商中止期限最长不超过 60 天。具体中止期限及下次协商的具体时间、地点、内容由双方共同商定。

### 4．集体劳动合同的含义

集体劳动合同亦称团体协约、劳动协约、集体协议，是集体协商双方代表根据法律、法规的规定就劳动报酬、工作时间、休息休假、劳动安全卫生、保险福利等事项在平等协商一致基础上签订的书面协议。

《劳动合同法》第五十一条规定："企业职工一方与用人单位通过平等协商，可以就劳动报酬、工作时间、休息休假、劳动安全卫生、保险福利等事项订立集体合同。集体合同草案应当提交职工代表大会或者全体职工讨论通过。集体合同由工会代表企业职工一方与用人单位订立；尚未建立工会的用人单位，由上级工会指导劳动者推举的代表与用人单位订立。"

集体劳动合同与劳动合同虽然都涉及劳动关系双方当事人的各种权利义务，但它们之间有明显的不同，这主要表现在以下几方面。

（1）集体劳动合同的主体一方是工会或职工推举的代表，另一方是用人单位；劳动合同的主体一方是劳动者个人，另一方是用人单位。

（2）签订集体劳动合同的目的是协调、稳定劳动关系；签订劳动合同的目的是确立劳动关系。

（3）集体劳动合同的内容是规定职工集体劳动条件，包括职工集体劳动报酬、工作时间、休息休假、劳动安全卫生、保险福利等；劳动合同的内容是规定劳动者个人劳动条件，包括劳动者个人劳动报酬、工作时间、休息休假、劳动安全卫生、保险福利等。

（4）订立集体劳动合同必须遵守合法、平等、合作的原则；订立劳动合同则应遵循合法、平等、自愿、协商一致的原则。

（5）签订集体劳动合同，需提交职工代表大会或者全体职工讨论通过，由双方首席代表签字；签订劳动合同，则由劳动者同用人单位签订。

（6）集体劳动合同适用于企业和实行企业化管理的事业单位及其全体职工；劳动合同则适用于签订劳动合同的劳动者个人和用人单位。

（7）集体劳动合同规定了最低限度的集体劳动条件，劳动合同规定的劳动者个人劳动条件低于集体合同规定的则一律无效。

## 2.3.2　集体劳动合同的内容和期限

### 1．集体劳动合同的内容

关于集体劳动合同的内容，有些国家在立法中详细规定其必要条款，如《法国劳动法典》将全国性集体合同应当包括的一般条款列举为 15 项、特别条款列举为 8 项，并对其中有的项目还列举了若干子项；有些国家在立法中不作规定，完全由签约双方商定应规定哪些条款，如日本等。从发展趋势看，集体合同内容所涉及的面愈来愈广，凡在劳动关系中可能发生的问题，都纳入集体合同范围，甚至以往被认为是雇主特权的某些内容，如引进新技术、变更管理组织、生产计划等，也成为集体合同的内容。

在我国，《劳动法》就集体劳动合同可具备的条款作了不完全的列举规定，《集体劳动合同规定》则将集体劳动合同应当具备的条款列举规定为 11 项，即劳动报酬，工作时间，休息时间，保险福利，劳动安全与卫生，合同期限，变更、解除、终止集体合同的协商程序，双方履行集体劳动合同的权利和义务，履行集体劳动合同发生争议时的协商处理办法，违反集体合同的责任，双方认为应当协商给定的其他内容。

一般认为，完整的集体劳动合同内容，应当由下述几类条款构成。

（1）标准性条款。它所规定的，是关于单个劳动关系内容的标准，即单个劳动关系当事人双方的权利和义务的标准，如劳动报酬、工作时间、劳动定额、休息休假、保险福利、劳动安全卫生等方面的标准。它应当作为劳动者和用人单位据以确定劳动合同内容的基础，也可直接成为劳动合同内容的组成部分。它直接来源或依据于法规和政策，在集体合同的整个有效期间持续有效。它在集体合同内容构成中，居于最重要的地位。

（2）目标性条款。它所规定的，是在集体劳动合同有效期内应当达到的具体目标和实现该目标的主要措施。它通常适用于基层集体合同。其内容的确定，应当考虑与用人单位的规划和计划相衔接，遵循量力而行的原则。这种目标一般不能成为劳动合同的内容，仅作为签约方的义务而存在。这种目标的实现，有的是用人单位的义务，有的是工会或全体职工的义务，有的是双方的共同义务。这种义务在合同有效期内，随着设定目标的实现而终止。关于这种条款内容，在实践中一致认为可以规定诸如建成某项劳动保护工程，增设某项生活福利设施之类的劳动者利益目标；但对于可否规定生产经营目标，如产值、产量、营业额成本、利润等目标，则有截然相反的两种主张。

主张集体合同可以规定生产经营目标的主要理由是：由工会和全体劳动者与用人单位共保生产经营目标的实现，符合双方共同利益，有利于加强劳动者关心生产经营、服从劳动管理、完成劳动任务、遵守劳动纪律的责任感和改善生产经营管理，有利于劳动关系双方当事人协调利益矛盾和形成利益共同体。

主张集体劳动合同不应当规定生产经营目标的主要理由如下。

1）由工会和全体劳动者与用人单位共保生产经营目标的实现，超越了劳动者的义务范围，并且与劳动者的权利不相称。一方面，劳动者只有义务遵守劳动纪律和完成本人承担的劳动任务，工会也只有义务教育劳动者遵守劳动纪律和完成劳动任务，而生产经营目标的实现虽然与劳动有关，但主要取决于市场变化、经营决策和管理措施等因素，所以，工会和劳动者都不应当也无能力承担实现生产经营目标的义务；另一方面，企业经营权尤其是经营决策权不由劳动者而投资者和经营者行使，企业利润和经营风险不由劳动者而归投资者享有和承担，所以，实现生产经营目标的责任应当由投资者和经营者而不归工会和劳动者承担。

2）由工会和劳动者承担实现生产经营目标的义务，不利于实现集体合同所规定的劳动者利益标准和劳动者利益目标。因为集体合同的全部内容是一个有机整体，权利条款与义务条款互为条件，对于劳动者来说，作为其义务条款的生产经营目标如果未能实现或未能完成，那就意味着作为其权利条款的劳动者利益标准和劳动者利益目标也可以相应地不实现或不完全实现。这样，规定劳动者负有实现生产经营目标的义务，实际上是劳动者利益的不合理限制。

（3）劳动关系运行规则条款。它所规定的，是关于单个劳动关系和集体合同如何运行的规则。其中，单个劳动关系运行规则，主要是职工录用规则、劳动续订和变更规则、辞退辞职规则等；集体合同运行规则，主要是集体合同的期限，以及关于集体合同的履行、解释、续订、变更、解除、违约责任、争议处理等方面的规则。在立法不完备的情况下，这类条款更为必要。

为了使集体合同内容的构成完整化和规范化，有必要推行集体合同示范文本制度，即由集体合同管理机构会同工会和用人单位团体或有关经济管理部门，拟订各种类型的集体合同示范文本，作为签约人协商集体合同内容时的参考。

### 2．集体劳动合同的期限

集体劳动合同按照期限形式不同，可分为定期集体劳动合同、不定期集体劳动合同和以完成一定项目为期的集体劳动合同。集体劳动合同的期限应当适当，太短不利于劳动关系的稳定，太长不利于劳动者利益的保护，即难以保证劳动者利益随着社会、经济的发展而同步提高。各国一般采用定期集体合同，并在立法中限制其最短期限（通常规定为1年）和最长期限（通常规定为3~5年）。也有些国家还采用不定期集体合同，立法中只规定其生效时间而不规定其终止时间，如法国、日本等。按照惯例，这种集体劳动合同可以随时由当事人提前一定期限通知对方终止。还有少数国家采用以完成一定项目为期限的集体合同，如利比亚等。在实践中，当这种集体合同约定的工作（工程）未能在法定最长期限内完成时，一般将法定最长期限视为该集体合同的有效期限。

集体劳动合同的期限，由当事人双方在法定最短和最长期限范围内自行协商约定，期满前经当事人协商一致可以延期，但延期也不得超过法定最长期限。

我国现行立法只就定期集体合同作了规定，期限为1~3年；在合同给定的期限内，双方代表可对合同履行情况进行检查，每年可对合同进行修订。

### 3．集体劳动合同的履行

履行集体劳动合同，对于集体合同的当事人和关系人来说，既是约定义务，也是法定义务。在集体合同立法中，一般对集体合同的履行有明确规定，有的还特别强调用人单位一方对集体合同的履行。在《法国劳动法典》的集体劳动协议篇中，设置了"协议的执行"专章，它规定，受集体劳动协议所约束的受雇者或雇主团体，应该避免做任何可能有害于忠实执行协议的事情；只要协议本身已做专门说明，他们都应负责执行该协议。在《卢旺达劳工法》中，除了做出与上述类似的规定外，为了保证集体合同履行，还特别要求，有集体契约或与企业集体协定有关联的投资方，应采取适当措施，使有关劳动者了解要在企业中执行的契约或协定的内容。

（1）集体劳动合同的履行，应当坚持实际履行、适当履行和协作履行的原则。在集体劳动合同履行过程中，应针对不同的合同条款采用不同的履行方法。其中，标准性条款的履行，主要是在集体合同有效期内始终按集体合同规定的各项标准签订和履行劳动合同，确保劳动者利益的实现不低于集体合同所规定的标准；目标性条款的履行，着重于将集体合同所列各项目标落实在企业计划和工会工作计划之中，并采取措施实施计划。对于内容不够明确的条款，凡国家的法规、政策、劳动标准中有明确规定的，应按这些规定执行；凡国家无明确规定的，应当由当事人双方、关系人双方或当事人与关系人依法重新协商，按新商定的要求履行。

（2）集体劳动合同关系人对集体合同的履行，具有多数人履行的特点。同一方关系人之间的履行集体合同过程中的关系，有按份履行和连带履行之区分。集体合同的按份履行，即各关系人只履行按份由其承担的合同义务，而不负责全面履行合同义务。连带履行，即各关系人都应当履行本方关系人承担的合同义务的全部，债务履行请示权人有权向各关系人提出全部或部分履行本方关系人合同义务的要求。在同一方关系人中，连带履行者有权向未履行者要求按份给予补偿。在实践中，连带履行一般只发生在劳动者一方关系人之间，并且，必须以立法中有特别规定为依据，若无特别规定，只能按份履行。

（3）集体劳动合同履行过程中，监督是非常必要的。西方国家作为职工参与形式之一的企业（职工）委员会，就负有监督集体合同履行的职责。在我国，企业工会、企业职代会及其职工代表、签约双方代表以及劳动行政部门、企业主管部门、地方和产业工会，都应当对集体合同的履行实行监督。

全国总工会就企业工会和职代会对集体合同履行的监督规定了下述要点：

1）企业工会应当定期组织有关人员对集体合同的履行情况进行监督检查，发现问题后，及时与企业协商解决；

2）企业工会可以与企业协商建立集体合同履行的联合监督检查制度，定期或不定期对履行集体合同的情况进行监督检查；

3）工会小组和车间工会应当及时向企业工会报告本班组和车间履行集体合同的情况；

4）职代会有权对集体合同履行实行民主监督，企业工会应当定期向职代会或全体职工通报集体合同履行情况，组织职工代表对集体合同履行进行监督检查。

## 本章习题

### 一、名词解释

1. 劳动合同的订立　　2. 劳动合同的解除　　3. 无效劳动合同

4. 集体劳动合同　　5. 劳动合同鉴证

## 二、选择题

1. 劳动合同期限一年以上不满三年的，试用期不得超过（ ）。
   A. 一个月　　　　B. 两个月　　　　C. 三个月　　　　D. 五个月
2. 变更劳动合同，应当采用（ ）形式。
   A. 口头　　　　B. 约定　　　　C. 书面　　　　D. 口头或书面
3. 以合同期限为标准，劳动合同分为（ ）。
   A. 定期劳动合同　　B. 长期劳动合同　　C. 中期劳动合同
   D. 短期劳动合同　　E. 不定期劳动合同
4. 避免签订无效劳动合同的原则包括（ ）。
   A. 公平原则　　　　B. 合法的原则　　　　C. 平等自愿原则
   D. 协商一致的原则　　E. 合理原则
5. 劳动合同鉴证的程序包括（ ）。
   A. 当事人申请　　　　B. 鉴证机关审核　　　　C. 确认证明
   D. 证明送达　　　　E. 信息反馈

## 三、判断题

1. 劳动合同亦称劳动契约，是指劳动者与用人单位之间为确立劳动关系，依法协商达成的双方权利和义务的协议。（ ）
2. 劳动合同适用于企业和实行企业化管理的事业单位及其全体职工；集体劳动合同则适用于签订劳动合同的劳动者个人和用人单位。（ ）
3. 特殊法定必备条款，是法律要求某种或某几种劳动合同必须具备的条款。（ ）
4. 工会不可以代表劳动者集体就工资和劳动条件等问题与企业管理者进行集体谈判，签订集体合同。（ ）
5. 集体劳动合同关系人对集体合同的履行，具有多数人履行的特点。（ ）

## 四、简答题

1. 简述劳动合同的种类。
2. 如何运用劳动合同管理制度，进行劳动合同的管理工作？
3. 劳动合同变更包括哪些条件？
4. 用人单位在何种情况下可单方与劳动者解除劳动合同？
5. 试述集体劳动合同的内容。

## 五、案例题

【案情】

刘某于 2014 年 4 月进入新民电器厂工作，双方签订无固定期限劳动合同。2015 年 4 月，新民电器厂根据本企业职工待遇有关规定，通知刘某待岗，同年 11 月起，刘某每月领取待岗工资 400 元。2016 年 4 月 10 日，新民电器厂在未与刘某协商也未征求工会意见的情况下，以企业经营状况不佳为由口头通知刘某解除劳动合同，并停发待岗工资。刘某遂向当地县劳动争议仲裁委员会申请仲裁。

【问题】

（1）新民电器厂解除与刘某的劳动合同的做法是否正确？说明理由。

（2）你认为劳动争议仲裁委员会对此案应如何处理？

# 第 3 章

# 劳动就业管理

## ➡ 本章重点掌握

劳动就业的定义及其特点；劳动就业的形式和途径；劳动就业的方针、形式和我国劳动就业的基本原则；劳动就业服务企业；劳动就业服务机构。

## ↗ 学习导航

第 3 章

3.1 劳动就业概述
3.1.1 劳动就业和失业的含义
3.1.2 劳动就业制度的模式
3.1.3 劳动就业的方针、形式和我国劳动就业的基本原则
3.1.4 劳动力流动就业
3.1.5 劳动就业的途径

3.2 劳动就业服务企业
3.2.1 劳动就业服务企业的概念和特征
3.2.2 劳动就业服务企业管理体制

3.3 劳动就业服务机构
3.3.1 劳动行政部门服务机构
3.3.2 职业介绍机构

# 3.1　劳动就业概述

**引导案例 3-1**

　　新民电子技术有限公司公开招聘员工，在当地一家报纸上登出招工启事，主要内容为：本企业因生产经营需要，招工 20 名，条件为大专以上文化程度，32 岁以下，限本市城镇户口，身体健康，男女不限，经笔试面试合格后录用为本单位正式职工，月工资 2000～2800元。刘某为女性，学历为大专，原在一家超市工作，从报上得知招工信息后，参加了这次招工考试，笔试在参加考试的人员中名列第一，面试也获通过。刘某认为自己一定会被录取，便辞去了原工作。但迟迟未接到该公司的录用通知，经了解，得知同一批参加考试的部分人员已开始在该公司工作。刘某遂到该公司询问：该公司人事部门回答，因刘某为女性，虽考试成绩优秀，但公司内定女性的学历须在本科以上，刘某的学历不符合招工要求，故未录用。刘某遂向当地劳动行政部门反映此事。

　　思考题：（1）该公司的做法是否合法？为什么？

　　　　　　（2）对该公司的这种行为，劳动争议仲裁委员会应如何处理？

## 3.1.1　劳动就业和失业的含义

### 1. 劳动就业

　　劳动就业，是指具有劳动能力的公民在法定劳动年龄内从事某种有一定劳动报酬或经营收入的社会职业。它的特点如下。

　　（1）劳动者是具有劳动权利能力和劳动行为能力的公民，包括法定劳动年龄内能够参加劳动的盲、聋、哑和其他有残疾的公民。

　　（2）劳动者必须从事法律允许的有益于国家和社会的某种社会职业。

　　（3）劳动者所从事的社会职业必须是有一定的劳动报酬或经营收入，能够用以维持劳动者本人及其赡养一定的家庭人口的基本生活需要。

　　劳动就业的实质是劳动力与生产资料相结合。只有生产资料提供的工作岗位才能够基本吸纳社会劳动力，才能实现充分就业。否则，社会劳动力的数量超过生产资料提供的工作岗位，其他富余的社会劳动力即被排斥于生产资料之外而处于失业状态。

### 2. 失业

　　失业，是指在法定劳动年龄内具有劳动能力，要求就业而无业可就或者曾经就业而又失去工作岗位的人员。在社会化大生产和市场经济条件下，社会上存在少数失业是不可避免的现象。因为：第一，随着科技进步和社会生产力的发展，生产技术构成不断提高，生产过程需要的活劳动相应减少，一部分劳动力从生产过程中被分离出来；第二，随着科技进步，产业结构不断调整变化，就业结构也发生相应变化，一部分劳动力由于不能及时适应新兴产业部门的要求，不得不处于失业状态；第三，在市场经济条件下，由于价值规律和竞争的作用，一些企业亏损、倒闭或由于其他原因，致使一部分职工辞职或被辞退、解雇。由此可见，在我国，由于人口多，底子薄，生产力发展水平不高，劳动力资源的充分利用受到经济发展等因素的制约，再加上企业有用人自主权，实行劳动合同制度、经济性裁减人员制度、破产制度，一部分职工被解除劳动合同或被裁减，因而在社会上有人暂时处于失业状态是不可避免的现象。

## 3.1.2　劳动就业制度的模式

劳动就业制度，是指国家规定的劳动者如何实现就业以及国家如何促进和保障就业的一系列制度。就其基本功能而言，即劳动力资源配置制度。由于劳动力资源配置方式不同，因而就形成了不同的劳动就业制度模式。

在传统的社会主义计划经济体制中，实行的是劳动力资源行政配置的劳动就业制度，城镇劳动者由国家动用行政手段实行统一计划、统一招收、统一调配，用人单位在提供就业岗位和招用职工方面没有自主权，劳动者只是被动地依赖和接受国家的安置就业。

在社会主义市场经济体制中，一方面，劳动力是一种特殊商品，劳动力资源只有通过劳动力市场中供求双方的选择，在价值规律和竞争机制的作用下，才能够得到优化配置；另一方面，以市场调节作为劳动力资源配置的手段，但它自发地倾向于效率和鼓励强者，却不能自发地实现公平和保护弱者，这就需要国家运用劳动政策进行引导和调节，以保障公平和保护弱者。因此，社会主义市场经济体制中劳动就业制度的模式，应当是国家政策指导下的劳动力资源市场配置模式。在此模式中，包含下述主要内容：

（1）国家宏观调控。即由国家依法运用政策、计划、经济杠杆、行政监督等手段，对劳动力资源市场配置实行以间接调控为主的宏观调控，力争充分就业目标的实现以及与其他宏观目标的协调。

（2）城乡协调发展。即在就业问题上，实行城乡统筹，既保证城镇就业稳定发展，又积极开拓农村劳动力就业途径，使城镇就业与剩余劳动力向非农产业和城镇转移相协调。

（3）企业自主用工。即企业有权在合法的前提下自主招用和辞退职工。

（4）劳动者自主择业。即劳动者有权自主地选择职业和用人单位，平等地参与就业竞争。

（5）市场调节供求。即劳动力供求双方均受调节，使市场调节成为劳动力资源配置的基础性手段。

（6）社会提供服务。即建立以职业介绍、就业训练、失业保险和生产自救等为主要内容的就业服务体系，充分发挥其对劳动力资源配置的综合服务功能，为劳动力供求双方提供主动、全面、便捷的服务。

## 3.1.3 劳动就业的方针、形式和我国劳动就业的基本原则

### 1. 劳动就业的方针

劳动就业方针，是指国家在经济发展的一定时期，根据当期政治经济任务和劳动力供求状况，为充分利用劳动力资源和保持劳动力供求基本平衡而确定的指导劳动就业工作的总原则。它因各个时期经济政策和经济发展状况的差异而具有不同的内容。

早在 1953 年，我国曾提出过"政府介绍就业和群众自行就业相结合"的就业方针（当时被喻为"两扇门"就业方针），收到了良好效果。1953 年到 1957 年的短短几年时间内，不仅解决了旧社会遗留下来的严重失业问题，而且新成长起来的劳动力也得到安置。但是，当生产资料所有制的社会主义改造基本完成以后，作为"两扇门"之一的"群众自行就业"之"门"即将关闭，并逐渐为国家"统包统筹"的就业方针所取代。

1980 年 8 月，首次全国劳动就业工作会议明确提出了新的就业方针，即"在政府统筹规划和指导下，劳动部门介绍就业、自愿组织起来就业和自谋职业相结合"（通常称为"三结合"就业方针）。2008 年 1 月 1 日起施行的《中华人民共和国就业促进法》第一次以法律形式规定了劳动者自主择业、市场调节就业、政府促进就业的劳动就业方针。

我国现阶段劳动就业的方针政策和措施主要有：①在国家统筹规划和指导下，实行劳动部门介绍就业、自愿组织起来就业和自谋职业相结合的方针。这一方针是同多种经济形式和多种经营方式长期并存相适应的。这一方针改变了多年来依赖国营单位包下来就业的单一渠道，使集体经济和个体经济成为安置就业的重要渠道。发展集体经济和个体经济，可以发挥企业事业单位、机关团体及待业人员的积极性，解决资金、门路、厂房、设备、技术等一系列问题，而且经营灵活，适应性强。②调整产业结构，相应地调整就业结构。调整工业与其他产业、重工业与轻工业之间的产业结构比例，大力发展容纳劳动力多的、与人民生活关系密切的商业、服务性行业和消费品生产行业，以扩大就业门路。③加强就业前培训，逐步实现先培训后就业，以提高劳动者素质。对各种培训方式进行统筹规划，使培训专业的设置适应社会需要，并且同就业相衔接。④实行待业人员的登记管理制度，掌握待业人员的情况，并根据国民经济发展和人民生活需要编制就业规划，对就业进行有计划的指导。⑤管好用好就业经费，建立和健全有关制度。经费的使用，特别是用于扶持生产的周转金的使用，既注意安置就业的效果，又注意经济效益。⑥发挥劳动服务公司在安置就业中的作用。⑦通过发展多种经营和乡镇企业，建设星罗棋布的小城镇，就地安置因农业劳动生产率提高而多余的农村劳动力。

### 2. 劳动就业的形式

劳动就业形式，是指国家在政策和法规中确认劳动者实现就业的方式（或渠道）。它包括职业介绍机构介绍就业、自愿组织就业、自谋职业、国家安置就业 4 种，其中国家安置就业在改革前的劳动制度中，被作为主要的就业形式；自劳动制度改革以后，它的适用范围逐渐被限制并缩小。

（1）职业介绍机构介绍就业。职业介绍机构介绍就业是指职业介绍机构在国家劳动计划指导下，将求职的劳动者推荐给用人单位，由用人单位择优录用。其特点是：

1）适合于介绍就业的劳动者范围非常广泛。包括城镇失业人员、国家允许招用的农村劳动力、技校毕业生、不在国家统一分配范围内的高校和中专毕业生，以及自愿放弃由国家安置就业的劳动者、符合流动条件的职工和符合法定条件的其他求职人员。

2）介绍就业的去向不以用人单位的所有制性质为限。只要是有用工需求的单位，均可向其推荐、介绍在其合法招工范围内的劳动者。

3）劳动者与用人单位之间双向选择的自主程度较大。对于劳动力供求双方来说，职业介绍机构的介绍只具有推荐性，至于是否缔结劳动关系，由双方协商确定。

4）经介绍就业的用工方式灵活多样。既可以是合同制工也可以是临时工，既可以是全日性用工也可以是非全日性用工或小时用工。

（2）自愿组织就业。自愿组织就业是指城镇失业人员、企业富余职工和农村剩余劳动力，在国家和社会的扶持下，根据社会的需要和本人的专长，按照自愿原则组织起来，举办各种类型的集体经济组织，以实现就业。国务院制定的《城镇集体所有制企业条例》《乡村集体所有制企业条例》和《劳动就业服务企业管理规定》，是自愿组织就业的劳动者举办集体经济组织的主要法律依据。按国家规定，大中城市的失业人员、特别是有技术或经营能力的人员，还可保留大中城市户籍到小城市、集镇或农村举办集体经济组织。

（3）自谋职业。自谋职业是指城镇失业人员、企业富余人员和农村剩余劳动力，从事个体劳动经营以实现就业。国家制定的有关城乡个体工商户的法规和政策，是从事个体劳动的主要法律和政策依据。国家允许保留城市户籍到外地集镇开办个体工商户；但对农村剩余劳动力进城开办个体工商户则予以一定控制。国家鼓励和支持自谋职业，保护自谋职业者的合法权益，并要求给予自谋职业者与其他劳动者平等的社会和政治地位。

（4）国家安置就业。国家安置就业又称国家分配就业，是指根据国家劳动计划，由劳动、人事行政部门和有关部门将某些劳动者分配或安排到一定范围内的用人单位就业。其主要特点如下。

1）适用国家安置就业的劳动者范围仅限于国家规定应当或可以由国家安置就业的某几种劳动者。

2）适用国家安置就业的用人单位范围，仅限于依法有义务接受国家安置就业任务的某几种用人单位，如全民所有制单位、县区级以上城镇集体所有制单位等。对于接受安置人员的企业，国家除在政策和法规中明确规定其在特定条件下应当录用属于国家安置就业的人员以外，还可由有关部门以协议方式确定其承担的安置任务。

3）劳动者与用人单位之间双向选择的自主程度较小。被安置的劳动者必须服从国家分配；来就业的劳动者，只要符合录用条件，用人单位一般不得拒绝接收。

4）国家安置就业对其适用范围内的劳动者来说不具有强制性，国家鼓励和支持这些劳动者自愿选择其他就业形式。

5）经国家安置就业的均属正式工，根据有关规定可当做固定工，也可当做合同制工。
按现行法规和政策规定，列入国家安置就业范围的劳动者主要有下述几种：①军队转业干部；②退出现役的志愿兵；③符合规定条件的退伍义务兵；④按国家规定应当或可以由国家安置就业的其他劳动者。

### 3．我国劳动就业的基本原则

劳动就业的基本原则是指在劳动就业过程中必须遵守的基本准则，它是劳动法中所规定的准则。

关于劳动就业的基本原则，学术界还存在一些争议。一般认为劳动就业的基本原则包括国家促进就业的原则、平等就业和双向选择原则和照顾特殊群体就业原则等。

（1）国家促进就业的原则。

我国《劳动法》对促进就业作了专门的规定。国家促进就业的措施主要有：①国家通过促进经济发展创造就业条件，扩大就业机会；②国家采取一系列措施鼓励企业、事业单位、社会团体等在法律法规允许的范围内兴办产业或拓展经营，以增加就业机会；③国家支持劳动者自谋职业；④国家建立和健全劳动就业的服务体系。

（2）平等就业和双向选择原则。

平等就业是指劳动者就业不因民族、种族、性别、宗教信仰不同而受歧视，均享有平等的获得就业机会的权利。它具体包括两个方面的内容：一是就业资格的平等，即劳动者的就业资格是平等的，不因民族、种族、性别、宗教信仰不同而受歧视；二是就业能力衡量尺度的平衡，即社会对公民的劳动行为能力要以同一标准进行衡量。

双向选择是指劳动者根据自己的意愿、爱好及才能等自由选择职业，而用人单位有权根据实际需要自主选择劳动者。双向选择有利于发挥雇佣双方的能动性。

（3）照顾特殊群体就业原则

照顾特殊群体就业原则主要体现为为特殊群体提供特殊就业保障。特殊就业保障的对象包括妇女、残疾人、退役军人和少数民族人员。《劳动法》第十三条规定："妇女享有与男子平等的就业权利。在录用职工时，除国家规定的不适合妇女的工种或岗位外，不得以性别为由拒绝录用妇女或提高对妇女的录用标准。"第十四条规定："残疾人、少数民族人员、退出现役的军人的就业，法律、法规有特别规定的，从其规定。"这两条是对特殊就业保障的规定，体现了照顾特殊群体就业原则。

## 3.1.4　劳动力流动就业

劳动力流动就业，又称劳动者流动就业，是指劳动者由一个用人单位流入另一个用人单位，或者由一个地区流入另一个地区就业。它可按不同标准分为职工流动就业与社会劳动力流动就业，城镇劳动力流动就业与农村劳动力流动就业，有组织流动就业与自行流动就业。我国现行立法就职工有组织流动就业（即职工调动）做了专门规定。

### 1．职工调动的概念

职工调动是指用人单位、劳动或人事行政部门和用人单位主管部门职工由一个用人单位调往另一个用人单位就业。其主要特征如下。

（1）职工调动的适用范围只限于公有制性质的固定工和城镇合同制工。农民合同制工、临时工不能调动，学徒期、试用期或见习期未满者一般不予调动。

（2）职工调动是由国家和用人单位所组织的职工流动，而不是职工自行流动。职工能否调动和如何调动，均应服从调动机关（或单位）的安排或经其同意。

（3）职工在调动过程中仍处于在职或在业状态。尽管职工调动意味着原劳动关系的终止或新劳动关系的发生，但在法律上认为在这两个劳动关系交替期间职工身份并未丧失。这是同职工失业后再就业的区别所在。

（4）职工调动后一般仍保留其原有职工身份。也就是说，原有职工身份在调动后，除依据法规和政策必须改变的特定情况外，不论调动前后的用人单位是否是同一类型，仍以法规和政策所要求的一定形式予以保留。

### 2．职工调动的种类

职工调动按照一次调动的职工数量不同，分为多数调动和零星调动两类。对这两类又可做进一步划分。

（1）多数调动的种类。即一次将多个职工由一个用人单位调往另一个用人单位。按照被调职工之间的关系不同，它可分为：① 成建制调动，即一个成建制单位的全部职工连同其设备、工具等一起调往某个新单位或新地区。② 成套调动，即同一单位中一定数量的管理人员、技术人员、生产工人等配备成套后一起调往某个新单位。③ 成批调动，即同一单位中超过一定数量的一批职工一起调往某个新单位。

（2）零星调动的种类。即职工单个调往新单位。它可以分别按不同标准进行分类。其中主要包括：① 按调动的法律后果不同分为正式调动和非正式调动。正式调动的职工同调出单位终止劳动关系后成为调入单位正式职工，非正式调动的职工同调出单位仍保持劳动关系，只是暂时到调入单位工作，因而称临时调动或借调。② 按调动的前提条件不同分为对调和单调。对调，即不同地区、部门、单位之间经协商一致，相互对等调动职工；单调，即职工单方由所在单位调往另一个单位。③ 按调动方式和调出、调入单位自主程度不同分为商调、随调、抽调。商调，即职工经调出、调入单位协商一致而调动；随调，即职工随同与其有亲属的主调人员一起调往主调人员调入的地区或单位工作。可以随调者，按规定只限于主调人员的配偶和符合随调条件的子女（含配偶）；抽调，又称选调，即由有关部门从其管辖范围内的职工中选定符合条件者，从原单位调往新单位。

### 3．职工调动的条件

（1）职工调动的许可性条件。即法规、政策规定的允许职工调动的条件。具备这种条件时，职工或用人单位可提出调动要求，审批机关可批准调动。其主要内容有 3 个方面：① 生产和工作的需要。例如，满足国家的重点建设、重大科研项目及国家重点加强的部门对人力的需求；充实基层单位，支援边远贫困地区、艰苦行业和新建、扩建企业；安置多余职工；为改善职工队伍结构而进行人员调整；为保证特定部门的职工队伍素质，调出不适合在该部门工作的职工；等等。② 发挥职工专业特长的需要。例如，被积压、浪费、使用不当的科技人员，向急需人才的行业和单位调动；实行专业技术职务聘任制的单位中未受聘用的科技人员，鼓励其向更需要或更能发挥专长的单位调动；等等。③ 解决职工生活的需要。例如，夫妻长期两地分居的职工，可按规定一方调往另一方所在地团聚；其父母年老或有病、身边无子女的职工，可将其在异地工作的子女调往父母所在地；由内地派往边远地区工作的科技人员以及家庭在内地却分配到边远地区工作的大中专毕业生，工作满一定年限后可调回内地；等等。

（2）职工调动的限制性条件。即法规政策规定的限制职工调动的条件。具备这种条件时，一般不得调动职工，因特殊情况而需要调动的，应符合特定的要求。其主要内容有：① 职工流向的限制。例如，与国家规定的职工合理流向相反的跨地区调动，予以严格控制。② 职工编制的限制。职工编制由有关部门核定的单位已满编或超编时，一般不得调入职工。③ 内部调剂的限制。例如，用人单位的缺员凡可以在本单位、本地区、本部门现有职工中调剂解决的，一般不得从外单位、外地区、外部门调入职工。④ 特定职业需要的限制。例如，依规定，中小学（含中等职业学校）教师一般不得调离教育部门，因特殊情况确需调离的须经教育行政部门同意。⑤ 职工个人特定原因的限制。例如，经国家统一分配的大中专毕业生，除根据需要或用非所学应及时调整外，在国家分配的岗位上见习合格后，工作未满一定年限的不得流动；由于健康原因不能正常工作或患有精神病的职工，不得调动；犯有错误，正在接受审查、尚未做出结论，或者留用察看期限未满的职工，不允许调动。

### 4．职工调动的程序

职工调动程序一般包括以下主要环节：

（1）填写职工调动工作审批表；

（2）调出、调入单位商洽；

（3）需要审批的按职工管理权限报有关部门审批；

（4）签发职工调动通知书；

（5）在规定期限内办理职工调动手续。

### 5．职工调动的审批权限

凡按规定应当经过审批的职工调动，其审批权限往往由于职工的身份、调出或调入单位的隶属关系、调出或调入地（部门）的特殊等因素的不同而有不同的划分。

关于职工调动审批权限划分的规定，主要内容如下。

（1）由劳动行政部门负责工人调动的审批，由人事行政部门负责干部调动的审批。

（2）同一地区内的职工调动，一般由调入单位或其主管部门审批。

（3）跨地区的职工调动，一般由调入地的劳动、人事行政部门审批；某些需要保持职工队伍相对稳定的部门或地区的职工调离本部门或地区，还应由调出单位主管部门或调出地劳动、人事行政部门审批。

（4）由外省一次性调入职工人数超过一定界限的，由省级劳动、人事行政部门审批；

其中属于基地转移和搬迁的，由省级政府审批。

（5）国务院各部委、各直属机构及其所属在京单位从京外调入职工，由人力资源和社会保障部审批。

## 3.1.5　劳动就业的途径

劳动就业是我国当前和今后相当长时期内需要逐步解决的一个重大社会问题，它关系着人民群众生活、国民经济发展、社会安定，各级人民政府及其有关部门，各用人单位必须采取有效措施扩大就业。解决劳动就业的根本途径是解放思想，放宽政策，发展生产，广开就业门路。

具体来说，解决劳动就业主要有以下几条途径。

### 1．发展生产，节制生育

解决劳动就业问题，关键在于发展生产。只有发展生产，才能扩大就业。我国在过去相当长时期内，就业矛盾之所以尖锐，一个重要的原因就是生产发展缓慢。这些年来就业矛盾之所以得到缓解，就是因为生产持续稳定增长，提供了更多的就业岗位。因此，解决劳动就业问题的根本出路在于发展生产，加快社会主义现代化建设步伐。当然，在发展生产的同时，还必须采取有效措施节制生育。在过去相当长时期内，我国就业矛盾突出的另一个重要原因，是劳动力过剩，超过生产能力所能提供的工作岗位。特别是当前人口增长率有回升的趋势，对解决今后劳动就业问题不利。因此，要有计划地节制生育，使人口生产与物质资源的生产相适应。这样，可以减轻将来就业的压力。由此可见，发展生产与节制生育是解决劳动就业问题不可分割的两方面，必须同时并重。

### 2．广开就业门路，拓宽就业渠道

解决劳动就业问题，除全民所有制单位增加就业岗位外，主要靠发展集体经济、个体经济、私营经济扩大就业。特别是提倡全民所有制单位举办以安置城镇失业人员为主、适当安置主办单位富余人员和职工子女的独立核算、自负盈亏的劳服企业；提倡更多地集聚社会闲散资金和个人消费资金，创办集体企业和其他经济实体；引导现有的集体企业创造条件，开辟新的门路，扩大经营规模，吸收更多的人员就业；鼓励个体经济、私营经济在国家允许的范围内发展，增加从业人员；鼓励城乡失业人员自愿组织起来就业自谋职业。

要加快发展第三产业，吸纳失业人员和富余人员就业。根据国情，我国对国民经济做了如下划分：第一产业是农业；第二产业是工业和建筑业；第三产业是除第一、第二产业以外的其他各业，主要包括流通部门、为生产和生活服务的部门、为提高科学文化水平和居民素质服务的部门。20世纪90年代，我国每年都有大批新成长的劳动力和从第一、第二产业转移出来的劳动力需要安置。第三产业在吸纳劳动力就业方面具有独特的优势，行业多，门路广，劳动密集、技术密集、知识密集行业并存，能够吸纳大量的和不同层次的各类人员，特别是可以容纳大量的科技、专业人才。加快发展第三产业是缓解就业压力的主要出路。

扩大劳务输出是拓宽就业的又一渠道。所谓劳务输出，是指一国向他国提供劳务并取得相应报酬的一种社会经济活动。它是劳动力要素在范围内的流动与组合，是社会生产化的必然结果。我国劳动力资源丰富，劳务输出是开发利用劳动力资源的重要手段之一。劳务输出既可以使一部分劳动力到国外就业，又可以腾出国内就业岗位，使更多的人就业。可见，劳务输出是扩大就业的很重要的途径。应当采取多形式、多途径、多层次，鼓励劳动者到国外谋职业。

### 3．办好劳动就业服务企业，扩大就业安置

劳动就业服务企业是从我国实际情况出发创办起来的，以安置城镇失业人员为主要目的，进行生产经营自救的集体所有制经济组织。它的成立不是先铺摊子后招工，而是先把失业人员组织起来，自力更生，开辟生产、服务门路，创造就业岗位，并在劳动积累的基础上逐步形成自我发展的能力。劳动就业服务企业是城镇扩大就业安置的一条重要渠道。国家采取各种措施鼓励它们坚持为劳动就业服务的方针，坚持以安置失业人员为主，社会效益和经济效益相结合的原则。进一步发挥劳动就业服务企业促进就业、平抑失业率和保障社会稳定的重要作用。

### 4．发展职业培训事业，提高后备劳动力就业素质

科学技术进步和生产力发展，迫切要求提高后备劳动力就业素质。后备劳动力素质不提高，就不能和现代化生产资源相结合，就不能实现劳动就业。目前，我国一方面有一些失业人员无事可做，另一方面又有许多事情没有合适的劳动者去做。这就需要对失业人员进行职业技能培训，提高后备劳动力就业素质。要动员社会有关方面力量，通过技工学校、职业学校、就业训练中心，以及厂矿企业、事业组织、社会团体等单位和私人办的职业训练班，扩大就业前培训的规模，并适当增加培训内容和延长培训时间，以适应失业人员就业和发展经济的需要。

### 5．采取多种办法，分流企业富余人员

企业走向市场，企业富余人员出路问题是关系社会稳定的重要问题，应当区别不同企业的具体情况，分别采取不同的分流方式和相应的配套措施。大致说来，可以分为以下 3 种情况。

（1）生产经营正常的企业。解决这类企业中富余人员的出路问题，应当实行企业自行安置为主、社会帮助为辅、保障富余职工基本生活的原则。企业自行安置富余职工，应当采取拓展多种经营、组织提供劳务、发展第三产业、兴办劳动就业服务企业、综合利用资源和其他措施。社会帮助安置富余职工，主要是企业行政主管部门、劳动行政主管部门和工会组织指导、帮助和支持企业做好富余职工安置工作，积极创造条件，开辟社会安置渠道。对于那些企业确实无力自行消化安置的富余人员，要在行业之间、企业之间进行合理调剂。

（2）濒临破产或生产经营发生严重困难的企业。这些企业无力自行安置富余人员，应

当允许企业依照法定程序裁员。这样，一部分富余人员从企业流向社会，从隐性失业变为公开失业，社会的失业率势必上升。因此，要采取措施，合理控制失业率。对失业人员，劳动部门要采取措施，包括进行转业训练、组织生产自救、介绍就业等，促使其重新就业。

（3）破产企业。对破产企业的职工，政府有关部门应当采取余缺调剂、介绍就业、生产自救、劳务输出等各种有效措施，妥善安置破产企业职工，以保持社会稳定。处置破产企业的破产财产所得，包括出让土地使用权所得，应当优先用于安置破产企业的职工。此外，还应鼓励破产企业职工自谋职业。

### 6．大力发展乡村企业，吸纳更多的农村剩余劳动力

在农村经济体制改革的基础上，随着工业化、城市化速度加快和经济发展，以及劳动力市场的形成，大批农业劳动力从种植业分离出来，向非农业领域转移，这是经济发展的必然结果和社会进步的重要标志。

农业劳动力向非农产业转移，要同农业本身及整个国民经济的发展相适应；农村劳动力向城镇转移，要同建设事业的发展和城镇的承受能力相适应。对农村剩余劳动力，一方面要引导他们"离土不离乡"，因地制宜地发展林牧渔副业，大力发展并办好乡村企业，开展多种服务业，搞好农村建设，使农村剩余劳动力就地消化和转移，以减轻城镇就业压力；另一方面，在坚持农村剩余劳动力就地转移的同时，完善劳动力市场机制，健全市场规则、秩序和相应的管理、服务、调控手段，使农村劳动力跨地区流动有序化，即输出有组织、输入有管理、流动有服务、调控有手段、应急有措施，为农村劳动力异地就业开拓正常渠道。

### 7．自主创业来带动就业

在国际金融危机的大背景之下，我国就业问题日趋突出。大量的适龄劳动力包括大中专毕业生都存在失业或隐形失业的问题。这不仅有传统的计划体制下就业观念的问题，更多的是创造就业岗位的思路问题。通过创业带动就业是解决就业问题的有效途径。创业带动就业，是指劳动者创办新企业（包括合作组织、个体经营和项目）能促进就业，这主要体现在两方面：一是通过创业活动实现劳动者自主就业；二是创业拓展就业机会，吸收更多的劳动者就业。

## 3.2　劳动就业服务企业

### 引导案例 3-2

某劳动就业服务公司按照有关规定于 2014 年年初参加了生育保险，并按照国家规定按时足额向当地社会保险机构缴纳生育保险费。到了 2015 年年底，该公司女职工越来越多，占了职工总数的一半以上，公司随即决定生育保险费由女职工自行负担，女职工们不同意此决定，遂向当地劳动行政部门反映此事。

思考题：（1）该公司的生育保险费应该由谁负担？为什么？

（2）当地劳动行政部门将如何处理此案？

## 3.2.1　劳动就业服务企业的概念和特征

劳动就业服务企业是承担安置城镇待业人员任务、由国家和社会扶持、进行生产经营自救的股份合作制集体所有制经济组织。

劳动就业服务企业有以下特征。

（1）它是以安置城镇待业人员为主的经济组织。安置城镇待业人员就业是兴办劳动就业服务企业的主要目的和任务。劳动就业服务企业开办时，从业人员中 60%以上（含 60%）为城镇待业人员；劳动就业服务企业存续期间，根据当地就业安置任务和企业常年生产经营情况按一定比例安置城镇待业人员。在职工中保持一定比例的城镇待业人员是劳动就业服务企业区别于其他企业的一个标志。

（2）它是由国家和社会扶持兴办的经济组织。劳动就业服务企业基本上是靠待业人员白手起家。国家对劳动就业服务企业实行扶持政策，鼓励社会各方面依法扶持兴办各种形式的劳动就业服务企业。国家在开办条件、物资供应、固定资产和流动资金贷款、税收优惠等方面对劳动就业服务企业予以支持和照顾。企业、事业单位、机关、团体、部队等主办或者扶持单位，对其所主办或者扶持兴办的劳动就业服务企业，在筹措开办资金、提供生产经营条件、办理审批和工商登记手续、指导制定企业管理制度、维护企业经营管理自主等方面要予以支持和帮助。当然，国家和社会对劳动就业服务企业扶持并不等于包办。劳动就业服务企业有偿使用扶持资金或设备等财物，实行自主经营、自负盈亏、独立核算。

（3）它是劳动者生产经营自救的经济组织。所谓生产经营自救，是指待业人员在国家和社会的扶持下组织起来进行生产经营活动，借以维持其基本生活需要的一种劳动组织形式。根据国家对劳动就业服务企业基本没有投入，主要靠待业人员通过生产自救的方式创办企业的实际情况，确定它是生产经营自救性的经济组织。国家运用就业经费和生产扶持基金，推动劳动就业服务企业的发展，扩大其安置待业人员的能力。劳动就业服务企业的生产经营自救性是其他企业不具有的功能与特性。

（4）它是具有法人资格的股份合作制集体经济组织。劳动就业服务企业为股份合作制劳动就业服务企业，实行全员入股、资本合作与劳动合作，是财产属于劳动群众集体所有、共同劳动、按劳分配为主、股份分红、具有法人资格的集体所有制企业。

## 3.2.2　劳动就业服务企业管理体制

### 1. 劳动就业服务实行归口管理

各级人民政府的劳动部门对本地区劳动就业服务企业的职责有以下几方面。

（1）指导和监督劳动就业服务企业贯彻执行国家有关方针、政策和法律、法规。

（2）制定劳动就业服务企业的地区发展规划。

（3）根据国家有关规定，运用就业经费和生产扶持基金，推动劳动就业服务企业的发展，扩大其安置待业人员的能力。

（4）开展技术培训，开辟物资渠道，组织技术咨询和信息交流，为劳动就业服务企业提供服务。

（5）指导劳动部门所属的劳动就业服务企业的管理活动及其管理人员的管理和培养工作，开展评选先进集体和个人的活动。

（6）省、自治区、直辖市人民政府的劳动部门组织本地区的劳动就业服务企业开展产品评优、企业升级的工作。

各级劳动部门的就业服务机构，按照国务院和省、自治区、直辖市人民政府的规定，可以承担上述各项的有关具体工作。

### 2．行业主管部门实行行业系统管理

各行业主管部门对本部门劳动就业服务企业的职责有以下几个方面。

（1）指导和监督劳动就业服务企业贯彻执行国家有关方针、政策和法律、法规。

（2）制定劳动就业服务企业的部门发展规划，协助企业筹措发展资金。

（3）协调劳动就业服务企业与部门内各有关方面的关系。

（4）开展技术培训，为劳动就业服务企业提供咨询，组织物资、生产、技术等信息交流。

（5）帮助劳动就业服务企业进行新产品鉴定和科研成果鉴定。

（6）指导本部门所属的劳动就业服务企业的管理人员管理和培养工作，开展评选先进集体和先进个人的活动。

### 3．主办或者扶持单位实行帮助、指导

企业、事业单位、机关、团体、部队等主办或者扶持单位，对其主办或扶持开办的劳动就业服务企业的职责有以下几个方面。

（1）劳动就业服务企业开办时，为企业筹措开办资金，帮助企业办理审批和工商登记手续。

（2）为劳动就业服务企业安置待业人员提供一定的生产经营条件。

（3）协调劳动就业服务企业与各方面的关系。

（4）积极支持本单位职工到劳动就业服务企业担任生产经营和技术等方面的管理职务，指导企业制定管理制度。

（5）尊重并维护劳动就业服务企业在人财物、产供销等方面的管理自主权。

（6）按照平等互利、等价交换的原则，同劳动就业服务企业开展生产经营和服务等方面的合作。

#### 4．劳动就业服务企业实行股份合作制企业管理

（1）管理体制。根据《劳动就业服务企业实行股份合作制规定》的规定，劳动就业服务企业即股份合作制劳服企业可以设置下列机构。

1）股东大会。这是企业的最高权力机构。股份合作制劳服企业设置股东大会的同时，实行职工大会制度。职工大会也是企业的最高权力机构。因此，股份合作制劳服企业可以实行股东大会和职工大会合一制度。股东大会与职工大会职权相同。

2）董事会。股份合作制劳服企业可设立董事会。董事会为企业的决策机构，向股东（职工）大会负责。

3）经理机构。经理是组织企业日常生产经营管理工作的最高行政负责人。经理由董事会聘任或由股东（职工）大会选举产生。经理实施股东（职工）大会或董事会的决议，定期向股东（职工）会议和董事会报告工作，并听取意见，接受监督。

4）监事会。股份合作制劳服企业可设监事会，它是企业活动的监督机构。股份合作制劳服企业因其规模限制不设立董事会和监事会的，其有关职责由股东（职工）大会确定专门人员负责。

股份合作制劳动就业企业，是借鉴股份制的做法，实行劳动合作与资本合作的一种企业组织形式。其特点是：股份合作制企业是独立的企业法人；股东主要是本企业的职工，原则上不吸收其他人入股；依法设立董事会、监事会、经理等现代企业的管理机构，企业职工通过职工股东大会形式实行民主管理；体现了劳动合作和资本合作的有机结合；兼顾营利性和企业职工间的互助性；实行按资分配和按劳分配相结合。

（2）劳动管理。劳动就业服务企业依法自主决定用人形式，通过签订劳动合同建立劳动关系。从业人员在劳动就业服务企业工作期间计算工龄。

劳动就业服务企业坚持按劳分配原则，实行成本工资与税后利润按股分红和劳动分红的分配办法，并根据地方政府确定的工资指导线和企业经济效益、劳动生产率、职工生活费用价格指数等因素自主决定企业的工资水平。

劳动就业服务企业实行社会保险制度，依照规定的标准为企业职工缴纳养老、失业、工伤、医疗、生育保险费。

###  相关链接

股份合作制企业，是劳动合作和资本合作有机结合。劳动合作是基础，职工共同劳动，共同占有和使用生产资料，利益共享，风险共担，实行民主管理，企业决策体现多数职工意愿。资本合作则采取股份的形式，是职工共同为劳动合作提供的条件，职工既是劳动者，又是企业出资人。职工个人股和职工集体股应在总股本中占大多数（职工个人股是职工以自己合法财产向本企业投资所形成的股份。职工集体股是本企业职工以共有的财产折股或向本企业投资所形成的股份）。除此之外还可根据情况设置国家股、法人股。企业实行按劳分配与按股分红相结合的分配方式。股份合作制企业实行职工股东大会制度，职工股东大会是企业的权力机构。

# 3.3 劳动就业服务机构

**引导案例 3-3**

孙女士在报纸广告里看到太平洋职业介绍所可办理赴新加坡出国劳务，随后她和同事到该职业介绍所咨询赴新加坡劳务事宜。该职业介绍所收取了她 10 元钱，称用作扫描资料，发电子邮件到总公司，决定明天是否能来面试。第二天，该职介所让孙女士再交 2000 元钱，说是到新加坡驻沈阳总商会面试，并称如果不合格马上退钱。交完钱后，孙女士同该职介所签了协议，随后与两位工作人员来到某商务有限公司填写了简历，并交了两张 2 寸彩色照片。自始至终孙女士也没见到新加坡驻沈阳总商会的工作人员。第三天，孙女士向太平洋职业介绍所索要 2000 元钱无果，遂后向工商局进行了申诉。工商局接到申诉后，为掌握确凿证据，执法人员对太平洋职业介绍所进行了调查。经查：该职业介绍所受利益驱动，在没有取得办理出国劳务中介资质的情况下，擅自开展境外劳务中介经营活动。工商局依照《无照经营查处取缔办法》对该职业介绍所进行取缔，并对与其有业务往来的某商贸有限公司进行调查处理，并责令太平洋职业介绍所退还孙女士所交的 2000 元钱。

思考题：（1）境外职业介绍机构必须具有什么证件才可从事境外就业服务工作？

（2）这个证件应由什么部门审核批准？

## 3.3.1 劳动行政部门服务机构

人力资源和社会保障部是全国劳动就业服务事业的主管部门，负责制定劳动就业服务工作的方针政策和就业规划，指导、监督、检查各部门、各地方劳动就业服务工作，组织培训劳动就业服务系统的管理人员。人力资源和社会保障部内设就业促进司，它在人力资源和社会保障部领导下具体管理全国劳动就业服务工作。

各省、自治区、直辖市人力资源和社会保障厅设立的劳动就业服务机构，负责拟定本地区劳动就业服务的政策和发展规划，并组织实施。

各地、市、县、区劳动部门设立的劳动就业服务机构，负责求职登记、职业介绍、失业保险、指导劳动就业服务企业等项具体工作。

## 3.3.2 职业介绍机构

职业介绍机构即职业介绍所，是指依法设立的，从事职业介绍工作的专门机构。它有常年固定的服务场所、专职从事就业服务工作的工作人员和相应的工作设施。它在劳动行政部门领导下，运用市场机制调节劳动供求，为求职者和用人单位沟通联系和提供服务，促进求职者和用人单位相互选择，为充分开发和利用劳动力资源服务。职业介绍机构可分为两类。

### 1．境内职业介绍机构

境内职业介绍机构是指依法设立的从事境内就业服务工作的职业介绍机构，可分为劳动部门开办的职业介绍机构和非劳动部门开办的职业介绍机构两类。前者是有偿服务、不营利的事业单位，后者分为非营利性的和营利性的两类。非劳动部门开办的职业机构，属于非营利性的，须持章程和单位证明向所在地县（区）以上劳动部门提出申请，经审查批准，领取职业介绍许可证，在规定业务范围内从事职业介绍；属于营利性的，除按上述程序到劳动部门办理许可证外，还要到当地工商部门进行登记，方可在规定的业务范围内从事职业介绍，其活动要接受当地劳动、工商、物价、税务部门的检查、监督和指导。

劳动部门开办的职业介绍机构，必须遵循国家有关法律、法规，执行国家的劳动就业方针、政策，坚持为劳动力供求双方服务的方向，保障求职者就业和用人单位用人的合法权益。

具体来说，它的工作职责主要有以下几项。

（1）对求职人员进行求职登记，对用人单位进行用人调查和登记。

（2）为用人单位提供劳动力资源信息，推荐合格的劳动者，介绍临时性劳务人员，并对用人单位用人进行指导或提供咨询。

（3）为城镇求职人员提供用人信息，进行就业指导咨询和介绍工作单位。

（4）对持有县以上劳动行政部门介绍信，进城务工的农民办理务工许可证，提供用工信息，介绍用人单位。

（5）为城镇居民介绍家庭服务人员。

（6）帮助用人单位跨省招收农村劳动力，介绍农村劳动者跨省流动就业。

（7）为从事职业教育和就业训练的单位提供职业需求信息，推荐需要培训的人员。

（8）向有关决策部门提供劳动力资源和用人需求的信息及趋势预测，为制定就业规划和有关政策提供依据。

（9）在劳动力供求双方经过相互选择自愿达成协议后，指导他们按照国家有关法律、法规和规章签订劳动合同。

（10）承办劳动行政部门赋予的其他工作。

对于职业工作中违反国家法律、法规、规章、政策和超出规定业务范围的行为，必须坚决制止，并由劳动行政部门根据情节轻重予以处罚或取缔。

### 2．境外职业介绍机构

境外职业介绍机构，是指依法设立的从事境外就业服务工作的职业介绍机构。设立境外职业介绍机构，必须符合国家规定的条件和程序。国家对境外职业介绍机构实行境外就业服务许可制度。凡申请境外就业服务许可证的境外职业介绍机构，须经人力资源和社会保障部审核批准，颁发境外就业服务许可证后，方可从事境外就业服务工作。

境外职业介绍机构的主要职责如下。

（1）为中国公民提供境外就业信息、咨询。

（2）接受境外雇主的委托，为其推荐、招聘所需人员。

（3）核查境外雇主的营业执照、资信证明、境外雇主所在国家或地区移民部门（劳工部门或其他主管机关）批准的招聘外籍人员的许可证明，及聘用合同文本等有关资源。

（4）协助、指导境外就业人员同境外雇主签订聘用合同，并提供合同样本。

（5）为境外就业人员提供条件，协助其在出境前接受必要的技能、语言培训，介绍所到国家或地区的法律、法规及其他有关情况。

（6）协助境外就业人员办理出境所需的护照、签证、公证材料、专业或技能测试、体检、防疫注射等各种手续和证件。

（7）接受境外就业人员委托，为其代办在国内的养老保险。

（8）为境外就业人员代存人事档案。

（9）境外雇主不履行聘用合同，损害我国境外就业人员权益时，协助境外就业人员通过调解、仲裁、诉讼等程序维护自身利益。

（10）境外就业人员因合同期满或其他原因终止境外就业时，为其尽早回国提供服务。

（11）按照国家的就业方针、政策，为回国的境外就业人员提供就业服务，帮助其再就业。

## 本章习题

### 一、名词解释

1. 劳动就业　　2. 劳动就业制度　　3. 劳动就业方针
4. 劳动就业形式　　5. 劳动就业服务企业

### 二、选择题

1. 职工调动的适用范围只限于（　　）。

A. 农民合同制工　　　　　　　　B. 临时工
C. 公有制性质的固定工和城镇合同工　　D. 学徒期、试用期或见习期未满者

2. （　　）是指劳动者由一个用人单位流入另一个用人单位，或者由一个地区流入另一个地区就业。

A. 劳动力流动就业　　B. 职工调动　　C. 劳动就业　　D. 劳动就业服务企业

3. 劳动就业的途径有（　　）。

A. 发展生产，节制生育　　　　　　B. 广开就业门路，拓宽就业渠道
C. 采取多种办法，分流企业富余人员　　D. 办好劳动就业服务企业，扩大就业安置
E. 发展职业培训事业，提高后备劳动力就业素质

4. 职业介绍机构可分为（　　　）。

A. 个人职业介绍机构　　　　　　　B. 境内职业介绍机构

C. 企业职业介绍机构　　　　　　　D. 境外职业介绍机构

E. 国际职业介绍机构

5. 劳动就业服务企业实行社会保险制度，依照规定的标准为企业职工缴纳（　　　）。

A. 养老保险费　　　　　　　　　　B. 失业保险费

C. 工伤保险费　　　　　　　　　　D. 医疗保险费

E. 生育保险费

## 三、判断题

1. 劳动者是具有劳动权利能力和劳动行为能力的公民，不包括法定劳动年龄内能够参加劳动的盲、聋、哑和其他有残疾的公民。（　　　）

2. 只有生产资源提供的工作岗位能够基本吸纳社会劳动力，才能实现充分就业。（　　　）

3. 职工调动是指用人单位、劳动或人事行政部门和用人单位主管部门职工由一个用人单位调往另一个用人单位就业。（　　　）

4. 零星调动即一次将多个职工由一个用人单位调往另一个用人单位。（　　　）

5. 境外职业介绍机构，是指依法设立的从事境外就业服务工作的职业介绍机构。（　　　）

## 四、简答题

1. 劳动就业及其特点是什么？

2. 我国现阶段劳动就业的方针政策和措施是什么？

3. 解决劳动就业的途径是什么？

4. 什么是股份合作制劳动就业服务企业？它有哪些特点？

5. 什么是职业介绍机构？其种类和职责是什么？

## 五、案例题

【案情】

刘某在 A 市客运集团总公司工作，因贪污票款，于 2015 年 2 月 15 日被总公司给予开除公职留用察看两年的处分。2015 年 9 月新上任的总公司孙经理，为了调查总公司其他人员贪污问题，要求刘某回避。遂于 2015 年 9 月 15 日向刘某发出通知，调刘某到总公司下属的 B 县分公司工作。刘某不愿去，拒绝接受调动，由此引发纠纷。

【问题】总公司调动刘某的工作是否合法？请说明理由。

# 第 **4** 章

# 用人单位内部劳动规则管理

## ➡ **本章重点掌握**

用人单位内部劳动规则的概念及其与劳动合同、集体合同的区别；用人单位内部劳动规则的内容和法律效力；劳动定员、定额规则及劳动岗位规范的制定；劳动纪律与职业道德的概念。

## ↗ **学习导航**

第 4 章

| 4.1　用人单位内部劳动规则管理概述 | 4.2　用人单位内部劳动规则的制定和效力 |
|---|---|
| 4.1.1　用人单位内部劳动规则的含义 | 4.2.1　用人单位内部劳动规则的内容 |
| 4.1.2　用人单位内部劳动规则的立法模式 | 4.2.2　用人单位制定内部劳动规则的程序 |
| | 4.2.3　用人单位内部劳动规则的法律效力 |

| 4.4　劳动纪律与职业道德 | 4.3　劳动组织规则 |
|---|---|
| 4.4.1　劳动纪律与职业道德概述 | 4.3.1　劳动定员、定额规则 |
| 4.4.2　巩固劳动纪律和培养职业道德 | 4.3.2　劳动岗位规范的制定 |
| | 4.3.3　实行优化劳动组合的原则和程序 |

# 4.1　用人单位内部劳动规则管理概述

**引导案例 4-1**

桑某是新民纺织厂的女工，虽然怀孕但仍坚持上班工作，后被厂方发现，厂方遂以桑某违反厂规为由将其辞退并解除劳动关系。桑某不服，将新民纺织厂诉诸法院，法院在审理过程中，厂方提供了本单位的规章制度，即："若发现本单位女职工有怀孕的，一律辞退。"

思考题：（1）本案中桑某应否被开除？为什么？

（2）新民纺织厂的该项规定是否有效？请说明理由。

## 4.1.1　用人单位内部劳动规则的含义

### 1. 用人单位内部劳动规则的概念

用人单位内部劳动规则（以下简称内部劳动规则），在有的国家和地区也称雇佣规则、工作规则或从业规则等，是指用人单位依法制定并在本单位实施的组织劳动过程和进行劳动管理的规则。也就是说，用人单位内部劳动规则是用人单位依据国家劳动法律、法规的规定，结合用人单位的实际，在本单位实施的，为协调劳动关系，并使之稳定运行，合理组织劳动，进行劳动管理而制定的办法、规定的总称。用人单位内部劳动规则必须符合《劳动法》及有关法律、法规的规定，凡是违法的内部劳动规则及一切规章制度一律无效。

理解此概念，需明确下述要点。

（1）它是用人单位规章制度的组成部分。内部劳动规则以用人单位为制定主体，以公开和正式的用人单位行政文件为表现形式，只在本单位范围内适用。因而，它属于用人单位规章制度，既不同于法规和政策，也不同于社会团体规章。

（2）它是职工和用人单位在劳动过程中的行为规则。内部劳动规则的调整对象是在劳动过程中用人单位与职工之间以及职工相互间的关系，即是说，它所规范的行为是作为劳动过程必要组成部分的劳动行为和用工行为。因而，它在本单位范围内，既约束全体职工，又约束单位行政的各个组成部分。但是，它对职工和用人单位的约束只限于劳动过程，在用人单位规章制度中，凡是关于劳动过程之外事项的规定，都不属于内部劳动规则。

（3）它是用工自主权和职工民主管理权相结合的产物。制定和实施内部劳动规则，是用人单位在其自主权限内用规范化、制度化的方法对劳动过程进行组织和管理的行为。简言之，是行使用工自主权的一种形式和手段。职工作为劳动过程的要素和主体，既有权参与内部劳动规则的制定，又有权对用人单位遵守内部劳动规则实行监督，这是职工民主管理权的重要内容。因而，内部劳动规则具有协调劳动关系功能。

### 2．内部劳动规则与劳动合同、集体合同的区别

内部劳动规则和劳动合同、集体合同都是确定劳动关系当事人双方权利和义务的重要依据，都是协调劳动关系的重要手段。但是，内部劳动规则与劳动合同、集体合同仍有区别。主要表现在以下几方面。

（1）内部劳动规则的制定是用人单位的单方法律行为，制定程序中虽然有职工参与的环节，但还是由单位行政最后决定和公布，职工并非制定主体；而劳动合同和集体合同的订立，都是劳动关系当事人或其团体双方的法律行为。

（2）内部劳动规则所规定的是全体职工的共同权利和义务；而劳动合同所规定的只是单个职工的权利和义务。

（3）内部劳动规则与集体合同在内容上虽然有交叉，但各有侧重。前者侧重于规定在劳动过程的组织和管理中职工和单位行政双方的职责，也即劳动行为规则和用工行为规则；后者则侧重于规定本单位范围内的最低劳动标准。

内部劳动规则与劳动纪律并非同一个概念，劳动纪律只是内部劳动规则内容中的一个组成部分。

## 4.1.2　用人单位内部劳动规则的立法模式

### 1．两种常见的内部劳动规则立法模式

各国关于内部劳动规则的立法，已形成两种模式。

（1）授权式立法。即在立法中只规定用人单位内部劳动规则的权限和程序，对内部劳动规则内容则不做规定或者仅列举规定其应含事项，而将内部劳动规则内容的确定权完全授予用人单位，只要内容不违法即可。例如，《法国劳动法典》《日本劳动标准法》中关于雇佣规则的规定和我国台湾《劳动基准法》及其《施行细则》中关于工作规则的规定，就属于此种模式。

（2）纲要式立法。即在立法中除了对内部劳动规则的制定和程序作出规定外，还对内部劳动规则内容作出纲要式规定，要求用人单位以此作为制定内部劳动规则的依据和标准。例如，我国政务院 1954 年制定的《国营企业内部劳动规则纲要》（已失效）、1982 国务院年制定的《企业职工奖惩条例》（已废止）、1986 年制定的《国营企业辞退违纪职工暂行规定》（已废止），都是关于内部劳动规则的基本规定，各企业制定的内部劳动规则，都必须与之相符。在一些前社会主义国家，如苏联等，关于内部劳动规则的立法，就属于此种模式。

### 2．两种立法模式的共同点

内部劳动规则立法的上述两种模式尽管有区别，但不乏共同点。其中主要共同点如下。

（1）两种模式都授权用人单位制定内部劳动规则，并自行确定内部劳动规则的具体

内容。

（2）两种模式都要求内部劳动规则在制定的程序和内容上均必须合法。

（3）两种模式都确认内部劳动规则具有法律效力，把遵守内部劳动规则规定为劳动者和用人单位的义务。

这些共同点是内部劳动规则立法的一般任务和内容。内部劳动规则立法的上述两种模式同一定的所有制和经济体制相联系。在私有制的市场经济的条件下，企业拥有包括微观劳动管理在内的经营管理自主权，制定内部劳动规则理所当然地属于企业的内部事务。因而，不宜在立法中规定内部劳动规则的内容，而应当赋予企业确定内部劳动规则的完全自主权。在公有制和计划经济的条件下，国家对企业财产拥有所有权，企业无经营管理自主权，因而，内部劳动规则所涉及的不只是企业自身利益而主要是国家利益和社会公共利益，遵守内部劳动规则不仅是职工与企业相互间的义务而且是双方对国家的义务。基于此，国家在立法中对内部劳动规则内容作出纲要式规定。

### 3．我国的内部劳动规则立法模式

在我国经济体制改革所追求的目标模式中，既要求以公有制为主体，又要求实行市场经济。由此决定了我国的内部劳动规则立法，应当在吸收上述两种模式合理因素的基础上，形成一种与社会主义市场经济相适应的新模式。该模式的立法应当包括下述几个方面。

（1）规定凡职工人数达到一定数量的用人单位，都应依法制定完善的内部劳动规则。

（2）规定制定内部劳动规则的主要程序和内部劳动规则的有效要件，并规定用人单位因内部劳动规则违法应负的法律责任。

（3）规定内部劳动规则内容所应包括的事项，并对某些重要内容做出示范性的纲要式规定，或者授权特定机构或组织制定示范性纲要，同时，赋予用人单位确定内部劳动规则具体内容的自主权。

（4）规定职工和用人单位都必须遵守内部劳动规则，并且对违反内部劳动规则的处罚规则作出原则性规定。

## 4.2　用人单位内部劳动规则的制定和效力

**引导案例 4-2**

孙某是一家灯具公司的仓库保管员，2016 年 3 月 28 日下班时，孙某因家里的灯泡坏了，而一时又没空儿去买，便随手拿了一只价值 3 元的灯泡藏在衣服里准备悄悄带回家，后被门卫发现并告诉了值班刘经理。刘经理收缴了灯泡后，当场宣布将开除孙某，同时解除与孙某的劳动合同。孙某不服，认为自己在公司工作了多年，仅是初犯且情节轻微，没有给公司造成损失。怎么能说开除就开除呢？

**思考题**：公司开除孙某是否合法？请说明理由。

### 4.2.1　用人单位内部劳动规则的内容

内部劳动规则的制定，一方面是用人单位对职工的权利，即用人单位的经营权和用人权中必然含有内部劳动规则制定权；另一方面是用人单位对国家的义务，即用人单位必须以制定内部劳动规则作为其行使经营权和用人权的一种主要方式。

内部劳动规则所应当包括的内容一般由立法列举规定。例如，《日本劳动标准法》规定，雇佣规则应当包括 10 个方面的内容：上下班时间、休息时间、休息日、休假以及有两组以上工人轮班时有关换班的事项；工资的决定、计算及支付方法，工资的发放日期及截止计算日期，以及有关增加工资的事项；有关退职的事项；与规定退职津贴及其他津贴、分红、最低工资等有关的事项；与规定工人负担餐费、工作用品及其他开支有关的事项；与规定事故补偿、非因工负伤和疾病的救济有关的事项；与规定奖惩的办法、种类及程度有关的事项；在上述各项之外，与适用于该企业全体工人的规定有关的事项。又如，我国台湾地区的《劳动基准法》将工作规则的内容规定为 12 项：工作时间、休息、休假、法定纪念日、特别休假及继续性工作轮班方法；工资标准、计算方法及发放日期；延长工作时间；津贴及奖金；应遵守的纪律；考勤、请假、奖惩及升迁；受雇、解雇、资遣、离职及退休；灾害、伤病补偿及抚恤；福利措施；劳雇双方应遵守劳工安全卫生规定；劳雇双方意见加强合作的方法；其他。该法的《施行细则》针对上述各项还特别规定，雇主认为必要时，得分别就上述各项制定单项工作规则。可见，内部劳动规则中应当包括的事项相当广泛，几乎涉及劳动关系内容的各个方面和劳动关系运行的各个主要环节。为了指导用人单位合法、全面和完整地确定内部劳动规则的内容，有的国家还授权特定机关制定内部劳动规则范本。例如，《巴林劳工法》规定，"劳工和社会事务部长可以通过命令颁布适合工作性质的纪律规定的范本，作为雇主制订他们自己的规则的指导。"

在我国《劳动法》中，只是原则规定用人单位应当依法建立和完善规章制度以保障劳动者享有劳动权利和履行劳动义务，但未把用人单位人数规定为承担此项义务的条件，也未列举规定应当制定规章制度的事项。这表明，各种用人单位都有义务制定内部劳动规则；并且，凡是保障劳动者享有劳动权利和履行劳动义务所必要的事项，都应当制定相应的内部劳动规则。我国立法对内部劳动规则不仅列举规定其应含事项，还进一步对某些重要事项直接规定其内容或者规定如何确定其内容的规则。其中，较多的是关于劳动组织、劳动纪律和工资分配等方面的规定。一般来说，用人单位内部劳动规则的内容主要包括：劳动合同管理制度；劳动纪律；劳动定员定额规则；劳动岗位规范制定规则；劳动安全卫生制度；其他制度如工资、福利、考核、奖惩、培训等。这些内容将在有关章节中详述。

### 4.2.2　用人单位制定内部劳动规则的程序

立法中对内部劳动规则的制定程序，一般不做完整的规定，而只择要规定其中应含的某些环节。即是说，内部劳动规则的制定程序中，既有法定环节，也有非法定环节，后者即用人单位自行规定的环节或者有关国家机关指定必备的环节。

内部劳动规则制定程序中的法定环节，一般有下述几种。

### 1．职工参与

内部劳动规则虽然是单位行政制定的，但只有在吸收和体现了职工方意志，或者得到职工方认同的情况下，才能确保其实施。于是，立法中要求内部劳动规则制定程序中应当有职工参与的环节。例如，《法国劳动法典》规定，雇佣规则在提交工厂委员会讨论通过之前，不能将其付诸实施。又如，《日本劳动标准法》规定，起草或修改雇佣规则时，雇主应征求有关企业中过半数工人所组成的工会的意见，如无此种工会时应征求有关过半数工人的代表的意见。在我国，立法应当规定，凡是建立职代会制度的用人单位，内部劳动规则都应经职代会审议通过；没有建立职代会制度的，或者在职代会闭会期间的，应当征得工会的同意，或者交给过半数职工群众讨论，并吸收其意见。

### 2．报送审查或备案

内部劳动规则涉及劳动法规政策的实施，同职工利益密切相关，为了保证内部劳动规则内容合法和保护全体职工利益，立法要求将内部劳动规则的制定置于国家的监督之下。例如，日本规定，雇主应当将草拟或修改的雇佣规则呈报行政官厅，并将所征求的工会或工人代表的意见随同附上，行政官厅有权命令更改不符合法令或劳动协约的雇佣规则。又如，我国台湾地区的《劳动基准法施行细则》和有关文件规定，雇主订立工作规则，应于30日内报请当地主管机关核备；事业单位的事业场所地的主管机关报备，订立适用于各该事业场所的工作规则应分别向各该事业场所的当地主管机关报备；主管机关认为有必要时，须通知雇主修订工作规则。在我国立法中应当规定，用人单位应将其制定或修订的内部劳动规则报送劳动行政部门审查；劳动行政部门应当在法定期限内作出书面的审查意见，对不合法的内容有权在审查意见书中责令用人单位修改。

### 3．正式公布

内部劳动规则既然以全体职工和单位各个行政部门为约束对象，就应当为全体职工和单位行政各个部门所了解。所以，立法中要求内部劳动规则必须以合法有效的方式公布。例如，《加拿大劳动工（标准）法》规定，省政府主席有权要求雇主将其制定的劳动规章，向全体职工公布；《阿拉伯也门共和国劳动工法》规定，雇主应当在企业里的明显地点张贴奖惩条例及其实施条件；《智利共和国劳动法》规定，雇主必须发给每个工人一个有关内部规章的印刷本；我国台湾地区《劳动基准法施行细则》规定，工作规则经主管机关核备后，雇主应立即于事业场所内公告并印发给各劳工；《法国劳动法典》规定，雇佣规则应于完成公布等手续两周之后实施。在我国，立法应当要求内部劳动规则必须由用人单位以经其法定代表人签署和加盖公章的正式文件公布，并且从公布之日起才能在本单位范围内生效。

### 4.2.3　用人单位内部劳动规则的法律效力

#### 1．内部劳动规则具有效力的理论依据

（1）西方国家关于内部劳动规则有无效力的问题存在争论。无效说认为，内部劳动规则是用人单位单方制定的，职工事后才知道，因而不属于劳动契约，不能约束职工。有效说则主张，内部劳动规则应当具有效力，但对于为什么具有效力的理由，有不同观点。

1）契约说。认为内部劳动规则是劳动契约的一部分，劳动契约既已成立，内部劳动规则作为劳动的附合契约只要合法，同样具有效力。正如乘坐交通工具或委托运输货物，旅客或货主在购票或办理托运时即已订立运输契约，随后就应当遵守运输方面的各项规章一样。在这里，运输规章是运输契约的附合契约，其效力具有强迫性。这种观点主张，劳动者只有以明示或默示的方式与雇主达成合意，才受内部劳动规则约束。契约说的缺陷在于，把内部劳动规则作为契约只是一种拟制，在实践中往往与事实不符。也就是说，劳动者大多是在契约订立之后才了解内部劳动规则的详细内容，并且，在契约订立后雇主可以不经劳动者同意而单方修改内部劳动规则，这都无法用契约说来解释。

2）法规说。认为内部劳动规则具有法规性质。即是说，企业作为一种社会组织从其依法成立之日起就被国家授予制定本组织内部规范之权，这也是法律所赋予的经营权的内容。所以，制定内部劳动规则是一种授权"立法"。劳动者既已入厂，就表明他们已与雇主在建立劳动关系方面意思表示一致，并表明他们已承认雇主作为一厂之长具有为谋求工厂发展而在本厂范围内的"立法"之权。所以，这种观点主张，不论劳动者对内部劳动规则的内容是否知悉和同意，都要无条件地受其约束。犹如公务员，既已就职，表明已有意思表示在先，而后自然可以附加其他内容，要求其接受有关工作条例的约束。法规说的缺陷在于，企业并非国家机关，对其授权立法，无充分的法理依据。

3）折中说。认为上述两种观点均失之偏颇而不合理，并认为内部劳动规则之所以发生效力，既是由于法律的确认，也是由于当事人双方的合意，所以，内部劳动规则具有效力的条件是，其内容不违法并且取得职工同意。

（2）我国内部劳动规则具有效力的理由。在我国，一般认为，内部劳动规则虽然被称为厂规厂法，但并不是法律，其效力只是来自法律的赋予。《宪法》规定，遵守劳动纪律是公民的一项基本义务。《劳动法》规定，用人单位应当依法建立和完善规章制度，劳动者应当遵守劳动纪律。内部劳动规则之所以由法律赋予其效力，其主要原因有以下几条：

1）内部劳动规则是法律的延伸和具体化。内部劳动规则的主要内容都是依据有关法规制定的，是对有关法规所规定内容的具体展开。在此意义上，内部劳动规则是实施劳动法律规范的必要手段，因而，法律应当赋予内部劳动规则以效力。

2）内部劳动规则是劳动合同的附件。在劳动合同订立过程，劳动者有权了解用人的内部劳动规则，用人单位订立劳动合同，并在合同中约定劳动者应当遵守劳动纪律，用人单位应当按照本单位规章制度提供劳动条件和劳动待遇，就表明劳动者承认内部劳动规则并

愿意受其约束。可见，内部劳动规则实际上成了劳动合同的附件。法律赋予内部劳动规则以效力，是强化劳动合同效力的必然要求。

3）内部劳动规则是实现劳动过程的自治规范。一方面，用人单位制定内部劳动规则，是行使其用人自主权的法律行为；另一方面，职工也参与内部劳动规则的制定，内部劳动规则的内容经职工方同意才能确定。这表明，内部劳动规则是用人单位和职工依法自律的手段，反映了用人单位和全体职工的共同意志，法律理应认可其效力。

### 2．内部劳动规则具有效力的必要条件

内部劳动规则发生效力，必须完全具备法定有效要件。

（1）制定主体必须合法。内部劳动规则只能由单位行政制定，但非单位行政中的任何一个管理机构都有权参与制定内部劳动规则。一般认为，有权代表用人单位制定内部劳动规则的，应当是单位行政系统中处于最高层次、对用人单位的各个组成部分和全体职工有权实行全面和统一管理的机构。这样，才能保证所制定的内部劳动规则在本单位范围内具有统一性和权威性。至于单位行政中的其他管理机构，虽然可参与内部劳动规则的制定活动，但无权以用人单位名义颁布内部劳动规则，不具有内部劳动规则的制定主体资格。

（2）内容必须合法。内部劳动规则应当对立法所列举的必备事项做出具体规定，其内容必须体现权利与义务一致、劳动者利益与劳动效率并重、奖励与惩罚结合、劳动纪律面前人人平等的精神，不得与劳动法规政策和集体合同相悖。其中，关于劳动条件和劳动待遇的规定，不得低于法定最低标准和集体合同约定最低标准；关于惩罚违纪职工的规定，必须同法定的违纪罚则相符，必须贯彻教育为主、惩罚为辅的原则，不得侵犯职工合法权益。

（3）制定程序必须合法。在制定内部劳动规则的过程中，凡属于法定必要程序，都必须严格履行；集体合同和既存有效内部劳动规则对此程序若有规定，也应当遵循。

（4）必须公示。内部劳动规则必须明确告知用人单位的全体成员，用人单位未尽告知义务的，不能作为处理劳动争议案件的依据。用人单位内部劳动规则的适用对象是本单位的全体成员，所以它必须为单位的所有成员所知悉。"公示"就是内部劳动规则制定后，尽到告知全体成员的义务。关于内部劳动规则向全体成员公示的方法、形式、时限等具体问题，在我国劳动法律法规中均没有明确的规定。因此，在劳动争议案件中，内部劳动规则是否已经向全体成员公示往往成为纷争的焦点之一。《最高人民法院关于审理劳动争议案件适用法律若干问题的解释（一）》明确规定了用人单位规章制度向劳动者公示，这是该项规章制度可以作为人民法院关于审理劳动争议案件依据的必备要件之一。我国《劳动合同法》第 4 条第 4 款规定："用人单位应当将直接涉及劳动者切身利益的规章制度和重大事项决定公示，或者告知劳动者。"公示形式不限，只要明确告知用人单位的全体成员即可，否则没有效力。

### 3．内部劳动规则具有效力的主要表现

内部劳动规则依法制定，应在本单位范围内对全体职工和单位行政各个部门都具有约

束力。主要表现在以下几方面。

（1）内部劳动规则必须在本单位范围内全面实施，劳动过程中的各种劳动行为和用工行为都必须受内部劳动规则约束，全体职工和用人单位的权利和义务都应当以内部劳动规则为依据。

（2）遵守内部劳动规则是全体职工和用人单位的法定义务和约定义务，对模范遵守劳动纪律的职工应当给予奖励，对违反劳动纪律的职工应当给予惩处，对违反内部劳动规则的用人单位应当追究法律责任。

（3）职工与用人单位因执行内部劳动规则发生争议，应当依法定的劳动争议处理程序予以处理。

#### 4．内部劳动规则与劳动合同在效力上的关系

内部劳动规则与劳动合同在效力上的关系，表现在下述 3 个方面。

（1）内部劳动规则作为劳动合同的附件，具有补充劳动合同内容的效力。

（2）劳动合同所规定的劳动条件和劳动待遇不得低于内部劳动规则所规定的标准，否则，以内部劳动规则所规定的标准代替。这是因为，内部劳动规则规定的标准是平等适用于全体职工的标准，劳动合同所约定的职工利益若低于该标准，就是对单个职工的歧视。

（3）劳动合同中可以特别约定其当事人不受内部劳动规则中特定条款的约束，但这种约定应当以对劳动者更有利为前提。这是因为，劳动合同作为主件，对作为其附件的内部劳动规则的效力，可以在合法的范围内予以一定制约。

内部劳动规则作为劳动合同的附件，它与集体合同效力的关系，同劳动合同一样。集体合同应当成为制定内部劳动规则的依据，内部劳动规则所规定的劳动者利益不得低于集体合同所规定的标准。

# 4.3　劳动组织规则

## 4.3.1　劳动定员、定额规则

### 1．劳动定员

劳动定员又称编制定员，是指根据企业既定的生产经营方向（或产品方案）及其规模所规定的，在一定时期内和一定技术组织条件下，企业机构的设置和企业各机构配备各类人员的数量界限。它表明企业应设置哪些机构，以及各机构应配备多少人员（劳动者数量）和什么人员（劳动者素质）。企业中实行定员的范围，应当限定在企业进行正常生产经营所需要的全部职工，无论是固定工、合同制工还是临时工，也无论是生产人员还是非生产人员，只要是维持正常生产经营所需要的，都纳入定员范围之内。按规定，连续 6 个月以上的援外人员、脱产学习人员、病假人员和休长假人员、待分配人员和不顶岗学徒、试用人

员、为外单位培训的人员和准备向外单位输送的后备人员、退居二线工作和离休人员、停薪留职人员和保留厂籍劳教或服刑人员、从事的劳动与企业生产经营无关的人员（如农副业生产人员）、临时性生产或工作所需人员，都不纳入定员范围。

制定劳动定员是企业经营管理自主权的一项重要内容。除法律另有规定和国务院有特殊规定的以外，企业有权按照生产经营的特点和实际需要，自主决定其内部机构的设立、调整和撤销以及其人员配备；有关部门可以根据业务需要就企业应承担的某项职能或任务向企业提出要求，但任何部门不得硬性规定企业设置对口机构和建立人员编制。

企业制定劳动定员应当符合有关法规和政策的要求。其中主要是本着精简机构、节约用工、促进生产和提高效率的精神，确定劳动定员水平；尽可能执行适合本企业现有技术组织条件的劳动定员标准，对强制性劳动定员标准必须严格执行；法定的或者为确保科学性所必需的劳动定员制定程序，都应当切实履行。企业依法确定的劳动定员在本企业范围内具有法律效力，应当成为企业编制劳动计划、增减职工、调配职工、确定工资基金基数的一个必要依据。

### 2. 劳动定额

劳动定额是指为规范地确定劳动任务而制定的，在一定技术组织条件下劳动者完成单位产品或工作所需要的劳动消耗量。它有工时定额（亦称时间定额）和产量定额两种基本形式。前者是完成单位合格产品所耗工时；后者是单位时间内完成的合格产品量或工作量。劳动定额的范围，只限于能够计算和考核工作量的工种和岗位。

（1）制定劳动定额的条件。在企业中，可以实行劳动定额的工种和岗位，必须具备下述基本条件：

1）企业的生产过程可以分解为多道工序（或工步）操作，并且在不同的地点按工序组织生产。

2）劳动成果的大小多少直接取决于劳动者的劳动消耗量，并且直接可以用实物产品量或单位产品（工作）工时消耗量来表示。

3）劳动者使用的设备一般是中小型设备，设备的转速、用量可以调整，并且必须由人来使用、操作，采用一人一机或多机的管理方式。

（2）制定劳动定额的原则。劳动定额的制定也是企业经营管理自主权的内容。但较之劳动定员，它与劳动者利益更为密切相关。因而，在法律上应当要求企业在制定劳动定额时，除了遵循必要的定额技术规则外，还应遵循下述规则：

1）制定定额的技术组织条件必须是企业现有的或者企业按照合同应当提供的，不能制定超越这种条件的定额，采用的定额标准也只能是与这种条件相符的标准。

2）定额所规定的劳动消耗量，必须以法定工作时间为限，并且符合劳动安全卫生的要求。

3）定额的制定过程应当有工会或职工代表参与，也可以在集体合同中约定定额条款。

4）定额必须向职工正式公布并以书面形式通知有关职工，如果是对过去定额的改变，还应在定额公告和通知中说明改变定额的原因。

5）职工认为定额超越了企业所提供的技术组织条件或者有害于劳动者安全健康的，有权提出异议，此异议应由企业行政会同企业工会进行处理。

劳动定额依法制定，即具有法律效力。凡是已制定劳动定额的工种和岗位，都必须按劳动定额组织生产；企业实行升级考评，编制劳动计划，签订承包合同，配备劳动力，进行劳动组合，实行经济核算，组织劳动竞赛，确定工资基金和计件工资、定额工资，核定奖励基金，都应当以劳动定额为依据。劳动定额制定后，就要维护其严肃性。因定额不准或生产情况发生变化的确需要增加工时的，须经定额管理人员核实和同意，不得随意改变定额。

### 3．劳动定员定额标准

劳动定员标准是指根据一定的技术组织条件所制定的，对于不同企业的同类型岗位在人员配备方面的统一规定。其内容包括企业各类人员数量或比例以及影响定员的有关因素。它所表示的定员水平，应当具有先进合理性。所谓先进，是指与历史上最好水平相比较，定员相对较少，非生产人员比值相对较小，机构精干，劳动组合结构优化，劳动效率高；所谓合理，是指切实可行，既不落后，又非高不可攀，能保证生产经营正常需要，使每个职工的工作保持满负荷。

劳动定额标准是指在典型的技术组织条件下，通过技术测定制定的典型劳动作业或代表性产品的工时消耗或产量的标准数据。它所确定的定额水平，应当具有平均先进性。即是说，它所规定的劳动消耗水平应当是在正常的技术组织条件下，经过努力，多数人可以达到或超过、少数人可以接近的水平。

劳动定员定额标准经批准发布，即具有法律效力。企业制定劳动定员定额，应当以劳动定员定额标准为参考；劳动行政部门、企业主管部门和有关部门审查、核定或审批定员定额，考核企业定员定额水平，指导企业定员定额工作，必须以劳动定员定额标准为依据和尺度。

劳动定员定额标准由国家标准、行业标准、地方标准和企业标准组成，其中的国家标准、行业标准和地方标准，可划分为强制性标准和推荐性标准。就劳动定员标准而言，一般为推荐性标准。就劳动定额标准而言，一些主要的劳动定额技术术语、符号、代号（含代码）和文件格式，以及通用的劳动定额制定方法、检验方法等劳动定额基础标准和方法标准，应列为强制性标准；其他劳动定额标准，一般应列为推荐性标准。

劳动定员定额标准属于管理性劳动标准，它对企业的约束不同于保障性劳动标准。其特点主要在于：

（1）企业对劳动定员定额标准的执行须有一个前提，即企业已经具有或者有义务提供与被执行标准相对应的技术组织条件；

（2）企业只有在具备足以突破劳动定员定额标准所规定的定员定额水平的技术组织条件时，才可以实行高于劳动定员定额标准的标准。劳动定员定额标准对企业仅是一种示范，企业应将劳动定员定额标准列入其整顿和发展的目标。

## 4.3.2　劳动岗位规范的制定

劳动岗位，即有确定的职责、任务和手段的生产、工作位置。劳动岗位规范是指企业根据劳动岗位的特点对上岗职工提出客观要求的综合规定。在劳动组织工作中，它是安排职工上岗和签订上岗合同的依据，以及对职工进行岗位考核的尺度。

### 1．劳动岗位的组成部分

按规定，劳动岗位规范的内容一般应由下述 4 个部分构成。

（1）岗位名称。它是劳动者在企业中所处工作岗位的体现，是其职责的综合化。如技术员、车间主任等。

（2）岗位职责。它是劳动岗位的职能和在岗职工所负的责任，一般包括岗位的职能范围和工作内容，在规定时间内应完成的工作数量和质量，本岗位与其他岗位的关系。

（3）生产技术规程。这是企业为执行国家、行业、地方、企业技术标准和保障生产秩序，就如何保证产品质量、调和有效使用和安全生产等方面所做的具体规定，包括生产工艺规程、操作规程、设备维修规程和检修规程及安全技术规程等有关内容。

（4）上岗标准。它是职工履行岗位职责所必备的自身条件。主要包括政治思想和职业道德、文化程度、专业知识和实际技能、工作经历、身体条件 5 个方面的内容。

### 2．制定劳动规范应遵循的原则

（1）应当根据岗位的特点确定岗位规范的内容和水平，使岗位规范能够科学、准确地反映本岗位对上岗职工的实际要求。

（2）岗位规范的内容应当贯彻国家有关法规、政策，并与企业内部规章制度相协调。

（3）岗位规范应符合标准化要求。岗位规范的内容和形式要参照国家有关标准化的规定，并符合企业管理标准化的要求。编写岗位责任中"在规定时间内应完成的工作数量和质量"时，凡是有适用于本企业的劳动定员定额标准的，应当按标准编写；制定特种企业人员的岗位规范，应严格执行国家标准中的有关规定。

（4）岗位规范的内容应当定量描述与定性描述相结合，并尽量采用定量描述，使之具有可操作性。

（5）岗位规范在一定时间内要保持相对稳定，同时要随着企业生产发展和技术进步，以及企业劳动管理的改善，适时进行修改和补充。

### 3．劳动岗位规范的制定过程中的特殊环节

（1）科学地划分和设置岗位，把工作性质、业务范围和工作任务相近的岗位适当归类和合并，并编制岗位分类目录。

（2）在划分和设置岗位的基础上，确定岗位职责，明确岗位标准内容的构成和各项必备要素的水平。

（3）企业劳动人事职能机构会同教育、技术、生产、安全等机构聘请有关工程技术人员、技师组成专门的编审组织，进行岗位规范的编写和审核工作。

（4）编审后的岗位规范由企业组织有关专家进行可行性论证和评估，以保证岗位规范的科学性。

为了加强对劳动岗位规范制定的宏观管理，国家规定由人力资源和社会保障部负责对岗位规范的制定工作进行宏观指导和综合协调，并制定有关方针政策；各省级和中心城市劳动部门，以及国务院有关部门和直属机构的劳动人事职能部门，负责提出本地区、本部门制定岗位规范的意见，并组织试点、经验交流和推广工作；国务院有关行业主管部门可以根据实际需要，制定本部门（行业）的标准性岗位规范。

## 4.3.3　实行优化劳动组合的原则和程序

优化劳动组合又称合理劳动组合，简言之，即用择优的方法对企业的劳动组织进行再构造，使企业的劳动力配置得以合理。它是企业根据生产经营需要，在先进合理的劳动定员的基础上，对经营管理人员、技术人员和工人通过考核考试进行聘用或组合上岗，建立企业与职工之间相互依存、职工与职工之间团结协作的劳动关系，形成适合生产工作需要、结构合理的劳动组织。

### 1. 实行优化劳动组合的原则

实行优化劳动组合，必须坚持公开、平等、择优的原则。公开是将组合方案、政策措施、岗位规范、考试考核结果等公布于众。平等是保障全体职工在机会均等的条件下竞争工作岗位。为此，要打破管理人员与职工的界限以及不同用工形式的界限，只要符合条件，均可参加任何一个岗位的竞争。符合条件的职工可担任企业经营管理工作，不符合条件的经营管理人员落聘后应参加职工的劳动组合。在组合过程中，应同等对待男女职工，不得歧视女职工。择优是企业依据岗位标准，根据各类岗位特点，采取相应的考试考核办法择优组合。凡适合残疾人从事生产、工作的岗位，有残疾职工能坚持正常生产、工作的，经考试考核合格，应予组合。

### 2. 实行优化劳动组合的程序

实行优化劳动组合的程序，应包括以下主要环节。

（1）做好实行优化劳动组合的基础工作，包括调整组织机构和劳动岗位设置，制定和完善劳动定员定额和岗位规范，建立和健全相关规章制度。

（2）制定优化劳动组合方案。该方案应由企业行政拟订，经职代会讨论通过，报主管部门和劳动行政部门审查认定，最后由企业行政公布。

（3）确定管理机构和生产机构正职负责人。管理机构和车间一级中层生产机构正职负责人由厂长（经理）确定，但财务、审计等监督机构正职负责人的确定，应事先征得有关部门同意。基层生产机构正职负责人由中层生产机构正职负责人确定。各机构正职负责人只能从考试考核合格者中通过竞争，择优确定。

（4）公开各机构劳动组合条件并组织考试考核。

（5）双方选择，自由组合。由各机构正职负责人与考试考核合格者双方相互选择，在定员限额内自由组合。

（6）全员签订上岗合同。企业分别与组合上岗的各个职工，按平等、自愿和协商一致的原则，签订上岗合同。

（7）动态组合。上岗合同期满，应重新进行考核，择优上岗；合同期未满，如不胜任本岗位工作，应予解除合同下岗；未被组合上而要求上岗的职工，经考试考核合格，可重新组合上岗。

（8）对于实行优化劳动组合过程中未被组合的富余职工的安置，国家规定，应遵循企业自行安置为主、社会帮助安置为辅，保障富余职工基本生活的原则。依此原则，国家要求，企业应当采取拓展多种经营、组织劳务活动、发展第三产业、综合利用资源和其他措施安置富余职工；企业主管部门、劳动行政部门和工会组织应当指导、帮助和支持企业做好富余职工安置工作，并积极创造条件，培育和发展劳动力市场，开辟社会安置渠道。

# 4.4　劳动纪律与职业道德

## 引导案例 4-3

　　桑某是 A 公司的一名营销员，上班时经常在网上聊天。公司营销经理询问他，他总以和客户在网上谈业务为由搪塞。2016 年 5 月 20 日，营销经理恰巧从桑某身后走过，不经意看了桑某的计算机屏幕，顿时惊诧不已，屏幕上竟是一些不堪入目的黄色图片，其尺度之大令人瞠目结舌。营销经理立刻把桑某叫进了办公室，桑某自知理亏，对其在上班时间利用公司计算机浏览黄色网页的事实供认不讳，并当场写下了检讨书，保证悔改。公司领导念其初犯，不予追究，但明确告之如若再犯，公司决不留用。不料桑某不知悔改，几日后旧病再犯，不但浏览色情网站，还变本加厉地将一些图片下载到公司的计算机中保存起来。与旁边的同事进行交流，影响了其他同事的工作。事已至此，公司对桑某道德败坏的行为已无法容忍，经和企业工会研究并达成一致意见后，决定解除桑某的劳动合同。桑某对公司解除劳动合同的行为不服，向所在县劳动争议仲裁委员会提起劳动仲裁，要求 A 公司撤销解除决定，恢复劳动关系，并支付仲裁期间的工资。

　　**思考题：** 你认为劳动争议仲裁委员会如何处理此案？请说明理由。

## 4.4.1　劳动纪律与职业道德概述

### 1．劳动纪律与职业道德的概念

劳动纪律是指劳动者在劳动过程中必须遵守的劳动规则和秩序。它是保证劳动者按照规定的时间、质量、程序和方法，完成自己承担的工作任务的行为准则。

职业道德是指劳动者履行劳动义务，完成岗位职责活动中形成的评价人们的思想和行为的真、善、美与假、恶、丑，光荣与耻辱，公正与偏私，诚实与虚伪，文明与愚昧的观念、原则和规范的总和。

### 2．我国劳动纪律与职业道德的特点

（1）我国劳动纪律的特点。

1）是劳动者自己的纪律。社会主义社会制定纪律的目的是为了保证实现生产过程的需要，是为劳动者的安全等自身利益服务的。所以，它是劳动者自己的纪律。

2）是劳动者自觉的纪律。社会主义劳动纪律不仅是劳动者以主人翁身份要求建立的，同时他们本身就是劳动者，最关心自己的安全和健康，也要求有一套能保证正常生产劳动的规则和秩序，所以它又是劳动者用自觉性来维持的纪律。

3）是劳动者自愿的纪律。社会主义劳动纪律既是为劳动者自己利益、自己要求制定的，对于执行纪律的手段，也是自己愿意接受的。对于破坏纪律的行为，除必需的强制手段外，大多数是以同志式的批评或自我批评的方法来解决。所以它又是劳动者自愿的纪律。

（2）我国职业道德的特点。道德是一定历史条件和社会关系的产物。不同的社会，不同的阶级有着不同的做人的标准和要求，所以有不同的职业道德和理想。社会主义职业道德的主要特点如下。

1）从与法律、纪律相比的层次来说，社会主义道德是人类历史上最崇高、最先进的行为规范。

2）从调整的范围来说，社会主义道德是最广泛，最完整的行为领域、思想领域，它把有限的本职工作和无限的奉献结合起来。

3）从实现道德的手段来说，社会主义道德是社会舆论、社会习俗、人们内心的信念和强大的自治力。对绝大多数人来说，道德的力量是法律和纪律的后盾，是防止少数人违法违纪的铜墙铁壁。

### 3．劳动纪律与职业道德的关系

在理解了劳动纪律与职业道德的内涵和特点之后，就可以发现它们之间的如下区别。

（1）前者属于法律关系范畴，是一种义务；后者属于思想意识范畴，是一种自律信条。

（2）前者的直接目的是保证劳动义务的实现；后者的目的是为了企业的最佳经济效益

和其他劳动者权益的实现。

（3）前者实现的手段必须伴以惩戒；后者主要是凭借内疚和自责。

它们之间存在如下关系，一是共同寓于同一主体——劳动者；二是共同调整同一行为；三是最终目的的一致性。

由此可见，劳动纪律和职业道德既有区别，也有联系，相辅相成，关系十分密切，都是社会主义企业不可缺少的。为此，我国《宪法》第五十三条规定，中华人民共和国公民必须遵守劳动纪律。

### 4.劳动纪律和职业道德的作用

由于社会主义劳动纪律和职业道德的性质和特点，以及它们自身结构的多元化，它们在劳动生产过程中所起的作用也是多方面的：

（1）可以保证社会主义劳动生产正常地进行，从而促进国民经济顺利发展。国民经济是建立在各部门、各用人单位生产经营计划基础上的，只有各部门、各用人单位的劳动者自觉遵守劳动纪律和职业道德，才有实现生产经营计划的可能。尤其是在高度的机械化、自动化生产条件下，任何一个人违反劳动纪律，都可能对整个企业造成重大损失，甚至影响国民经济的发展。劳动纪律和职业道德可以使每个职工的内心自制力经常处于理智状态，经常以主人翁的责任感来要求自己，自觉遵守各项纪律和规章制度，使各个企业的任务顺利完成，从而促进国民经济的顺利发展。

（2）可以促进劳动生产率的提高。社会主义企业劳动生产率的提高，不是靠劳动者单位时间内多流汗水来实现，主要是靠科学技术水平的提高，靠劳动制度的不断改革。现代化生产，是以集体生产、分工协作为特点的，劳动纪律和职业道德要求劳动者遵守各种规定，提供一定劳动量和完成一定的工作。从而为"几百人、几千人以至几万人共同工作、协同作战"创造了一个和谐的氛围，这种成百上千人共同劳动的共振力，就是提高劳动生产率至关重要的因素。

（3）劳动纪律是严格科学管理，完善企业各种经济责任制的必要条件。现代化大生产分工细密，生产具有高度的连续性，技术要求严格，协作关系复杂，需要实行严格的科学管理，完善各种经济责任制，这就要求每个劳动者都要严格地遵守劳动纪律和职业道德，保证生产的各个环节协调一致，使生产过程能准确有序地进行。因此，严格遵守劳动纪律和职业道德是严格科学管理，完善企业各种经济责任制的必要条件。

（4）有利于社会主义精神文明建设。在社会主义精神文明建设的历史进程中，劳动纪律和职业道德可以同劳动权利一起成为国家对劳动者、单位对职工进行协调的一种特殊方式。劳动纪律和职业道德要求劳动者在劳动中必须听从指挥，遵守各种规章制度，树立良好的服务态度。因此，它可以约束人们养成有益于社会、有益于集体的品德和习惯，使他们成为有理想、有道德、有文化、有纪律的劳动者。

## 4.4.2　巩固劳动纪律和培养职业道德

### 1．巩固劳动纪律的方针

社会主义劳动纪律的性质决定我国巩固劳动纪律的方针必须是思想教育与奖罚相结合。原因如下。

（1）社会主义劳动纪律是建立在国家、集体和劳动者个人根本利益一致的基础上的，它是劳动者自己的纪律、自觉的纪律和自愿的纪律。

（2）劳动纪律体现国家对公民、社会对个人、企业对职工所提出的政治的、法律的、道德的、技术的要求。单凭职工个人良好的心愿还不能全面实现纪律的要求。某种无知的行为，也可能造成破坏纪律的结果。所以，要巩固纪律，尚须伴以教育，提高劳动者的思想觉悟、文化、技术水平，从总体上提高职工素质，使每个劳动者都自觉遵守劳动纪律。

（3）说服教育的方法不是万能的。由于社会的复杂性，不是每个劳动者都能自觉遵守纪律或都能接受教育。少数人总还会以各种方式或借口违反纪律；还有极个别人屡教屡犯，说服教育就显得不够了。

因此，巩固劳动纪律的方针必须是思想教育与奖惩相结合。同时，还要综合治理，提高劳动者的思想觉悟、文化技术水平，正确处理劳动纪律和各个方面的关系，才能真正建立起社会主义的劳动纪律。

### 2．奖惩制度

目前国家没有统一的可以遵照的奖惩制度规定，因此各企业应该根据本企业的实际情况制定相应的奖惩办法，在制定奖惩规定时应遵循以下几个原则。

（1）依法制订。企业的规章制度实际上就是用人单位内部的"法律"。应把握以下两个原则：第一，《劳动法》《劳动合同法》等相关法律法规已经明确允许的不违法；第二，在相关法规条款上虽没有具体明确，但与有关法律法规的立法目的和立法原则相吻合或不相冲突的，也应是合法的。

（2）处罚调整。对于职工触犯刑律的，宜直接交由司法机关依法惩处。对于职工违反企业内部纪律或规章的，建议其处罚方式视情节轻重实行：批评教育→违纪违规情况记入其档案→一定时期内不提升职务→合同期满不再续签劳动合同，直至解除劳动合同。对因其有意违纪违规给企业造成经济损失的，可视情节轻重采取扣减一定时间内的绩效工资、减缓工资提升，直至解除劳动合同的处罚方式。

（3）程序有效。制定和修改的奖罚办法或相关规章制度应按照合法、民主、公示三个步骤进行。合法，即主体合法、内容合法、程序合法。其中内容合法是指规定的内容需符合国家法规对工作时间、工资、劳动安全与卫生和社会保障等方面的强制性标准。民主，即用人单位和工会双方共同提出方案，双方通过平等协商，使劳动者知悉内容。公示，即制定和修改的职工奖惩办法或相关规章制度必须告知每一个员工。

（4）标准严谨。奖惩的依据和奖惩的尺度不能含糊不清、模棱两可，最好能量化标准，尤其是处罚的部分。对于奖惩办法或相关管理制度中规定应处罚的违纪违规行为，如量罚时缺乏明确标准或难以准确把握的，应按制定和修改奖罚办法或相关规章制度的程序进行补充确定处罚方式或标准，并公示。

### 3. 树立和培养职业道德

我国劳动者自有组织活动之日起，就具有大公无私、艰苦奋斗、不怕困难、不怕牺牲、百折不挠、严守纪律、服从指挥、团结互助等光荣传统。这些就是对我国劳动者职业道德的高度概括。新中国成立以来，各个历史时期都涌现出成千上万的先进个人和先进集体，成为建设社会主义物质文明的先锋，建设社会主义精神文明的表率。他们在各种环境和条件下，能够发扬我国工人阶级的优良传统和固有本色，模范遵守道德规范，把道德水平提高到一个崭新的境界。他们树立和培养职业道德的共同点如下。

（1）热爱劳动，以主人翁态度对待本职工作。劳动是劳动者的天职，没有劳动就没有人类社会，也没有自己的生存条件。首先，劳动光荣这一基本观念是热爱劳动的基础，只有以劳动为荣，热爱劳动，才会以主人翁态度对待本职工作，才会有"干一行爱一行"的高尚思想。其次，要树立社会劳动大分工中"我为人人，人人为我"的观念。只有把我的劳动既看成是为自己劳动，也看成是为社会劳动，才会有自觉劳动、热爱劳动的动力。第三要解决劳动和报酬的关系问题。我国劳动者的政治地位决定了劳动者是社会的主人。劳动者和企业之间不是买卖关系，而是共同创造社会财富的合作关系或同志关系。我们贯彻效益公平原则，反对斤斤计较、"按酬付劳"的雇佣劳动态度。

（2）努力学习科学文化知识，刻苦钻研生产技术。科学技术飞速发展，知识更新的进程日新月异，随着新材料、新工艺、新能源的出现，第五代电子计算机的问世和生物工程的发展，将形成一场世界性的科学技术革命，并引起一列新兴工业的诞生。随着现代化建设事业的发展，我国已在各个领域广泛采用现代化先进技术。如不努力学习科学文化知识，刻苦钻研生产技术，就会被社会淘汰，更无理想、抱负可言。所以，只有努力学习科学文化知识，刻苦钻研生产技术，才能适应社会、经济、技术的高速发展。

（3）遵守劳动纪律，维护生产秩序。遵守劳动纪律和生产秩序，是道德的起码要求和第一道防线。连劳动纪律、生产秩序都不能遵守的人，绝无道德可言。时时处处自觉遵守劳动纪律和生产秩序，就可以培养自己模范遵守道德规范的习惯。

（4）勤俭节约，爱厂如家。勤俭节约是劳动群众的传统美德，也是企业发展生产，为社会增加财富的一个基本条件。把自己置身于与企业的共同利益之中，劳动进程中才会有自己生存发展的基础。勤俭节约，热爱企业，是职工道德情操高尚的一个重要表现。

（5）尊师爱徒，团结互助。这是我国劳动者又一美德。老师傅是国家和社会的宝贵财富。青年工人要尊重老师傅，首先是因为老师傅具有热爱党、热爱社会主义、热爱祖国、热爱劳动的高贵品质，应该继承和发扬；其次，老师傅阅历深、见识广、经验丰富，有的还有一手技术绝招，值得学习；最后，老师傅在长期的生产劳动中，为国家和社会都做了一定贡献。青年工人只有尊重朝夕相处的老师傅，才能够把道德规范中的尊重他人身体力行，在生产劳动中主动接受师傅的教育、帮助和指点。同时，青年工人是生产战线的生力军，是现代化建设的未来和希望。因此，爱护青年工人，搞好传、帮、带，是老工人义不容辞的光荣职责。

总之，职业道德是一个人最基本的道德要求。只有通过以上多方面的努力，从小处着眼，从小事做起，长期坚持不懈，才能树立和培养起良好的道德风尚。

## 本章习题

### 一、名词解释

1. 用人单位内部劳动规则　　2. 劳动定员　　3. 劳动定额

4. 劳动纪律　　5. 职业道德

### 二、选择题

1. 在我国，一般认为，内部劳动规则虽然被称为厂规厂法，但并不是法律，其效力只是来自（　　）。

A. 工会的义务　　B. 职工的权利　　C. 公司的授予　　D. 法律的赋予

2. （　　）是职工履行岗位职责所必备的自身条件。

A. 上岗标准　　B. 岗位职责　　C. 岗位名称　　D. 生产技术规程

3. 常见的内部劳动规则立法模式包括（　　）。

A. 约定式立法　　B. 纲要式立法　　C. 程序式立法

D. 授权式立法　　E. 规范式立法

4. 内部劳动规则制定程序中的法定环节包括（　　）。

A. 工会决定　　B. 正式公布　　C. 报送审查或备案

D. 职工参与　　E. 集体讨论

5. 内部劳动规则具有效力的必要条件包括（　　）。

A. 制定主体必须合法　　B. 内容必须合法　　C. 制定程序必须合法

D. 制定客体必须合法　　E. 制定原则必须合法

### 三、判断题

1. 内部劳动规则和劳动合同、集体合同都是确定劳动关系当事人双方权利和义务的重要依据，都是协调劳动关系的重要手段。（　　）

2. 集体合同所规定的是全体职工的共同权利和义务。（　　）

3. 在我国经济体制改革所追求的目标模式中，既要求以公有制为主体，又要求实行市场经济。（　　）

4. 我国台湾地区的《劳动基准法施行细则》和有关文件规定，雇主订立工作规则，应于45日内报请当地主管机关核备。（　　）

5. 社会主义劳动纪律的性质决定我国巩固劳动纪律的方针必须是思想教育与奖罚相结合。（　　）

## 四、简答题

1. 简述如何理解用人单位内部劳动规则的概念。
2. 简述用人单位内部劳动规则的法律效力。
3. 简述内部劳动规则与劳动合同、集体合同的区别。
4. 简述劳动定员定额的标准。
5. 简述劳动纪律与职业道德的作用。

## 五、案例题

### 【案情】

桑某是沈新电子公司的员工，体检时查出患了癌症。于是，桑某向公司交了病假条，在医院住院等待手术。然而，病假期满后，桑某一直没向公司提出延长病假的申请。

公司的规章制度规定，桑某的病假期只有 3 个月，在还没到 3 个月时，公司就打电话告诉他，病假快到期了。在电话告知后，公司还发出了书面通知。然而，桑某母亲签收该通知后，依然未代桑某向公司请假，在没有续假的情况下，桑某没上班，依旧治病。

结果，桑某超过病假期 25 天，即桑某旷工 25 天时，公司向他发出了"开除信"。桑某不服气，向所在县劳动争议仲裁委员会提出仲裁申请。

劳动争议仲裁委员会经过调查取证后认为，沈新电子公司的相关规章制度都是很规范的，不能因为病情严重就可以违背公司的规章制度。同时公司也拿出了发给桑某的书面通知、公司规章制度、培训签到表等证据。证明桑某是在收到通知的情况下仍不回公司上班或报到，属于旷工行为，并且其参加过公司组织的规章制度培训，知道公司的规章制度。据此劳动争议仲裁委员会裁决，公司按其规章制度解除劳动合同的行为合法，不需承担经济补偿金等法律责任。

对于这样的结果，桑某仍不服，一纸诉讼将公司告上了法庭。

法院在经过多方深入详细的调查取证后，得知该公司的规章制度没有经过全体职工或职工代表大会讨论、发表意见，制定程序上存在瑕疵，不属于合法有效的公司规章制度。审理后认为，不能作为解除劳动合同的依据适用。遂依据《劳动合同法》第四条的规定，判决公司解除劳动合同的行为不合法，应当承担经济补偿金等法律责任。

### 【问题】

劳动争议仲裁委员会与法院哪个结论是正确的？为什么？

# 第 5 章

# 职工民主管理及工作
# 时间和休息休假管理

## ➡ 本章重点掌握

职工民主管理的概念与形式；职工代表大会制度；平等协商与集体谈判的区别和联系；
工作时间和休息休假管理。

## ↗ 学习导航

第 5 章

5.1 职工民主管理概述
5.1.1 职工民主管理的概念和协调职能
5.1.2 职工民主管理的形式

→

5.2 职工代表大会制度
5.2.1 职工代表大会的性质和法律地位
5.2.2 职工代表大会的任务和作用
5.2.3 职工代表大会的权利和义务
5.2.4 工会与职工代表大会的关系

5.4 工作时间和休息休假管理
5.4.1 工作时间和休息休假概述
5.4.2 工作时间和休息休假的种类

←

5.3 平等协商制度

# 5.1 职工民主管理概述

## 引导案例 5-1

沈新制冷集团近年来实施职工民主管理，逐渐形成了员工参与管理的企业氛围，收效最为明显的是以下几种形式。

**员工参与管理形式之一：质量小组**

质量小组是指员工定期开会讨论质量及相关问题的小型团体，是制造型企业组织最常用的一种员工参与管理形式。质量小组成员通常为一线员工，对生产过程及工艺要求非常熟悉和了解，他们可通过定期讨论交流的方式，在生产中发现问题、识别问题并提出切实有效的解决方案，促进产品质量的提升。

**员工参与管理形式之二：合理化建议**

合理化建议制度是由 1898 年美国柯达公司创立的"职工建议制度"演变发展而来的。合理化建议，是指有关改进和完善企业生产技术和经营管理方面的办法和措施。具体地讲，就是职工根据某项事物合理化的需要，以《合理化建议书》的形式，向单位提出改进方案、方法等方面的建议措施。

公司的合理化建议制度除提交传统形式的《合理化建议书》外，在每年的新进大学生员工入职培训考核中，其中的"演讲"环节就逐渐变为广大新员工结合对企业的了解和自身专业知识，对企业提出意见和建议的有效平台。另外，在销售岗位员工的知识考核中，也经常会被问到"你认为公司的销售模式存在哪些不足，应做如何改进"等题目。

**员工参与管理形式之三：沟通参与**

沟通参与即下级和一般员工能有较多的机会与上级进行沟通交流，以使管理层和一般员工进行沟通融合，促进双方的相互了解，建立信任。有效的沟通参与可从心理上挖掘员工的内驱力，同时也可缩短员工和管理者之间的距离，促进参与管理效果的提高。

**员工参与管理形式之四：劳资协商制度**

劳资协商制度即在公司内成立的工会为一方，以公司资方或经营者为一方，定期召开劳资协商会议，共同协商企业生产经营管理中需要解决的问题，主要包括与员工切身利益相关的工资、福利、奖惩、劳动保护及劳资纠纷等，是员工参与管理的主要形式。

**思考题：** 谈谈你对职工民主管理形式的认识。

## 5.1.1 职工民主管理的概念和协调职能

### 1. 概念

职工民主管理又称企业民主管理，西方国家通常称职工参与或产业民主，是指职工直接或间接参与管理所在企业内部事务。

对此概念，可按下述要点来理解和界定。

（1）从主体来看，是以职工身份参与管理，即作为劳动关系中与用人单位相对的一方当事人参与管理，而有别于以股东等其他身份参与管理。在实行内部职工股的企业，职工参与管理和股东参与管理虽然联系密切，但毕竟是两种性质相异的法律行为。

（2）从其对象来看，是参与企业内部事务管理，不同于职工参与国家或社会事务管理。

（3）从其行为来看，是对企业管理的参与，而不是企业管理本身，也不是职工方与企业方的双方行为。职工作为被管理者，通过这种参与，使其意志贯穿于管理过程并与管理者意志相协调。如果职工作为企业管理人员执行其职务，或者与企业处于平等地位进行协商谈判，都不属于职工参与行为。

### 2．协调职能

在劳动法体系中，职工民主管理制度与劳动合同制度、集体合同制度和劳动争议处理制度并存，共同执行协调劳动关系的职能。

（1）较之劳动合同和集体合同，职工民主管理在协调劳动关系方面的特点主要表现在以下几个方面。

1）职工民主管理由劳动关系当事人双方各自的单方行为所构成，其意志协调表现为职工意志对企业意志的影响和制约，企业意志对职工意志的吸收和体现；而劳动合同和集体合同都是劳资双方当事人的双方行为，其意志协调表现为经济协商一致所达成的协议。

2）职工民主管理是在劳动过程中处于被管理者地位的职工参与企业管理，这属于管理关系中的纵向协调；而劳动合同和集体合同属于平等关系中的横向协调。

3）职工民主管理由于其形式多样，能够在劳动关系存续期间，对劳动关系进行经常、随机、及时的协调；而劳动合同和集合合同对劳动关系的协调，则主要集中在合同的订立和变更环节。

（2）较之劳动争议处理，职工民主管理在劳动关系方面的特点主要表现在以下方面。

1）职工民主管理是劳动关系运行中的自我协调和内部协调；而劳动争议处理则是由特定机构对劳动关系进行外部协调。

2）职工民主管理是在尚未形成争议的情形下对劳动关系的协调，也即劳动关系正常运行中的协调；劳动争议处理则是在劳动关系由于发生争议而处于非正常状态时所进行的协调。相对劳动争议的发生来说，职工民主管理属于事前协调，有预防争议的作用，劳动争议处理属于事后协调，目的在于解决争议。

可见，职工民主管理在协调劳动方面的职能，是劳动合同、集体合同和劳动争议处理不能代替的，而且还能弥补它们的不足。因而，它一直作为劳动关系协调机制中一种主要构成要素而存续和发展。

## 5.1.2 职工民主管理的形式

### 1. 职工民主管理的主要形式

（1）机构参与或称组织参与。即职工通过组织一定的代表性专门机构参与企业管理，如德、法等国的企业（职工）委员会，美国的初级董事会，我国的职工代表大会等。

（2）代表参与。即职工通过经合法程序产生的职工代表参与企业管理，如职工代表参加企业有关机构或监督企业日常管理活动等。

（3）岗位参与。即职工通过在劳动岗位上实行自治来参与企业管理，如日本等国的质量管理小组，我国的班组自我管理等。

（4）个人参与。即职工本人以个人行为参与企业管理，如职工个人向企业提出合理化建议，向企业有关管理机构进行查询等。

上述各种形式中，机构参与和代表参与是职工民主管理的间接形式，岗位参与和个人参与是职工民主管理的直接形式。

### 2. 关于职工民主管理形式的规定

国家对职工民主管理形式的要求，有两种类型：① 由立法做出规定，如德国、奥地利、法国、芬兰、比利时等；② 由政府倡导，立法不直接做出规定，如美国、英国、加拿大、挪威、丹麦、瑞典等。这两种类型各有优点，前者赋予一定的职工参与形式以法律效力，使其在企业界普遍实行；后者则有利于各企业根据自己实际情况，选择适当的职工参与形式。

目前，在我国企业界，一方面，对实行职工民主管理制度目前还有一定障碍，尤其是自觉实行职工民主管理制度的氛围尚未普遍形成；另一方面，实行职工民主管理制度的条件在各地区、各行业很不平衡，这就要求立法对职工民主管理形式的规定体现出灵活性。

关于职工民主管理形式的法律规定，应当包括下述几个方面的内容。

（1）法定必要形式。即立法中明确规定企业在一定条件下必须采用特定的职工民主管理形式。例如，按照德国《企业组织法》的规定，凡有 5 名以上年满 18 岁职工的私人企业，都必须实行企业职工委员会制度。在我国，应当将经实践证明行之有效的某些职工民主管理形式，如职工代表大会制度、职工董事（监事）会制度，合理化建议制度等，以强行规范予以固定，分别要求在各种企业或者一定范围企业内实行。

（2）法定示范形式。我国在经济体制转型的条件下实行职工参与制度，还处在探索阶段。为指导这种探索，有必要以任意法来规定某些职工民主管理形式的规则作为示范，供企业具体选择职工民主管理形式时参考和遵循。

（3）依法自创形式。即在立法中允许、提倡企业和职工，依照法定原则，从本企业实际情况出发，不断创设符合本企业需要的职工民主管理形式。

## 5.2 职工代表大会制度

### 5.2.1 职工代表大会的性质和法律地位

在我国，人民参与国家政治、经济和社会生活是我国政治制度决定的，体现了人民当家做主的地位。职工参与企业民主管理，更是政治制度和生产资料公有制性质决定的。但是，职工怎样参与管理企业呢？不可能每一个职工都直接去管理企业，他们只能选出自己的代表，通过一定组织方式来进行管理。职工代表大会就是企业实行民主管理的基本形式。这是社会主义企业的一项根本制度，是宪法关于国家坚持社会主义民主原则的充分体现。1986 年，中共中央、国务院颁发的《全民所有制工业企业职工代表大会条例》和 1988 年第七届全国人民代表大会第一次会议通过的《中华人民共和国全民所有制工业企业法》（以下简称《企业法》）中都明确规定："职工代表大会是企业实行民主管理的基本形式，是职工行使民主管理权力的机构。"《劳动法》第六条规定："工会应当帮助、指导劳动者与用人单位依法订立和履行劳动合同，并与用人单位建立集体协商机制，维护劳动者的合法权益。"这些规定就是对职工代表大会的性质的明确表述。

关于职工代表大会的法律地位，《中共中央关于经济体制改革的决定》指出，在实行厂长负责制的同时，必须健全职工代表大会制度和各项民主管理制度，充分发挥工会组织和职工代表在审议企业重大决策、监督行政领导和维护职工合法权益等方面的权利和作用，体现工人阶级的主人翁地位。这充分说明，职工代表大会是企业内部领导机构中不可缺少的重要一环。它和企业党组织和厂长之间的关系，是在各自职责范围内，围绕企业生产经营管理这样一个总目标独立地开展工作，既相互制约，又相互配合，审议企业重大决策，维护国家、企业和职工合法权益，保证民主管理总任务的实现。其法律地位的重要表现还在于职代会的审议、同意或否决、审议决定、评议监督、选举五大权利。这说明职工代表大会在企业内部领导体制内，是职工行使民主管理权力不可缺少的机构。

### 5.2.2 职工代表大会的任务和作用

我国全民所有制企业，不管企业组织形式如何，职工主人翁地位总是不可改变的，职工的合法权益必须受到法律的保护，企业的社会主义方向不能动摇。职工代表大会之所以有存在的必要，就是因为上述三个方面的问题都关系到职工本身的利益，这些利益又要通过民主管理的形式来实现。总的说来，民主管理的任务就是职代会的任务，民主管理的目的就是职代会存在的目的，职工的权利就是职代会的权利。职工代表大会的性质和法律地位决定了职代会的总任务是：审议企业重大决策，监督企业行政领导，维护职工合法权益，保障职工在企业中的主人翁地位和各项权利的实现。

通过职代会充分行使民主管理权，不仅可以保障职工充分行使民主权利，调动职工的积极性和创造性，保证职工的主人翁地位，发挥职工的主人翁作用，而且，还可以促进厂长负责制的全面贯彻执行，增强企业活力，促进社会主义现代化建设。

## 5.2.3　职工代表大会的权利和义务

根据《企业法》的规定，职工代表大会应行使五项职权和相应的义务。具体职权包括审议权、同意或否决权、审议决定权、评议监督权、选举权等。

（1）审议权。审议权是指职代会对厂长关于企业经营管理的大局和关系企业前途命运的大事、方案的科学性、可行性提出意见和建议的权利。审议权的性质属于审查建议的性质。审议权的内容主要有企业的经营方针、长远规划和年度规划、基本建设方案、重大技术改造方案、职工培训计划、留用资金分配和使用方案、承包和租赁经营责任制方案。

（2）同意或否决权。同意或否决权是指职代会对厂长有关职工切身利益的方案依法予以同意或否定的权利。同意或否决的内容主要有工资调整方案、资金分配方案、劳动保护措施方案、奖惩办法及其他重要的规章制度，如劳动纪律等。

（3）审议决定权。审议决定权是指职代会对厂长关于职工福利的重大实施方案依法审议决定的权利。审议决定权的内容主要有职工福利基金使用方案、职工住宅分配方案和其他有关职工生活福利的重大事项。这些事项纯系职工自身福利问题，应让职工自己决定。

（4）评议监督权。评议监督权是指职代会依法对厂级干部的才、德、勤、绩进行评议、监督，提出奖励和任免建议的权利。这是宪法民主原则的具体化，使领导干部真正置于人民群众的监督之下，真正体现职工的主人翁地位和作用。

（5）选举权。选举权是根据政府主管部门的决定，企业职工代表大会依法选举厂长的权利。选举结果报政府主管部门批准。

此外，《企业法》第五十四条规定，职工代表大会应当支持厂长依法行使职权，教育职工履行《企业法》规定的义务。这一规定可以分解为两层意思：一是职工代表大会有支持厂长全面负责的义务，凡是厂长职权范围内又符合程序规定的事，都应充分尊重，全力支持，帮助消除阻力；二是职工代表大会有义务教育职工履行法律规定的义务。

## 5.2.4　工会与职工代表大会的关系

工会和职工代表大会都是维护职工权益的机构，它们之间没有本质的区别。所以，《企业法》第十一条规定："企业工会代表和维护职工利益，依法独立自主开展工作，企业工会组织职工参加民主管理和民主监督。"同时，《企业法》第五十一条还规定："职工代表大会的工作机构是企业的工会委员会，企业工会委员会负责职工代表大会的日常工作。"新《工会法》第十六条规定：“全民所有制和集体所有制企业事业单位违反职工代表大会制度和其他民主管理制度，工会有权提出意见，保障职工依法行使民主管理的权利。”由此可见，对企业内部来说，职工代表大会与工会的关系是行使民主管理权力的机构与其工作机构的关系，它们既有分工而又不可分割，共同为维护职工合法权益而工作。

# 5.3 平等协商制度

## 引导案例 5-2

远博集团公司通过大胆运用平等协商制度，不仅有效落实了涉及员工切身利益的相关内容，而且形成了具有远博特色的良好沟通协商平台，实现了企业工会工作的创新发展。

远博集团坚持平等协商制度的六项措施是：①建立公司董事长、总经理与工会主席定期洽谈制度，搭建高层领导交流沟通平台，凸显工会在协调劳动关系中的地位与作用；②建立职工代表与高层领导定期通报制度，搭建员工参与企业决策平台，疏通员工表达利益诉求的渠道；③建立工会与人力资源部门协商制度，搭建员工薪酬分配共商共决平台，实现员工收入与企业效益同步增长；④建立工会与劳动保护部门协商制度，搭建管理层交流互通平台，满足员工体面劳动、尊严生活的新要求；⑤建立工会与企业平等协商制度，搭建员工收入增长机制平台，确保工资集体协商程序化、制度化、常态化；⑥建立以职工代表大会为基本形式的民主管理通报制度，搭建企业民主管理规范平台，推动企业打造具有远博特色的产业链。

总之，通过推行民主管理平等协商制度，使远博集团公司各项事业都有了长足发展。

思考题：你认为平等协商制度对促进企业发展还有哪些益处？

平等协商制度是调整劳动关系的重要手段和机制。积极推行平等协商制度有利于保障劳动关系双方的合法权益，促进劳动关系的和谐稳定；有助于各级领导和职工加强沟通了解，调动职工积极性和创造性，增强企业的凝聚力，促进企业健康发展；对形成劳动关系双方自主调节、依法调控劳动关系协调机制、促进社会的和谐稳定具有重要意义。

### 1．平等协商的概念

平等协商，又称劳资协商，是指职工方与企业方就有关企业生产经营和职工利益的事务平等地交涉、对话和商讨，以实现相互理解和合作，并在可能的条件下达成一定协议的活动。

### 2．平等协商与集体谈判的区别和联系

作为职工参与形式的平等协商和作为集体合同订立程序的集体谈判是两种不同的制度，其主要区别在于以下几方面。

（1）平等协商的职工方代表一般经民主选举产生；集体谈判的工会代表则由工会选派，只有在没有工会组织或者工会组织不符合法定要求的企业才由职工推举产生。

（2）平等协商并不一定以达成协议为目的，通常只需增进相互理解或形成合作意向即可；而集体谈判则是为了签订集体合同。

（3）平等协商中如有争议，只能由双方自行协商解决，不能采取罢工、闭厂等对抗行为；集体谈判中的争议则可能表现为罢工、闭厂等激烈形式，可以由第三方协调处理。

（4）平等协商中，双方可以就企业经营决策和发展战略之类的问题交换信息和意见；集体谈判的内容则只限于劳动条件，而不包括企业有权单方决定的事项。

（5）平等协商往往频繁举行（如一月一次），甚至可随时举行；集体谈判则一般一年一次，也可间隔更长时间。

尽管存在上述区别，平等协商与集体谈判仍有紧密联系。这主要表现在集体谈判通常以平常协商作为其准备阶段。

### 3．我国平等协商的现状与思考

（1）我国平等协商的主要形式。

1）民主对话会。即厂长（经理）和其他行政领导与工会和部分职工代表提出和解答问题并共同商讨的会议，它通常由工会主持。

2）民主质询会。即职工代表或职工对企业行政领导提出问题，要求作出说明或答复的会议，它是民主监督的一种形式。

3）民主咨询会。亦称生产（技术）民主会，即根据企业生产、技术和经营管理中出现的问题，组织部分职工或职工代表，进行讨论，研究解决措施的会议，它一般由企业行政领导主持。

4）民主接待日。即企业领导干部和工会干部、职工代表配合编组，定期轮流值班接待来访职工，对来访职工的意见、建议和要求及时研究、解决或答复的活动。它是一种企业日常民主管理形式。

（2）关于我国平等协商立法的思考。基于我国平等协调的实践，并借鉴有关国家和地区关于平等协商的立法，在我国立法中，就平等协商规则应当明确以下要点：

1）适用范围。平等协商作为一种职工参与形式，普遍适用于各种企业。非国有企业和国有企业都可适用，即使实行职代会制度的企业也可将其作为职代会的辅助形式。

2）协商内容。这可以有较宽的涉及面，并允许双方约定。不论是直接涉及劳动关系还是直接涉及企业生产经营，只要是双方共同关心的事项，都可以作为协商的内容。

3）协商形式。这可以由职代会确定或者集体合同约定，形式灵活多样。既可以组成协商机构也可以不组成协商机构或者进行协商机构外的协商，既可以定期协商也可以临时协商。

4）职工方代表。除首席代表应当由工会主席或者工会主席书面委托其他工会负责人担任以外，其他代表的产生方式，既可以是职工民主选举，也可以是职代会议定，在一定条件下还可以是工会选派。

5）协商程序。双方应当按既定程序进行协商。除了法定程序外，有必要授权全国总工会和地方工会组织制定一定的程序规则。

6）协商结果。平等协商允许有多种形式的结果。就协商的事项既可以形成书面协议、会议决议、会议纪要、备忘录等书面文件，也可以只达成口头协议，还可以为进行集体谈判拟订谈判方案、谈判提纲、集体合同草案等预备性文件。其中，书面协议可以约定为集体合同的附件；协商机构所做的决议，应分送工会和企业有关机构办理，未能实施的事项可重新协商；口头协议应记录在案，但不具有必须履行的效力，也不能作为处理争议的依据。无论何种形式的协商结果，都应当传达给全体职工或相关职工。

# 5.4  工作时间和休息休假管理

## 5.4.1  工作时间和休息休假概述

### 1．工作时间的含义

（1）工作时间的概念。工作时间是指劳动者根据国家规定，在一昼夜之内或一周之内完成本职工作的时间。

（2）工作时间的特点。

1）工作时间是劳动者履行劳动义务的时间。根据劳动合同的约定，劳动者必须为用人单位提供劳动，劳动者提供劳动的时间即为工作时间。劳动时间有工作小时、工作日和工作周三种，其中工作日即在一昼夜内的工作时间，是工作时间的基本形式。

2）工作时间不限于实际工作时间。工作时间的范围，不仅包括作业时间，还包括准备工作时间、结束工作时间以及法定非劳动消耗时间。其中，法定非劳动消耗时间是指劳动者自然中断的时间、工艺需中断时间、停工待活时间、女职工哺乳婴儿时间、出差时间等。此外，工作时间还包括依据法律、法规或单位行政安排离岗从事其他活动的时间。

3）工作时间是用人单位计发劳动者报酬的依据之一。劳动者按照劳动合同约定的时间提供劳动，即可以获得相应的工资福利待遇。加班加点的，可获得加班加点工资。

4）工作时间的长度由法律直接规定，或由集体合同或劳动合同直接规定。工作时间分为标准工作时间、计件工作时间和其他工作时间。标准工作时间是指国家法律规定的，在正常情况下一般职工从事工作或者劳动的时间。国家实行劳动者每日工作时间不超过8小时、平均每周工作时间不超过40小时的工作制度。计件工作时间是指以劳动者完成一定劳动定额为标准的工作时间。对实际计件工作的劳动者，用人单位应当根据《劳动法》的有关规定合理地确立劳动定额和计件报酬标准。其他工作时间是指用人单位因自身特点不能实行标准工作时间的，经劳动行政部门批准，可以实行的其他工作时间。目前主要有在特殊情况下，对劳动者缩短工作时间，或分别以周、月、季、年为周期综合计算工作时间长度，或采取每日没有固定工作时数的工时形式等。

5）劳动者或用人单位不遵守工作时间的规定或约定，要承担相应的法律责任。

### 2．休息休假的含义

休息休假是指劳动者在任职期间，根据国家规定，不从事劳动和工作而自行支配的休息时间和法定节假日。休息休假时间是相对工作时间而言的，它是劳动者实现休息权利的重要保障条件。休息休假时间包括每天休息的时数，每周休息的天数，公休节假日休息、工作间隙休息、带薪休假等。

## 5.4.2　工作时间和休息休假的种类

### 1．工作时间的种类

工作时间即工作日，也称劳动日，是指法定的以日为计算单位的工作时间。工作时间的种类有以下 4 种。

（1）标准工作日。标准工作日是指法律规定的在一般情况下普遍适用的，按照正常作息办法安排的工作日和工作周的工时制度。我国的标准工时为劳动者每日工作 8 小时，每周工作 40 小时，在 1 周（7 天）内工作 5 天。实行计件工作的劳动者，用人单位应当根据每日工作 8 小时、每周工作 40 小时的工时制度，合理确定其劳动定额和计件报酬标准。

（2）缩短工作日。缩短工作日是指法律规定的在特殊情况下劳动者的工作时间长度少于标准工作时间的工时制度。缩短工作日适用于从事有毒有害工作、条件艰苦工作、过度紧张工作、特别繁重体力劳动等。

（3）延长工作日。延长工作日是指超过标准工作日的工作时间。这种工作时间适用于突发性、季节性比较强的工作，应在闲季时安排补休或给予经济补偿。

（4）不定时工作日。不定时工作日又称不定时工作制，是指无固定工作时数限制的工时制度。适用于工作性质和职责范围不受固定工作时间限制的劳动者，如企业中的高级管理人员、外勤人员、推销人员、部分值班人员，从事交通运输的工作人员以及其他因生产特点、工作特殊需要或职责范围的关系，适合实行不定时工作制的职工等。

### 2．休息休假的种类

休息休假时间是指劳动者在工作时间以外，依照法律、法规规定不从事劳动，由个人自行支配的时间。休息休假时间是相对工作时间而言的，它是劳动者实现休息权利的重要保障条件。

（1）工作间隙休息。工作间隙休息是指劳动者在工作日的工作时间内享有的休息时间和用餐时间。《劳动法》对此虽未做规定，但作为劳动者一种休息的习惯已实行多年。多数用人单位在上、下午工作期间允许劳动者在规定的时间休息 10 至 15 分钟，有的还组织劳动者做工间操，有的用人单位在劳动者上夜班期间安排其夜间用餐时间等，这些都属于工作间隙休息。

（2）日休息时间。日休息时间，是指劳动者在一昼夜内，除工作时间以外，由自己支配的时间。这种休息时间是保障职工恢复体力和智力的重要阶段。

（3）公休假日。公休假日又称周休日，是指劳动者在一周（7日）内，享有连续休息一天（24小时）以上的休息时间。按现行规定，一般情况下劳动者每周应休息两天，即星期六和星期日两天的休息时间。休息日是不带薪的。

（4）法定节假日。法定节假日是由法律统一规定的用以开展纪念、庆祝活动的休息时间。我国根据国务院发布的《全国年节及纪念日放假办法》规定：我国法定节假日包括三类。第一类是全体公民放假的节日，包括新年（1月1日放假1天）、春节（农历除夕、正月初一、初二放假3天）、劳动节（5月1日放假1天）、国庆节（10月1日、2日、3日放假3天）、清明节（放假1天）、端午节（放假1天）和中秋节（放假1天）。第二类是部分公民放假的节日及纪念日，包括妇女节（3月8日妇女放假半天）、青年节（5月4日14周岁以上的青年放假半天）、儿童节（6月1日13周岁以下的少年儿童放假1天）、中国人民解放军建军纪念日（8月1日现役军人放假半天）。第三类是少数民族习惯的节日，具体节日由各少数民族聚居地区的地方人民政府，按照各该民族习惯规定放假日期。根据国家有关规定，用人单位在除了全体公民放假的节日外的其他休假节日，也应当安排劳动者休假。

另外，全体公民放假的节日，如果适逢星期六、星期日，应当在工作日补假。部分公民放假的假日，如果适逢星期六、星期日，则不补假。另外，二七纪念日、五卅纪念日、七七抗战纪念日、九三抗战胜利纪念日、九一八纪念日、教师节、护士节、记者节、植树节等其他节日、纪念日，均不放假。我国传统的农历重阳节等其他节日，也不放假。

（5）探亲假。探亲假是指在全民所有制企、事业单位工作满一年且与配偶、父母不住在一起，又不能在公休日团聚的劳动者探望配偶和父母而享受的休息时间。

1）根据《国务院关于职工探亲待遇的规定》，享受探亲假必须具备以下条件：① 主体条件，只有在国家机关、人民团体和全民所有制企业、事业单位工作的职工才可以享受探亲假待遇。② 时间条件，工作满一年。③ 事由条件，一是与配偶不住在一起，又不能在公休假日团聚的，可以享受探望配偶的待遇；二是与父亲、母亲都不住在一起，又不能在公休假日团聚的，可以享受探望父母的待遇。"不能在公休假日团聚"是指不能利用公休假日在家居住一夜和休息半个白天。职工与父亲或与母亲一方能够在公休假日团聚的，不能享受本规定探望父母的待遇。需要指出的是，探亲假不包括探望岳父母、公婆和兄弟姐妹。新婚后与配偶分居两地的从第二年开始享受探亲假。此外，学徒、见习生、实习生在学习、见习、实习期间不能享受探亲假。

2）根据《国务院关于职工探亲待遇的规定》规定，探亲假期分为以下几种：① 探望配偶，每年给予一方探亲假一次，30天。② 未婚职工探望父母，每年给假一次，20天，也可根据实际情况，2年给假一次，45天。③ 已婚职工探望父母，每4年给假一次，20天。探亲假期是指职工与配偶、父母团聚的时间，另外，根据实际需要给予路程假。上述假期均包括公休假日和法定节日在内。④ 凡实行休假制度的职工（例如学校的教职工），应该在休假期间探亲；如果休假期较短，可由本单位适当安排，补足其探亲假的天数。

3）根据《国务院关于职工探亲待遇的规定》规定，探亲假的待遇包括：① 职工在规定的探亲假期和路程假期内，按照本人的标准工资发给工资。② 职工探望配偶和未婚职工探望父母的往返路费，由所在单位负担。已婚职工探望父母的往返路费，在本人月标准工资 30% 以内的，由本人自理，超过部分由所在单位负担。

需要指出的是，对非国有企事业单位的职工是否有探亲假，国家无规定。因此，这类用人单位可根据本单位的实际情况，决定是否参考国务院有关规定制定本单位有关探亲假的规章制度。

（6）年休假。年休假是指劳动者连续工作 1 年以上的，每年享有一次连续的带工资的休假时间。我国《职工带薪年休假条例》规定，机关、团体、企业、事业单位、民办非企业单位、有雇工的个体工商户等单位的职工连续工作 1 年以上的，享受带薪年休假。

年休假的具体时间安排包括职工累计工作已满 1 年不满 10 年的，年休假为 5 天；已满 10 年不满 20 年的，年休假为 10 天；已满 20 年的，年休假为 15 天。法定休假日、休息日不计入年休假假期。对于单位确实因为工作需要不能按照规定安排职工休年休假的，除应当支付职工正常工资福利待遇外，还应当每日按照该职工的日工资标准给予补偿。

 **相关链接**

> 国务院第 198 次常务会议通过《职工带薪年休假条例》。该条例从 2008 年 1 月 1 日起施行。机关、团体、企业、事业单位、民办非企业单位、有雇工的个体工商户等单位的职工连续工作 1 年以上的，享受带薪年休假。单位应当保证职工享受年休假。

### 3．关于加班加点的规定

（1）加班程序

加班，广义上说即延长工作时间，是指用人单位在劳动者完成劳动定额或规定的工作任务后，根据生产或工作需要安排劳动者在法定工作时间以外工作。狭义上说，仅指按用人单位的要求，在法定节日、公休假日内进行工作。在日法定标准工作时间以外进行工作的叫加点。无论是加班还是加点，都是员工超出正常工作时间在原本应该休息的时间内进行的工作，是工作时间在休息时间中的延伸。为了保护员工的休息权，国家对加班加点进行了严格的限制，规定了延长工时的程序及上限。

用人单位安排员工加班须符合三个条件。

1）生产经营需要。

2）在程序上必须在加班加点前与工会和劳动者协商。《关于贯彻执行〈中华人民共和国劳动法〉若干问题的意见》明确规定"协商是企业决定延长工作时间的程序"。协商包括两个方面：①用人单位与工会的协商；②与安排加班的员工协商。如果企业未经协商，强迫员工加班加点，员工则有权对此加以拒绝。

3）加班加点的时间必须符合法律的规定。根据我国法律的规定，加班每日不得超过

1 小时，特殊情况下可以延长，但最多不得超过 3 小时，每月不得超过 36 小时。

如果用人单位违反了上述程序和条件延长员工工作时间，按《中华人民共和国劳动法》第九十条的规定：劳动行政部门应给予用人单位警告，责令其改正，并可处以罚款。

（2）加班时间和报酬

《劳动法》第四十四条："有下列情形之一的，用人单位应当按照下列标准支付高于劳动者正常工作时间工资的工资报酬：（一）安排劳动者延长时间的，支付不低于工资的百分之一百五十的工资报酬；（二）休息日安排劳动者工作又不能安排补休的，支付不低于工资的百分之二百的工资报酬；（三）法定休假日安排劳动者工作的，支付不低于工资的百分之三百的工资报酬。"

关于贯彻执行《中华人民共和国劳动法》若干问题的意见（劳部发[1995]309 号）第七十条明确规定："休息日安排劳动者工作的，应先按同等时间安排其补休，不能安排补休的，应按劳动法第四十四条第（二）项的规定支付劳动者延长工作时间的工资报酬。法定节假日（元旦、春节、劳动节、国庆节）安排劳动者工作的，应按劳动法第四十四条第（三）项支付劳动者延长工作时间的工资报酬。"

## 本章习题

### 一、名词解释

1. 职工民主管理　　2. 工会　　3. 职工代表大会　　4. 平等协商　　5. 休息休假

### 二、选择题

1. （　　）是指职代会对厂长关于企业经营管理的大局和关系企业前途命运的大事、方案的科学性、可行性提出意见和建议的权利。

A. 同意或否决权　　B. 审议权　　C. 审议决定权　　D. 评议监督权

2. 我国的标准工时为劳动者每日工作（　　）小时，每周工作（　　）小时，在 1 周（7 日）内工作（　　）天。

A. 8　40　5　　B. 8　48　5　　C. 8.5　40　6　　D. 8　50　5

3. 关于职工民主管理形式的法律规定，应当包括（　　）。

A. 法定必要形式　　B. 法定示范形式　　C. 依法自创形式

D. 法律约定形式　　E. 法律限制形式

4. 根据《企业法》的规定，职工代表大会应行使的职权和相应的义务包括（　　）。

A. 审议权　　B. 选举权　　C. 同意或否决权

D. 审议决定权　　E. 评议监督权

5. 我国平等协商的主要形式有（　　）。

A. 民主对话会　　B. 民主质询会　　C. 民主咨询会

D. 民主接待日　　E. 民主投诉日

## 三、判断题

1. 工会和职工代表大会都是维护职工权益的机构，它们之间没有本质的区别。（　　）

2. 工作时间是指劳动者根据国家规定，在一昼夜之内或一周之内完成本职工作的时间。

（　　）

3. 不定时工作日是指法律规定的少于标准工作日时数的工作日。（　　）

4. 工作日内的间隙时间是指一个工作日内给予劳动者休息的时间和用餐的时间。（　　）

5. 探望配偶，每年给予一方探亲假一次，20 天。（　　）

## 四、简答题

1. 简要说明工会的权利和职责。

2. 简述职工代表大会有哪些职权。

3. 简述平等协商与集体谈判的区别和联系。

4. 简述工作时间的种类。

5. 简述休息休假的种类。

## 五、案例题

### 【案情】

沈新电子元件公司因其加工的一批货物出现了 1 万多件的不合格产品而影响了生产，为按时完成订单，公司要求所有员工连日加班，每天加班 3 小时以上，并拒绝支付加班费。有些员工不服，向所在地沈新县劳动保障监察机构举报。经调查核实，县劳动保障监察机构对公司作出了停止加班、支付职工加班工资和经济补偿、并处以罚款的决定。

公司认为，这批订单按正常的工作进度应该按时完成，由于员工生产出了大量的不合格产品而耽误了完成订单的时间，并造成了经济损失，所以员工应该加班，且加班费是不应支付的。于是公司向当地沈新县人民政府申请行政复议，请求撤销县劳动保障监察机构作出的行政处罚决定。经复议机关审理，依法维持了沈新县劳动保障监察机构作出的行政处罚决定等具体行政行为。

### 【问题】

（1）沈新电子元件公司强行让员工加班是否违法？为什么？

（2）公司是否可以以加班费来抵偿经济损失，从而不支付加班费？

# 第 **6** 章

# 劳动安全卫生和劳动保护管理

## ⊃ 本章重点掌握

　　劳动安全卫生的概念；劳动安全卫生技术规程；劳动保护管理制度；工伤和职业病；女职工和未成年工特殊劳动保护。

## ↗ 学习导航

第 6 章

| 6.1　劳动安全卫生概述 |
| :--- |
| 6.1.1　劳动安全卫生的概念 |
| 6.1.2　劳动安全卫生的意义 |

| 6.2　劳动安全卫生技术规程 |
| :--- |
| 6.2.1　劳动安全技术规程的含义与内容 |
| 6.2.2　劳动卫生技术规程的含义与内容 |

| 6.4　工伤和职业病 |
| :--- |
| 6.4.1　工伤和职业病的概念 |
| 6.4.2　工伤和职业病的认定与诊断 |
| 6.4.3　工伤事故和职业病的防治和管理 |
| 6.4.4　工伤保险 |
| 6.4.5　工伤保险待遇 |
| 6.4.6　工伤争议 |

| 6.3　劳动保护管理制度 |
| :--- |
| 6.3.1　安全卫生责任制度 |
| 6.3.2　安全卫生技术措施计划制度 |
| 6.3.3　安全卫生教育制度 |
| 6.3.4　安全卫生设施"三同时"制度 |
| 6.3.5　安全卫生检查制度 |
| 6.3.6　重大事故隐患管理制度 |
| 6.3.7　安全卫生认证制度 |
| 6.3.8　伤亡事故报告和处理制度 |
| 6.3.9　个人防护用品管理制度 |
| 6.3.10　职工健康管理制度 |

| 6.5　女职工和未成年工特殊劳动保护 |
| :--- |
| 6.5.1　女职工特殊保护的概念 |
| 6.5.2　女职工特殊劳动保护的主要内容 |
| 6.5.3　未成年工特殊保护的概念 |
| 6.5.4　未成年工特殊保护的主要内容 |

# 6.1　劳动安全卫生概述

## 引导案例 6-1

　　孙某与 A 煤矿签订了一份合同，合同规定，在合同期间发生意外事故，无论什么原因，煤矿概不负责。两个月后，矿井大面积倒塌，A 煤矿根本没有劳动保护设施，导致孙某受重伤。孙某家属要求煤矿支付医疗费，但煤矿以合同规定为由拒不支付医疗费。孙某及其家属诉诸法院，法院裁定该合同有关意外事故造成人员伤亡概不负责的约定是违法的，其合同协议无效，煤矿应当支付孙某的全部医疗费并给予适当的生活补助费，建议劳动管理部门对煤矿的安全隐患进行检查、督促整改。

　　思考题：本案中该煤矿是否应承担孙某的医疗费？为什么？

## 6.1.1　劳动安全卫生的概念

　　劳动安全卫生又称劳动保护或职业安全卫生，是指劳动者在生产和工作过程中应得到的生命安全和身体健康基本保障的制度。劳动安全卫生是劳动者实现宪法赋予的生命权、健康权的具体保障。劳动安全与卫生既相互联系又彼此独立，共同组成劳动者劳动保护的屏障。劳动安全是指用人单位应保证劳动场所无危及劳动者生命安全的伤害事故发生。劳动卫生是指用人单位应保证劳动场所无危及劳动者身体健康的慢性职业危害发生。它是直接保护劳动者在劳动中（或工作中）的安全和健康的法律保障。《劳动法》中的劳动安全卫生是基于劳动关系而产生的保护关系。它区别于社会上一般的安全、防病及卫生保健工作。职工在职务之外的意外伤害及治病防病工作，不属于《劳动法》的研究范围。

## 6.1.2　劳动安全卫生的意义

　　"安全第一，预防为主"是我国劳动保护的方针。也就是说，实现安全生产和文明生产是我国的一项重要政策，也是现阶段我国深化企业改革，加强企业管理的一个重要原则。在企业管理工作中，要求依靠技术进步和科学管理，采取安全和卫生的工程技术及组织措施，消除劳动过程中危及人身安全健康的不良条件和劳动行为；要求从保护人的思想出发组织生产经营活动；同时要将安全和生产统一起来。那种认为"组织生产就要付学费，伤人死人的事不可避免"的观念是错误的。我们不能脱离生产，片面强调安全，也不能只讲生产而忽视安全。劳动保护方针也是我国劳动安全卫生立法的指导思想。

这一方针具体地体现在我国各项劳动安全卫生法律规范中。其主要意义体现在以下方面。

（1）有效地防止伤亡事故，避免有毒有害物质的危害，保证职工在劳动过程中的人身安全和健康。保证劳动者在劳动过程中的安全和健康，是社会主义国家组织生产的目的所决定的。我国发展经济、组织生产的最终目的是为了满足全社会不断增长的物质文化需要。从这一目的出发，就要求在整个劳动生产过程中，用法律保障劳动者的实施安全和健康，严格实施劳动安全卫生法规，有效地防止伤亡事故，严格执行国家防尘防毒的统一标准，避免有毒有害物质的危害。要求一切部门的生产组织者都要对劳动者的安全和健康负责，对违反劳动安全卫生法规者依法追究其责任。

（2）有利于改善劳动条件和减少繁重的体力劳动，保护我国劳动力。劳动者作为国家的主人，是我国生产力的重要因素，是社会财富的创造者。依靠劳动者体力和智力的综合能力，才能不断推进和发展生产力。因此，对劳动者在劳动过程中的保护，也就是对我国生产力的保护。我国有着丰富的劳动力资源，但不能因为人多而忽视劳动保护，不能因劳动者得不到应有的保护，而使他们的劳动寿命减少，过早地退出劳动岗位，从而削弱我国的生产力。这是我国劳动安全卫生的法律保障所不允许的。

（3）促进我国现代化生产技术的发展。劳动安全卫生的法律保障，对我国现代化生产技术的发展有促进作用。严格执行各项劳动卫生法规，必然促使生产的组织者、经营者不断进行技术改造，更新设备，逐步向机械化、电气化、自动化生产发展，消除生产中的各种不安全不卫生因素。现代化水平的劳动保护措施是和先进技术的采用分不开的。例如高质量的电子元件不可能在高浓度烟雾粉尘的作业环境中生产出来。因此，劳动安全与卫生的法律保障，对提高我国生产的现代化水平，提高劳动生产率，调动职工的劳动积极性，有着促进作用。

# 6.2 劳动安全卫生技术规程

## 引导案例 6-2

2015 年 8 月 9 日，A 建筑公司在修建锅炉房 25 米高烟筒作业中临时招来 3 位民工，由于任务重、时间紧，没有对他们进行身体检查，在施工现场没有完善的安全保护设施的情况下，就让他们爬到高空作业。其中孙某患有高血压、桑某患有心脏病，但为了挣钱只好硬着头皮铤而走险。结果身体不适，失去平衡，在离地约 24 米处时坠下，二人当场死亡。死者家属要求 A 建筑公司承担全部责任，公司领导却说：上去 3 个人，为何他俩掉下来，他俩自身也有责任。

**思考题**：A 建筑公司是否对孙某和桑某的死亡承担全部责任？为什么？

# 6.2.1  劳动安全技术规程的含义与内容

### 1．劳动安全技术规程的含义

劳动安全技术规程是指以防止和消除劳动过程中伤亡的技术规则为基本内容，旨在保护劳动者安全的法律规范。它具体包括安全技术措施规定和相应的安全组织管理措施。如《工厂安全卫生规程》、《建筑安装工程安全技术规程》、《矿山安全条例》、《矿山安全法》及其《实施条例》，以及劳动安全方面的国家标准和行业标准。

### 2．劳动安全技术规程的内容

由于各行各业的生产特点、工艺过程不同，需要解决的安全技术问题不同，规定的安全技术规程也有所不同。按产业性质分，有煤矿、冶金、化工、建筑、机器制造等安全技术规程；按机器设备性质分，有电器、起重、锅炉和压力容器、压力管道、焊接、机床等安全技术规程。

我国各行各业需要共同遵守的劳动安全技术规程，主要有下述几部分。

（1）工厂安全技术规程

1）厂房、建筑物和通道的安全要求。建筑物（厂房）必须坚固，以防垮塌，如有损坏或危险的迹象则应立即修理；动力间、锅炉房、瓦斯发生室应与其他工作间间隔开，其屋顶要求轻便，楼房应设置安全梯和其他便于脱险的设备；等等。厂院内交通要道必须平坦、畅通；夜间要有足够的照明设备；交叉处须有明显的警告标志、信号装置或落杆；为生产需要所设的坑、壕、池，应有围栏或盖板；等等。

2）工作场所的安全要求。机器和工作台等设备的布置必须科学、合理，便于安全操作；原材料、成品、半成品的堆放必须不妨碍生产活动的正常进行和通行；工作地点局部照明的光度应符合操作要求；爆炸危险场所，应当选择物质危险性小、工艺较缓和并较成熟的工艺路线，对爆炸性混合物的生产、使用、储存和装卸要采取预防性措施；等等。

3）生产设备的安全要求。其总的要求是设备的设计、制造、安装必须符合劳动安全法规、标准的要求；所用设备对人体有危害的，应采取有效防护措施；对容易发生危险的特种设备必须严格管理，操作人员应经过专门培训考核，持证上岗操作。机器设备的安全要求是，应当根据各种机器设备的性能和特点分别采取相应的安全措施，如防护装置、保险装置、信号装置、防摩擦加油或蓄油装置、危险牌示、识别标识等。电气设备的安全要求是，各种电气设备都要有可熔保险器和自动开关，带电导体要设安全遮拦或警告标志；行灯电压不能超过 36 伏特，在金属容器内或潮湿处所不能超过 12 伏特；发生蒸汽、气体、粉尘的工作场所要使用密闭电气设备，有爆炸危险的工作场所要使用防爆型电气设备。锅炉压力容器的安全要求是，动力锅炉必须装有准确、有效的安全阀、压力表和水位表；各种气瓶的存放和使用，都必须距离明火 10 米以上；锅炉的运行操作，要由经过专门训练并考试合格的专职人员担任；等等。此外，还有起重机械、厂内机动车辆等特种设备都有各自特定的安全要求。

4）个人防护用品的安全要求。企业必须对处于可能危害劳动者安全的岗位上的劳动者提供安全帽、呼吸护具、听力护具、防护鞋、防护手套、防护服、防护坠落具、护肤品等相应的防护用品，对特种劳动防护用品、用具的效能，应定期检验和鉴定并且按规定报废和更新，失效的一律不准使用。

（2）建筑安装工程安全技术规程

1）施工现场的安全要求。在现场周围和悬崖、陡坎处所，应该用篱笆、木板或铁丝网等围设栅栏；工地的沟、坑应填平或设围栏、盖板。施工现场要有效能指示标志，危险地区应悬挂"危险"或者"禁止通行"的明显标志，夜间应有红灯示警；架设高压线、材料存放、爆炸物存放等应按规定采取有安全措施；施工现场的附属企业、机械装置等临时工程设施的位置、规格都应在施工组织设计时详细规定；等等。

2）脚手架的安全要求。凡是承载机械或超过15米高的脚手架，必须先行设计，经批准后才可搭设。搭设好的脚手架经施工负责人验收后，才能使用，使用期间应经常检查。

3）土石方工程和拆除工程的安全要求。进行土石方工程之前，应做好必要的调查和勘察工作。拆除工程应在施工之前对建筑物现状进行详细调查，并组织设计，经总工程师批准后才可动工。

4）高处作业的安全要求。对于从事高处作业的职工，必须进行身体检查，不能使患有高血压、心脏病、癫痫病的人和其他不适于高处作业的人从事高处作业；遇有六级以上强风气候，禁止露天进行起重工作和高空作业。

5）防护用品等其他方面的安全要求。

（3）矿山安全技术规程

1）矿山建设的安全要求。矿山建设工程的设计文件必须符合矿山安全规程和行业技术规范，其主要设计项目包括矿井的通风系统、供电系统、提升运输系统、防火灭火系统、防水排水系统、防瓦斯系统、防尘系统等。每个矿井必须有两个以上能行人的安全出口，出口之间的水平距离必须符合矿山安全规程和行业技术规范。矿山必须有与外界相通的、符合安全要求的运输和通信设施。

2）矿山开采的安全要求。矿山开采必须具备保障安全生产的条件，应按开采的矿类不同分别遵守相应的矿山安全规程和行业技术规范。矿山使用有特殊安全要求的设备、跷跷板、防护用品和安全测试仪器，这些必须符合国家标准或行业安全标准，否则，不得使用。矿山企业必须对机电设备及其防护装置、安全检测仪器进行定期检查、维修，保证使用安全；必须对冒顶、边坡滑落和地表塌陷，瓦斯、煤尘爆炸，地面和井下火灾、水灾、爆破作业等危害安全的事故隐患采取严密的预防措施。

## 6.2.2　劳动卫生技术规程的含义与内容

### 1. 劳动卫生技术规程的含义

劳动卫生技术规程是指以防止和消除职业病、急性中毒等慢性职业伤害的技术规则为基本内容，旨在保护劳动者健康的法规。它包括各种工业生产卫生、医疗预防、职工健康检查等技术措施和组织管理措施的规定。

### 2．劳动卫生技术规程的内容

我国各行各业的劳动卫生规程很多，除了在《工厂安全卫生规程》中规定了一般性的基本要求外，还针对某些劳动卫生问题制定了专门规定，如《关于防止厂矿企业中矽尘危害的决定》《关于防止沥青中毒的办法》《工业企业噪声标准》《关于加强防毒工作的决定》《尘肺病防治条例》《放射性同位素与射线装置放射防护条例》等。此外，还制定了一些关于劳动卫生的国家标准和行业标准，它们关于劳动卫生基本的要求，概括起来主要有以下几方面。

（1）防止有毒物质危害。凡散发有害健康的蒸汽、气体的设备应加以密闭，必要时应安装通风、净化装置；有毒物品和危险物品应分别储藏在专设处所，并严格管理；对有毒或有传染性危险的废料，应在卫生机关的指导下进行处理；对接触有毒有害气体或液体的职工应供给有关防护用品；等等。

（2）防止粉尘危害。凡是有粉尘作业的用人单位，要努力实现生产设备的机械化、密闭化和自动化，设置吸尘、滤尘和通风设备，矿山采用湿式凿岩和机械通风；给接触粉尘的工人发防尘口罩、防尘工作服和保健食品，并定期进行健康检查；等等。

（3）防止噪声和强光危害。对产生强烈噪声的生产，应尽可能在设有消声设备的工作房中进行，并实行强噪声和低噪声分开作业。在有噪声、强光等场所操作的工人，应供给护耳器、防护眼镜等；要用低噪声的设备和工艺代替强噪声的设备和工艺，从声源上根治噪声危害；等等。

（4）防止电磁辐射危害。凡是存在电磁辐射的工作场所，应当设置电场屏蔽体或磁场屏蔽体将电磁能量限制在所规定的空间内；实行远距离控制作业和自动化作业；用能吸收能量的材料与屏蔽材料叠加在一起，吸收辐射能量和防止透射；对作业人员采取必要的个人防护措施。

（5）防暑降温、防冻取暖和防潮湿。工作场所应当保持一定温度和湿度，不宜过热、过冷和过湿。室内工作地点的温度经常高于 35 摄氏度的，应当采取降温措施；低于 5 摄氏度的，应当设置取暖设备；对高潮湿场所，应当采取防潮措施。

（6）通风和照明。工作场所的光线应当充足，采光部分不要遮蔽；工作地点局部照明应符合操作要求，但也不宜强光刺目；通道应有足够的照明。生产过程温湿度和风速要求不严格的工作场所应保证自然通风；有瓦斯和其他有毒害气体集聚的工作场所，必须采用机械通风。通风装置必须有专职或兼职员工管理，并应定期检修和清扫，遇有损坏应立即修理或更换。

（7）卫生保健。为增强从事有害健康作业的职工抵抗职业性中毒的能力，应满足其特殊营养需要，免费发给保健食品。对高温作业的，应免费供给高温饮料，以补充水分和盐分。另外，用人单位应根据需要，设置浴室、厕所、更衣室、妇女卫生室等生产辅助设施，并经常保持设施完好和清洁卫生。

# 6.3 劳动保护管理制度

劳动保护管理制度是法律规定或确认的国家和用人单位为保护劳动者在劳动过程中的安全和健康而采取的各项管理措施的统称。其中，既包括宏观劳动保护管理，也包括微观劳动保护管理；既包括劳动保护综合管理，也包括劳动保护专项管理。本节仅介绍几种主要的劳动保护管理制度。

## 6.3.1 安全卫生责任制度

它是指企业各级领导、职能科室人员、工程技术人员和生产工人在劳动过程中，对各自职务或业务范围内的安全卫生负责的制度。它是企业经济责任制的重要组成部分，也是企业劳动保护管理制度的核心。这些制度从组织体系上规定企业各类人员从上到下对安全卫生各负其责，使各个层次的安全卫生责任与管理或生产责任合一。其中，企业领导（厂长、经理、矿长）对本单位安全卫生负全面责任；分管安全卫生的领导和专职人员对安全卫生负直接责任；工程师负安全卫生技术领导责任；各职能部门、各级生产组织负责人在各自分管的工作范围内对安全卫生负责任；工人在本岗位上承担严格遵守生产操作规程和安全卫生规程的义务。

## 6.3.2 安全卫生技术措施计划制度

它是指用人单位在编制年度生产、技术、财务计划的同时必须编制安全卫生技术措施计划，对改善劳动条件、防止工伤和职业病的一切技术措施实行计划管理的制度。该计划的项目包括安全技术措施、劳动卫生措施、辅助性设施等措施和劳动保护宣传教育措施等。安全卫生技术措施所需资金，应按计划专款专用，专户储存，在更新改造基金中予以安排；安全卫生技术措施所需设备、材料，应做好物资供应计划；对每项措施应确定实现的期限和负责人。企业应把安全卫生技术措施计划与生产计划置于同等地位，同时应建立对执行安全卫生技术措施计划的监督检查制度。

## 6.3.3 安全卫生教育制度

它是指为了增强职工的安全卫生意识，提高其安全卫生操作水平，而对职工进行教育、培训和考核的制度。其内容包括安全卫生知识教育和遵守安全卫生制度教育两个方面。安全卫生教育可采用多种形式，主要包括以下几种。

（1）对新职工必须实行三级安全卫生教育，即入厂教育、车间教育、班级教育，经考试合格后方可进入操作岗位。

（2）对特种作业人员进行生产技术和特定的安全卫生技术培训，并经考核取得合格证，方准上岗；此外对生产管理人员、特种设备检验人员、救护人员也应进行相关的安全卫生教育。

（3）凡采用新技术、新工艺、新设备、新材料的，应对职工重新进行相应的生产和安全卫生技术教育；对调任新工作职务的管理人员进行与新业务相应的安全卫生教育。

（4）坚持经常性的安全卫生教育。

（5）职业培训实体应开设劳动安全卫生方面的理论和操作技能课程。

## 6.3.4 安全卫生设施"三同时"制度

它是指为确保劳动者在生产过程中的安全和健康，而要求新建、改建、扩建工程的劳动安全卫生设施必须与主体工程同时设计、同时施工、同时投产和使用的一种劳动保护制度。

（1）各级经济管理部门和行业管理部门在编制和审批建设项目计划任务书和下达投资计划时，必须同时提出安全卫生设施要求，并将此项设计所需的物资纳入总投资计划和年度计划之中。

（2）建设单位应当首先提出安全卫生设施的具体要求；验收前认真填写《建设项目职业安全卫生项目验收审批表》；并进行试生产，就试生产中安全卫生设施的运行情况、措施效果、检测数据、存在问题、解决办法写出专题报告，以供验收审查。

（3）设计单位在设计主工程项目时应同时编制《职业安全卫生篇》，详细说明可能产生的职业危害和应采取的措施及其预期效果等；严格按照有关法律规定和标准进行设计，并与主设计同时提交审查、论证。

（4）施工单位对安全卫生设施要同主体工程同等对待，严格按照设计要求和图纸施工，保证工程质量。

（5）建设单位、设计单位、施工单位都无权变更或削减已经会审确定的安全卫生项目；确需变更或削减的部分，必须事前征得有关各方同意，并重新履行审批手续。

（6）对项目的设计、验收，均应由同级劳动部门、当地卫生部门、工会组织会审同意，方可施工和验收投产，未经会审同意的工程项目不得施工、不予验收、不得投产。建设单位应于会审前将有关文件、资料、图纸送有关部门进行审查。

## 6.3.5 安全卫生检查制度

它是指通过对企业遵守劳动安全卫生法规和规章制度情况的监督检查，总结安全生产经验，揭露和消除事故隐患，并用正反两方面的事例推动劳动保护工作的制度。安全卫生检查必须贯彻领导、专门机构和群众相结合，自查和互查相结合，检查和整改相结合的原则。检查的形式有企业自身的经常性检查，地方劳动部门、生产主管部门组织的定期检查。检查的范围可进行普遍检查，也可进行专项检查。

### 6.3.6　重大事故隐患管理制度

重大事故隐患是指可能导致重大人身伤亡或者重大经济损失的，潜在于作业场所、设备设施以及生产、管理行为之中的安全缺陷。重大事故隐患管理制度的基本内容有下述要点。

（1）重大事故隐患分为特别重大隐患和重大事故隐患两个等级。

（2）单位一旦发现事故隐患，应立即报告主管部门和当地人民政府，由主管部门和当地人民政府对事故隐患进行初步评估和分级，并将初步评估结果报送省级以上劳动行政部门和主管部门，再由省级以上劳动行政部门和主管部门组织评估并确认重大事故隐患等级。

（3）存在重大事故隐患的单位应成立隐患整改小组，对事故隐患立即采取相应的整改措施，省级以上主管部门负责督促单位重大事故隐患的管理和组织整改。

（4）完成重大事故隐患整改的单位应及时报告省级以上劳动行政部门和主管部门，由后者进行审查验收。

### 6.3.7　安全卫生认证制度

它是指通过对安全卫生的各种制约因素是否符合安全卫生要求进行严格审查并对其中符合要求者正式认可而允许其进入生产过程的制度。按其认证对象，可分为以下几种。

（1）对与安全卫生联系特别密切的某些人员的资格认证，包括企业领导人安全卫生管理资格、特种设备操作人员安全资格、安全卫生检测检验人员执业资格等的认证。

（2）对与安全卫生联系特别密切的单位的资格认证，包括矿山、建筑等企业的安全资格认证；卫生设备设计制造、安装、维修单位，劳动防护用品设计、生产、维修、经营单位，安分卫生检测检验机构的认证等。

（3）对与安全卫生联系特别密切的物质技术要素的质量认证，包括安全卫生设备和工程、劳动防护用品、安全卫生技术等的质量认证。

凡是纳入认证范围的对象都实行强制认证。经认证符合卫生要求的，颁发相应的资格证书或合格证书；经认证不符合安全卫生要求的，不得从事相应的职业活动或者投入使用。

### 6.3.8　伤亡事故报告和处理制度

它是指对职工伤亡事故进行报告、登记、调查、处理和统计分析的制度。其主要法律依据是《企业职工伤亡事故报告和处理规定》。伤亡事故是指职工在劳动过程中发生的人身伤害、急性中毒事故。根据伤害程度不同，可将其分为轻伤事故、重伤事故、死亡事故、重大死亡事故和特别重大事故。伤亡事故的报告和处理包括以下主要环节。

（1）报告。伤亡事故发生后，负伤或事故现场有关人员应立即直接或逐级报告企业负责人。重伤、死亡、重大死亡事故，企业负责人要立即向主管部门和其所在地劳动部门、公安部门等报告。企业主管部门和劳动部门接到死亡、重大死亡事故应立即按系统逐级上报，死亡事故报到省一级，<u>重大死亡事故应报到国务院有关部门</u>。

（2）调查。轻伤、重伤事故由企业负责人指定相关人员组成调查组进行调查；死亡事故由企业主管部门会同劳动行政部门、公安部门、工会组成事故调查组进行调查。重大死亡事故按企业隶属关系由省级主管部门和国务院主管部门会同同级劳动行政部门、公安部门、监察部门和工会组成事故调查组进行调查。地市级和省级主管部门和劳动行政部门也可授权下一级部门进行调查。

（3）处理。调查组查明事故发生原因、过程和人员伤亡、经济损失情况，确定事故性质和责任者，提出事故处理意见和防范措施建议，写出事故调查报告，然后由发生事故的企业及其主管部门负责处理，依法对企业负责人和直接责任人给予行政处分；构成犯罪的，由司法机关依法追究刑事责任。伤亡事故处理工伤应在 90 天内结案，特殊情况不得超过 180 天，处理结果应当公之于众。

## 6.3.9　个人防护用品管理制度

个人防护用品俗称"劳保用品"，是生产领域中劳动者个人使用的劳动保护用品。分为一般防护用品（也称通用品）和特种劳动防护用品（也称专用防护用品）。后者是针对特定操作危险的作业毒害而制造、发放的劳动保护用品。依不同用途，可分为防尘用品，防毒用品，耐酸碱和耐油用品，绝缘用品，耐高温用品，防水用品，真空作业用品，防噪声用品，防冲击用品，防放射性用品以及其他专用品等。生产特种劳动防护用品的企业须事先取得国家安全生产监督管理总局颁发的专项生产许可证。国家设立国家劳动保护用品质量监督检验中心担任质量监督检验技术工作。生产企业必须依国家标准和行业标准进行生产，用人单位应当根据个人防护用品的使用需求和使用频率、损耗的一般状况，规定个人防护用品的发放制度，建立定期检查、修理制度，经检查失效的防护用品必须禁用；建立防护用品知识和操作技能教育制度，以保证防护用品充分发挥对操作人员及有关人员的保护作用。

## 6.3.10　职工健康管理制度

（1）就业健康检查即对就业者进行全面体检，既包括常规体检，也包括根据岗位所需所做的特定体检，以确定是否录用或是否适合从事某项工作。

（2）职工定期健康检查即对职工的健康状况进行经常性的了解，发现疾病及时医疗以及对职业病发生、发展情况进行了解所做的检查；发现患职业病者应立即调离原工作岗位，并给予治疗。

（3）根据企业规模和人数建立企业医疗机构，并按比例配置医疗保健人员。

（4）建立职工健康档案（病历卡），强化日常管理。

# 6.4　工伤和职业病

**引导案例 6-3**

张某是一家大型国营企业的车间工人，在单位已经有 6 年的工龄，2015 年 7 月 9 日中午下班后在职工食堂吃饭时摔了一跤，造成右臂骨折，到医院治疗了一个多月，事故发生后张某向单位要求享受工伤待遇，但单位不同意，说不属于工伤。

思考题：张某的情况该如何定性呢？

## 6.4.1　工伤和职业病的概念

### 1．工伤

（1）工伤的定义。狭义的工伤仅仅指劳动者在工作中因工作环境、工作条件的不良等原因所发生的意外事故而造成的伤害。广义的工伤也称职业伤害，是指劳动者在生产、劳动过程中，因工作、执行职务行为或从事与工作、执行职务相关的活动，发生意外事故而受到的人身伤害，包括负伤、致残、死亡或患职业疾病等。

（2）工伤与非工伤的界限。

1）时空界限。即时间界限和空间界限。工伤一般限于生产、工作时间和区域之内所发生的伤害，但关键是要看伤害是否是因执行职务而发生的。

2）过错界限。适用无过错责任原则，而不能以职工本人对伤害发生有过失为由，将该伤害排除在工伤范围之外。

3）结果界限。工伤通常会造成劳动者疾病、伤害、残废或死亡的结果。

4）法律规定的特殊界限。

### 2．职业病

（1）职业病的定义与特点。职业病是指企业、事业单位和个体经济组织（以下统称用人单位）的劳动者在职业活动中，因接触粉尘、放射性物质和其他有毒、有害物质等因素而引起的疾病。国家规定的纳入职业病范围的职业病有 10 类共 115 种。职业病患者在治疗和休息时间，以及医疗后确定为残废、治疗无效死亡时，均按劳动保险条例的有关规定给予劳保待遇。在医疗或疗养后被确认不宜继续从事原有害作业或工作的，应在确认之日起的两个月内，将其调离原工作岗位，另行安排工作；对于因工作需要暂时不能调离的生产、工作技术骨干，调离期限最长不得超过半年。

职业病的特点：病因明确、疾病发生与劳动条件密切相关、群体发病、临床表现有一定特征、可预防。

（2）职业病的种类。依职业病目录，凡符合以下规定的均为职业病。

1）尘肺：包括矽肺、煤工尘肺、石墨尘肺、炭黑尘肺、石棉肺、滑石尘肺、水泥尘肺、云母尘肺、陶工尘肺、铝尘肺、电焊工尘肺、铸工尘肺、根据《尘肺病诊断标准》和《尘肺病理诊断标准》可以诊断的其他尘肺。

2）职业性放射性疾病：外照射急性放射病、外照射亚急性放射病、外照射慢性放射病、内照射放射病、放射性皮肤疾病、放射性肿瘤、放射性骨损伤、放射性甲状腺疾病、放射性性腺疾病、放射复合伤、根据《职业性放射性疾病诊断标准（总则）》可以诊断的其他放射性损伤。

3）职业中毒：铅及其化合物中毒（不包括四乙基铅）、汞及其化合物中毒、锰及其化合物中毒、镉及其化合物中毒、铍病、铊及其化合物中毒、钡及其化合物中毒、钒及其化合物中毒、磷及其化合物中毒、砷及其化合物中毒、铀中毒、砷化氢中毒、氯气中毒、二氧化硫中毒、光气中毒、氨中毒、偏二甲基肼中毒、氮氧化合物中毒、一氧化碳中毒、二硫化碳中毒、硫化氢中毒、磷化氢、磷化锌、磷化铝中毒、工业性氟病、氰及腈类化合物中毒、四乙基铅中毒、有机锡中毒、羰基镍中毒、苯中毒、甲苯中毒、二甲苯中毒、正己烷中毒、汽油中毒、一甲胺中毒、有机氟聚合物单体及其热裂解物中毒、二氯乙烷中毒、四氯化碳中毒、氯乙烯中毒、三氯乙烯中毒、氯丙烯中毒、氯丁二烯中毒、苯的氨基及硝基化合物（不包括三硝基甲苯）中毒、三硝基甲苯中毒、甲醇中毒、酚中毒、五氯酚（钠）中毒、甲醛中毒、硫酸二甲酯中毒、丙烯酰胺中毒、二甲基甲酰胺中毒、有机磷农药中毒、氨基甲酸酯类农药中毒、杀虫脒中毒、溴甲烷中毒、拟除虫菊酯类农药中毒、根据《职业性中毒性肝病诊断标准》可以诊断的职业性中毒性肝病、根据《职业性急性化学物中毒诊断标准（总则）》可以诊断的其他职业性急性中毒。

4）物理因素所致职业病：中暑、减压病、高原病、航空病、手臂振动病。

5）生物因素所致职业病：炭疽、森林脑炎、布氏杆菌病。

6）职业性皮肤病：接触性皮炎、光敏性皮炎、电光性皮炎、黑变病、痤疮、溃疡、化学性皮肤灼伤、根据《职业性皮肤病诊断标准（总则）》可以诊断的其他职业性皮肤病。

7）职业性眼病：化学性眼部灼伤、电光性眼炎、职业性白内障（含辐射性白内障、三硝基甲苯白内障）。

8）职业性耳鼻喉口腔疾病：噪声聋、铬鼻病、牙酸蚀病。

9）职业性肿瘤：石棉所致肺癌、间皮瘤、联苯胺所致膀胱癌、苯所致白血病、氯甲醚所致肺癌、砷所致肺癌、皮肤癌、氯乙烯所致肝血管肉瘤、焦炉工人肺癌、铬酸盐制造业工人肺癌。

10）其他职业病：金属烟热、职业性哮喘、职业性变态反应性肺泡炎、棉尘病、煤矿井下工人滑囊炎。

（3）职业病与非职业病的区别。前者是劳动者在职业活动中接触职业性有害因素直接引起的疾病，后者与职业活动无关或职业活动不是疾病的主导因素。

与工作有关的疾病的特点为其他职业人群也会产生这种疾病；职业因素可以促使疾病的产生和加重，是多种发病因素之一；不是唯一的直接致病因素，或者职业因素只是诱因和加重因素；调离该职业或改善劳动条件后，该病可以缓解或停止发展。我国目前对与工作有关疾病暂未列入规定的职业病范围。

### 3．工伤、职业病的危害

全球工伤事故和职业病每年夺走 200 万人的生命，造成经济损失占全球国民生产总值的 4%，造成职业人群死亡的原因主要有癌症（32%），工伤事故（19%），传染性职业病（17%）。

我国是一个职业危害比较严重的国家，目前我国有毒有害企业超过 1 600 万家，受到职业病危害的人数超过 2 亿。严重的职业危害给国民经济造成巨大的损失，据专家保守估计，近几年因工伤事故和职业病造成的经济损失占 GDP 的 2%左右，每年我国因职业病、工伤事故产生的直接经济损失达 1 000 亿元，间接经济损失 2 000 亿元。

## 6.4.2　工伤和职业病的认定与诊断

### 1．工伤认定

（1）工伤认定标准。

1）职工有下列情形之一的，应当认定为工伤：① 在工作时间和工作场所内，因工作原因受到事故伤害的。② 工作时间前后在工作场所内，从事与工作有关的预备性或者收尾性工作受到事故伤害的。③ 在工作时间和工作场所内，因履行工作职责受到暴力等意外伤害的。④ 患职业病的。⑤ 因工作出差期间，由于工作原因受到伤害或者发生事故下落不明的。⑥ 在上下班途中，受到机动车事故伤害的。⑦ 法律、行政法规规定应当认定为工伤的其他情形。

2）职工有下列情形之一的，视同工伤：① 在工作时间和工作岗位，突发疾病死亡或者在 48 小时之内经抢救无效死亡的。② 在抢险救灾等维护国家利益、公共利益活动中受到伤害的。③ 职工原在军队服役，因战、因公负伤致残，已取得革命伤残军人证，到用人单位后旧伤复发的。职工有前款第①项、第②项情形的，按照本条例的有关规定享受工伤保险待遇；职工有前款第③项情形的，按照本条例的有关规定享受除一次性伤残补助金以外的工作保险待遇。

3）职工有下列情形之一的，不得认定为工伤或者视同工伤：① 因犯罪或者违反治安管理伤亡的。② 醉酒导致伤亡的。③ 自残或者自杀的。

（2）工伤认定申请。职工发生事故伤害或者按照职业病防治法规定被诊断、鉴定为职业病，所在单位应当自事故伤害发生之日或者被诊断、鉴定为职业病之日起 30 日内，向统筹地区劳动保障行政部门提出工伤认定申请。遇有特殊情况，经报劳动保障行政部门同意，申请时限可以适当延长。

提出工伤认定申请应当提交下列材料：

1）工伤认定申请表；

2）与用人单位存在劳动关系（包括事实劳动关系）的证明材料；

3）医疗诊断证明或者职业病诊断证明书（或者职业病诊断鉴定书）。

（3）工伤认定程序。

1）申报：企业应当自工伤事故发生之日或者职业病确诊之日起，及时向主管部门报告，15日内向劳动保障行政部门提出工伤报告。

2）由认定机构组织调查。

3）进行工伤认定。

4）由认定机构通知企业最后结果。

### 2．职业病诊断

（1）职业病的诊断，应当综合下列因素：

1）病人的职业史；

2）职业病危害接触史和现场危害调查与评价；

3）临床表现以及辅助检查结果等；

4）没有证据否定职业病危害因素与病人临床表现之间的必然联系的，在排除其他致病因素后，应当诊断为职业病；

5）承担职业病诊断的医疗卫生机构在进行职业病诊断时，应当组织3名以上取得职业病诊断资格的执业医师集体诊断；

6）职业病诊断证明书应当由参与诊断的医师共同签署，并由承担职业病诊断的医疗卫生机构审核盖章。

（2）申请职业病诊断时应当提供；

1）职业史、既往史；

2）职业健康监护档案复印件；

3）职业健康检查结果；

4）工作场所历年职业病危害因素检测、评价资料；

5）诊断机构要求提供的其他必需的有关材料。

用人单位和有关机构应当按照诊断机构的要求，如实提供必要的资料。

（3）职业病诊断机构应当建立职业病诊断档案并永久保存，档案内容应当包括：

1）职业病诊断证明书；

2）职业病诊断过程记录，包括参加诊断的人员、时间、地点、讨论内容及诊断结论；

3）用人单位和劳动者提供的诊断用所有资料；

4）临床检查与实验室检验等结果报告单；

5）现场调查笔录及分析评价报告。

当事人对职业病诊断有异议的，在接到职业病诊断证明书之日起30日内，可以向做出诊断的医疗卫生机构所在地市级卫生行政部门申请鉴定。当事人对市级职业病诊断鉴定委员会的鉴定结论不服的，在接到职业病诊断鉴定书之日起 15 日内，可以向原鉴定机构所在地省级卫生行政部门申请再鉴定。省级职业病诊断鉴定委员会的鉴定为最终鉴定。

## 6.4.3　工伤事故和职业病的防治和管理

### 1．防治和管理的模型与方针

企业可以通过建立工伤事故的防治模型来对事故进行预防管理。

（1）建立健全事故预防工作组织，形成由企业领导牵头的，包括安全管理人员和安全技术人员在内的事故预防工作体系，并切实发挥其效能。

（2）通过实地调查、检查、观察及对有关人员的询问，认真地加以判断、研究，对事故原始记录反复研究，搜集第一手资料，找出事故预防工作中存在的问题。

（3）分析事故及不安全问题产生的原因。包括弄清伤亡事故发生频率、严重程度、场所、工种、生产工序、有关的工具、设备及事故类型等，找出直接原因和间接原因，主要原因和次要原因。

（4）针对事故和不安全问题的原因，选择恰当的改进措施。改进措施包括工种技术方面的改进、对人员说服教育、人员调整、制定及执行规章制度等。

（5）实施改进措施。通过工种技术措施实现机械设备、生产作业条件的安全，消除物的不安全状态；通过人员调整、教育、训练，消除人的不安全行为，在实施过程中要监督。

职业病防治工作坚持预防为主、防治结合的方针，实行分类管理、综合治理。用人单位应当为劳动者创造符合国家职业卫生标准和卫生要求的工作环境和条件，并采取措施保障劳动者获得职业卫生保护。

### 2．防治和管理的要求

产生职业病危害的用人单位的应当设立除符合法律、行政法规规定的设立条件外，其工作场所还应当符合下列职业卫生要求。

（1）职业病危害因素的强度或者浓度符合国家职业卫生标准。

（2）有与职业病危害防护相适应的设施。

（3）生产布局合理，符合有害与无害作业分开的原则。

（4）有配套的更衣间、洗浴间、孕妇休息间等卫生设施。

（5）设备、工具、用具等设施符合保护劳动者生理、心理健康的要求。

（6）法律、行政法规和国务院卫生行政部门关于保护劳动者健康的其他要求。

新建、扩建、改建建设项目和技术改造、技术引进项目（以下统称建设项目）可能产生职业病危害的，建设单位在可行性认证阶段应当向卫生行政部门提交职业病危害预评价报告。

### 3．防治和管理的措施

（1）设置或者指定职业卫生管理机构组织，配备专职或者兼职的职业卫生专业人员，负责本单位的职业病防治工作。

（2）制定职业病防治计划和实施方案。

（3）建立、健全职业卫生管理制度和操作规程。

（4）建立、健全职业卫生档案和劳动者健康监护档案。

（5）建立、健全工作场所职业病危害因素监测及评价制度。

（6）建立、健全职业病危害事故应急求援预案。

用人单位必须采用有效的职业病防护设施，并为劳动者提供个人使用的职业病防护用品。对产生严重职业病危害的作业岗位，应当在其醒目位置，设置警示标志和中文警示说明。警示说明应当载明产生职业病危害的种类、后果、预防以及应急救治措施等内容。

用人单位应当对劳动者进行上岗前的职业卫生培训和在岗期间的定期职业卫生培训，普及职业卫生知识，督促劳动者遵守职业病防治法律、法规、规章和操作规程，指导劳动者正确使用职业病防护设备和个人使用的职业病防护用品。

用人单位应建立职业健康监护档案，其内容应当包括劳动者的职业史、职业病危害接触史、职业健康检查结果和职业病诊疗等有关个人健康资料。

# 6.4.4　工伤保险

工伤保险是国家或企业在劳动者因工作而负伤、致残、死亡时，给劳动者本人及其供养直系亲属提供物质帮助的一种社会保险制度。我国劳动法规定，用人单位和劳动者必须依法参加工伤保险，使劳动者在工伤情况下获得帮助和补偿。

### 1. 我国工伤保险制度的主要组成部分

（1）工伤保险实施范围和工伤认定资格条件。

（2）基金筹集模式与费率的确定。

（3）工伤评残标准和劳动能力鉴定。

（4）待遇给付项目、标准及给付方式的确定。

（5）工伤事故与职业病的预防。

（6）工伤医疗照顾和职业病的康复。

（7）工伤事故的法律责任。

（8）保险的运行监督。

### 2. 工伤保险遵循的原则

（1）无责任补偿（无过失补偿）原则。

（2）国家立法、强制实施原则。

（3）风险分担、互助互济原则。

（4）个人不缴费原则。

（5）区别因工与非因工原则。

（6）经济赔偿与事故预防、职业病防治相结合原则。

（7）一次性补偿与长期补偿相结合原则。

（8）确定伤残和职业病等级原则。

（9）区别直接经济损失与间接经济损失原则。

（10）集中管理原则。

### 3．工伤保险的作用

（1）工伤保险是国家对劳动者履行的社会责任，也是劳动者应该享受的基本权利。

（2）实行了工伤保险，保障了工伤职工医疗以及基本生活，有利于提高他们的工作积极性。

（3）建立工伤保险有利于促进安全生产，保护和发展社会生产力。

（4）工伤保险保障了受伤害职工的合法权益，有利于妥善处理事故和恢复生产，维护正常的生产、生活秩序，维护社会安定。

### 4．工伤保险范围

工伤保险范围主要包括以下几种情况。

1）在工作时间和工作场所内，因工作原因受到事故伤害的。

2）工作时间前后在工作场所内，从事与工作有关的预备性或者收尾性工作受到事故伤害的。

3）在工作时间和工作场所内，因履行工作职责受到暴力等意外伤害的。

4）患职业病的。

5）因工外出期间，由于工作原因受到伤害或者发生事故下落不明的。

6）在上下班途中，受到机动车事故伤害的。

7）法律、行政法规规定应当认定为工伤的其他情形。

### 5．职工享有的工伤预防和工伤保险权利及应承担的义务

（1）根据《工伤保险条例》等法律法规的规定，工伤职工享有下列权利。

1）依法获得工伤保险待遇，包括康复治疗、伤残或者工亡待遇。

2）了解单位和本人的参保情况。将单位的参保情况进行公示，是用人单位的一项法定义务，其目的是为了保障职工的参保知情权。

3）申请工伤认定。工伤认定的主体包括职工个人及其亲属、用人单位、单位工会等。

4）申请劳动能力鉴定。劳动能力鉴定的申请主体包括职工个人及其直系亲属、用人单位等，而职工个人是重要的申请主体。

5）检举控告，包括对用人单位、社会保险经办机构、劳动保障部门等违反法律法规行为检举控告。

6）解决劳动和社会保险争议。根据争议的性质不同，职工可以通过行政复议和行政诉讼或者仲裁与民事诉讼，解决工伤保险方面的争议，使自己的合法权益能够获得保障。

（2）《工伤保险条例》规定了职工承担的相应义务。

1）遵守有关安全生产和职业病防治的法律法规，执行安全卫生规范和标准，预防工伤事故发生，减少事故和职业病的危害。

2）发生事故和职业病后，积极配合治疗和康复。

3）协助劳动保障行政部门对事故进行调查核实。

### 6．用人单位享有工伤保险权利及应承担的义务

（1）《工伤保险条例》规定了用人单位主要有以下权利。

1）用人单位参保后，在职工发生工伤伤害或者患职业病时，由工伤保险基金按照规定支付工伤待遇。

2）举报和监督的权利。

3）对工伤认定受理或者工伤认定决定不服的，有依法提出行政复议申请或提起行政诉讼的权利。

（2）《工伤保险条例》规定了用人单位的基本义务。

1）参加工伤保险，为本单位全部职工缴纳工伤保险费；将参加工伤保险的有关情况在本单位内公示。

2）遵守有关安全生产和职业病防治的法律法规，预防工伤事故发生，减少和避免职业病的危害。

3）发生工伤时，采取措施使工伤职工得到及时救治。

4）履行工伤认定申请和劳动能力鉴定申请的义务。

5）支付按规定应由单位支付的有关费用和工伤职工待遇。

6）协助劳动保障行政部门对事故进行调查核实。

### 7．工伤保险基金和所实行的费率

工伤保险基金由用人单位缴纳的工伤保险费、工伤保险基金利息和依法纳入工伤保险基金的其他资金构成。工伤保险费根据以支定收、收支平衡的原则确定费率。

（1）差别费率是指社会保险经办机构在收缴用人单位工伤费时，根据不同行业、企业所面临的工作环境，可能发生事故和职业病的危险程度，按不同的比例提取。

（2）浮动费率是指社会保险经办机构在确定企业缴费的比例之后，根据一定时期内企业发生工伤事故、职业病的情况，提高或降低收缴的比例。

工伤保险费率一经确定，并不是永不再变的。相反，需要定期做出调整。调整时要体现奖罚原则。企业若重视安全生产，大大降低工伤风险频率，就要调低其工伤保险费比率，以资奖励；反之，如果与上一年相比，企业的工伤风险频率明显加大，伤亡事故明显增多，则提高其工伤保险缴纳比率，以示惩罚。工伤保险费的缴纳，既要保障社会保险金的给付需要，又要考虑企业的缴纳能力，还要有助于工伤事故的减少、工伤风险频率的降低和生产环境的改善。

### 8．当前工伤保险存在的问题

（1）工伤保险覆盖面过于狭窄。

（2）工伤认定调查取证难。

（3）维护职工合法权益还有不到位的地方。

（4）工伤保险基金存在浪费现象。

（5）工伤保险与预防、康复之间存在着脱节现象。

（6）对职业病缺乏全面的预防、调查、登记、管理和治疗，休养设备也较简陋。

## 6.4.5　工伤保险待遇

### 1．患有职业病后的待遇

劳动者在劳动过程中确认患有职业病后，其所在单位应根据职业病诊断机构（诊断组）的意见，安排其医疗或疗养。在医治或疗养后被确认不宜继续从事原工作岗位，应在确定之日起的两个月内将其调离原工作岗位，另行安排工作，对于因工作需要暂不能调离的生产、工作技术骨干，调离期限最长不超过半年。

从事有害作业的职工，应按规定接受职业病健康检查。职业病健康检查所占用的生产、工作时间，应按正常出勤处理；职业病防治机构认为需要住院做进一步检查时，不论其最后是否被诊断为职业病，在此期间都可以享受职业病待遇（卫生部、劳动部、财政部、中华全国总工会《职业病范围和职业病患者处理办法的规定》）。

生活护理费按照生活完全不能自理、生活大部分不能自理或者生活部分不能自理3个不同等级支付，其标准分别为统筹地区上年度职工月平均工资的50%、40%和30%。

### 2．职业病病人的赔偿权利

职业病病人除依法享有工作社会保险外，依照有关民事法律尚有获得赔偿权利的，有权向用人单位提出赔偿要求。

赔偿费的组成大致包括以下几方面的内容。

（1）医疗费。

（2）就医的交通和住宿费。凡是需要送往医院抢救治疗的，或必须转送外院进行抢救治疗的受害本人及其护送人员的一切交通工具费用和住宿费、受害者的直系亲属或代理人参加处理事件的交通费用和住宿费等。

（3）职业病病人在医疗终结期间的误工费、住院期间和恢复期间亲属陪护时的误工费、伤残或死亡者的亲属或代理人参加处理事件的误工费等。

（4）职业病病人在医疗期间和康复期间的必需的营养补助费。

（5）职业病病人的各种鉴定费。

（6）精神损伤后的补偿费或人格损害后的精神安慰费等。

（7）残废用具费。

（8）死者生前抚养的人必要的生活补助费（抚恤金）。

（9）因致伤、致残、死亡所造成的家庭困难生活补助费等。

（10）死亡丧葬费。

（11）按照有关文件规定应该付给的人身保险金。

（12）其他有必要支出的费用。

### 3. 因工致残的待遇

（1）职工因工致残被鉴定为一级至四级伤残的，保留劳动关系，退出工作岗位，享受以下待遇。

1）从工伤保险基金按伤残等级支付一次性伤残补助金，标准为：一级伤残为 27 个月的本人工资，二级伤残为 25 个月的本人工资，三级伤残为 23 个月的本人工资，四级伤残为 21 个月的本人工资。

2）从工伤保险基金按月支付伤残津贴，标准为：一级伤残为本人工资的 90%，二级伤残为本人工资的 85%，三级伤残为本人工资的 80%，四级伤残为本人工资的 75%。伤残津贴实际金额低于当地最低工资标准的，由工伤保险基金补足差额。

3）工伤职工达到退休年龄并办理退休手续后，停发伤残津贴，享受基本养老保险待遇。基本养老保险待遇低于伤残津贴的，由工伤保险基金补足差额。

职工因工致残被鉴定为一级至四级伤残的，由用人单位和职工个人以伤残津贴为基数，缴纳基本医疗保险费。

（2）职工因工致残被鉴定为五级、六级伤残的，享受以下待遇。

1）从工伤保险基金按伤残等级支付一次性伤残补助金，标准为：五级伤残为 16 个月的本人工资，六级伤残为 14 个月的本人工资。

2）保留与用人单位的劳动关系，由用人单位安排适当工作。难以安排工作的，由用人单位按月发给伤残津贴，标准为：五级伤残为本人工资的 70%，六级伤残为本人工资的 60%，并由用人单位按照规定为其缴纳应缴纳的各项社会保险费。伤残津贴实际金额低于当地最低工资标准的，由用人单位补足差额。

经工伤职工本人提出，该职工可以与用人单位解除或者终止劳动关系，由用人单位支付一次性工伤医疗补助金和伤残就业补助金。具体标准由省、自治区、直辖市人民政府规定。

（3）职工因工致残被鉴定为七级至十级伤残的，享受以下待遇。

1）从工伤保险基金按伤残等级支付一次性伤残补助金，标准为：七级伤残为 12 个月的本人工资，八级伤残为 10 个月的本人工资，九级伤残为 8 个月的本人工资，十级伤残为 6 个月的本人工资。

2）劳动合同期满终止，或者职工本人提出解除劳动合同的，由用人单位支付一次性工伤医疗补助金和伤残就业补助金。具体标准由省、自治区、直辖市人民政府规定。

（4）职工因工死亡，其直系亲属按照下列规定从工伤保险基金领取丧葬补助金、供养亲属抚恤金和一次性工亡补助金。

1）丧葬补助金为6个月的统筹地区上年度职工月平均工资。

2）供养亲属抚恤金按照职工本人工资的一定比例发给由因工死亡职工生前提供主要生活来源、无劳动能力的亲属。标准为：配偶每月40%，其他亲属每人每月30%，孤寡老人或者孤儿每人每月在上述标准的基础上增加10%。核定的各供养亲属的抚恤金之和不应高于因工死亡职工生前的工资。供养亲属的具体范围由国务院劳动保障行政部门规定。

3）一次性工亡补助金标准为48个月至60个月的统筹地区上年度职工月平均工资。具体标准由统筹地区的人民政府根据当地经济、社会发展状况规定，报省、自治区、直辖市人民政府备案。

伤残职工在停工留薪期内因工伤导致死亡的，其直系亲属享受本条第一款规定的待遇。

一级至四级伤残职工在停工留薪期满后死亡的，其直系亲属可以享受本条第一款第1）项、第3）项规定的待遇。

（5）工伤职工有下列情形之一的，停止享受工伤保险待遇：

1）丧失享受待遇条件的；

2）拒不接受劳动能力鉴定的；

3）拒绝治疗的；

4）被判刑正在收监执行的。

## 相关链接

> 国务院决定对《工伤保险条例》作如下修改。
>
> 一、第二条修改为："中华人民共和国境内的企业、事业单位、社会团体、民办非企业单位、基金会、律师事务所、会计师事务所等组织和有雇工的个体工商户（以下称用人单位）应当依照本条例规定参加工伤保险，为本单位全部职工或者雇工（以下称职工）缴纳工伤保险费。"
>
> "中华人民共和国境内的企业、事业单位、社会团体、民办非企业单位、基金会、律师事务所、会计师事务所等组织的职工和个体工商户的雇工，均有依照本条例的规定享受工伤保险待遇的权利。"
>
> 二、第八条第二款修改为："国家根据不同行业的工伤风险程度确定行业的差别费率，并根据工伤保险费使用、工伤发生率等情况在每个行业内确定若干费率档次。行业差别费率及行业内费率档次由国务院社会保险行政部门制定，报国务院批准后公布施行。"
>
> 三、第九条修改为："国务院社会保险行政部门应当定期了解全国各统筹地区工伤保险基金收支情况，及时提出调整行业差别费率及行业内费率档次的方案，报国务院批准后公布施行。"
>
> 四、第十条增加一款，作为第三款："对难以按照工资总额缴纳工伤保险费的行业，其缴纳工伤保险费的具体方式，由国务院社会保险行政部门规定。"
>
> 五、第十一条第一款修改为："工伤保险基金逐步实行省级统筹。"
>
> 六、第十二条修改为："工伤保险基金存入社会保障基金财政专户，用于本条例规定的工伤保险待遇，劳动能力鉴定，工伤预防的宣传、培训等费用，以及法律、法规规定的

用于工伤保险的其他费用的支付。"

"工伤预防费用的提取比例、使用和管理的具体办法，由国务院社会保险行政部门会同国务院财政、卫生行政、安全生产监督管理等部门规定。"

"任何单位或者个人不得将工伤保险基金用于投资运营、兴建或者改建办公场所、发放奖金，或者挪作其他用途。"

七、第十四条第（六）项修改为："在上下班途中，受到非本人主要责任的交通事故或者城市轨道交通、客运轮渡、火车事故伤害的;"

八、第十六条修改为："职工符合本条例第十四条、第十五条的规定，但是有下列情形之一的，不得认定为工伤或者视同工伤:

（一）故意犯罪的;

（二）醉酒或者吸毒的;

（三）自残或者自杀的。"

九、第二十条修改为："社会保险行政部门应当自受理工伤认定申请之日起 60 日内作出工伤认定的决定，并书面通知申请工伤认定的职工或者其近亲属和该职工所在单位。"

"社会保险行政部门对受理的事实清楚、权利义务明确的工伤认定申请，应当在 15 日内作出工伤认定的决定。"

"作出工伤认定决定需要以司法机关或者有关行政主管部门的结论为依据的，在司法机关或者有关行政主管部门尚未作出结论期间，作出工伤认定决定的时限中止。"

"社会保险行政部门工作人员与工伤认定申请人有利害关系的，应当回避。"

十、增加一条，作为第二十九条："劳动能力鉴定委员会依照本条例第二十六条和第二十八条的规定进行再次鉴定和复查鉴定的期限，依照本条例第二十五条第二款的规定执行。"

十一、第二十九条改为第三十条，第四款修改为："职工住院治疗工伤的伙食补助费，以及经医疗机构出具证明，报经办机构同意，工伤职工到统筹地区以外就医所需的交通、食宿费用从工伤保险基金支付，基金支付的具体标准由统筹地区人民政府规定。"

第六款修改为："工伤职工到签订服务协议的医疗机构进行工伤康复的费用，符合规定的，从工伤保险基金支付。"

十二、增加一条，作为第三十一条："社会保险行政部门作出认定为工伤的决定后发生行政复议、行政诉讼的，行政复议和行政诉讼期间不停止支付工伤职工治疗工伤的医疗费用。"

十三、第三十三条改为第三十五条，第一款第（一）项修改为："从工伤保险基金按伤残等级支付一次性伤残补助金，标准为: 一级伤残为 27 个月的本人工资，二级伤残为 25 个月的本人工资，三级伤残为 23 个月的本人工资，四级伤残为 21 个月的本人工资;"

第一款第（三）项修改为："工伤职工达到退休年龄并办理退休手续后，停发伤残津贴，按照国家有关规定享受基本养老保险待遇。基本养老保险待遇低于伤残津贴的，由工伤保险基金补足差额。"

十四、第三十四条改为第三十六条，第一款第（一）项修改为："从工伤保险基金按伤残等级支付一次性伤残补助金，标准为：五级伤残为 18 个月的本人工资，六级伤残为 16 个月的本人工资；"

第二款修改为："经工伤职工本人提出，该职工可以与用人单位解除或者终止劳动关系，由工伤保险基金支付一次性工伤医疗补助金，由用人单位支付一次性伤残就业补助金。一次性工伤医疗补助金和一次性伤残就业补助金的具体标准由省、自治区、直辖市人民政府规定。"

十五、第三十五条改为第三十七条，修改为："职工因工致残被鉴定为七级至十级伤残的，享受以下待遇：

（一）从工伤保险基金按伤残等级支付一次性伤残补助金，标准为：七级伤残为 13 个月的本人工资，八级伤残为 11 个月的本人工资，九级伤残为 9 个月的本人工资，十级伤残为 7 个月的本人工资；

"（二）劳动、聘用合同期满终止，或者职工本人提出解除劳动、聘用合同的，由工伤保险基金支付一次性工伤医疗补助金，由用人单位支付一次性伤残就业补助金。一次性工伤医疗补助金和一次性伤残就业补助金的具体标准由省、自治区、直辖市人民政府规定。"

十六、第三十七条改为第三十九条，第一款第（三）项修改为："一次性工亡补助金标准为上一年度全国城镇居民人均可支配收入的 20 倍。"

十七、第四十条改为第四十二条，删去第（四）项。

十八、第四十一条改为第四十三条，第四款修改为："企业破产的，在破产清算时依法拨付应当由单位支付的工伤保险待遇费用。"

十九、第五十三条改为第五十五条，修改为："有下列情形之一的，有关单位或者个人可以依法申请行政复议，也可以依法向人民法院提起行政诉讼：

（一）申请工伤认定的职工或者其近亲属、该职工所在单位对工伤认定申请不予受理的决定不服的；

（二）申请工伤认定的职工或者其近亲属、该职工所在单位对工伤认定结论不服的；

（三）用人单位对经办机构确定的单位缴费费率不服的；

（四）签订服务协议的医疗机构、辅助器具配置机构认为经办机构未履行有关协议或者规定的；

（五）工伤职工或者其近亲属对经办机构核定的工伤保险待遇有异议的。"

二十、第五十八条改为第六十条，修改为："用人单位、工伤职工或者其近亲属骗取工伤保险待遇，医疗机构、辅助器具配置机构骗取工伤保险基金支出的，由社会保险行政部门责令退还，处骗取金额 2 倍以上 5 倍以下的罚款；情节严重，构成犯罪的，依法追究刑事责任。"

二十一、第六十条改为第六十二条，修改为："用人单位依照本条例规定应当参加工伤保险而未参加的，由社会保险行政部门责令限期参加，补缴应当缴纳的工伤保险费，并自欠缴之日起，按日加收万分之五的滞纳金；逾期仍不缴纳的，处欠缴数额 1 倍以上 3 倍以下的罚款。"

"依照本条例规定应当参加工伤保险而未参加工伤保险的用人单位职工发生工伤的，由该用人单位按照本条例规定的工伤保险待遇项目和标准支付费用。"

"用人单位参加工伤保险并补缴应当缴纳的工伤保险费、滞纳金后，由工伤保险基金和用人单位依照本条例的规定支付新发生的费用。"

二十二、增加一条，作为第六十三条："用人单位违反本条例第十九条的规定，拒不协助社会保险行政部门对事故进行调查核实的，由社会保险行政部门责令改正，处 2000 元以上 2 万元以下的罚款。"

二十三、第六十一条改为第六十四条，删去第一款。

二十四、第六十二条改为第六十五条，修改为："公务员和参照公务员法管理的事业单位、社会团体的工作人员因工作遭受事故伤害或者患职业病的，由所在单位支付费用。具体办法由国务院社会保险行政部门会同国务院财政部门规定。"

此外，对条文的个别文字作了修改，对条文的顺序作了相应调整。

本决定自 2011 年 1 月 1 日起施行。

《工伤保险条例》根据本决定作相应的修改，重新公布。本条例施行后本决定施行前受到事故伤害或者患职业病的职工尚未完成工伤认定的，依照本决定的规定执行。

资料来源：中国政府网 http://www.gov.cn/

# 6.4.6　工伤争议

根据劳动部办公厅《关于处理工伤争议有关问题的复函》（劳办发[1996]29 号）规定，职工因工伤保险待遇给付与用人单位发生争议的，属于劳动争议，按照劳动争议处理的有关规定向当地劳动争议仲裁委员会申请仲裁；职工与社会保险经办机构发生工伤保险待遇给付的争议，不属于劳动争议，职工可向上一级劳动和社会保障行政部门申请行政复议。

我国于 1993 年 8 月 1 日起施行的《中华人民共和国企业劳动争议处理条例》规定，劳动争议发生后，当事人应当协商解决；不愿协商或协商不成的，可以向本企业劳动争议调解委员会申请调解；调解不成的，可以向劳动争议仲裁委员会申请仲裁；对仲裁裁决不服的，可以向人民法院起诉。该条例规定：调解委员会由职工代表、企业代表和企业工会代表组成；仲裁委员会由劳动行政主管部门代表、工会代表和政府指定的经济综合管理部门的代表组成。

### 1. 工伤争议应遵循的原则

（1）着重调解，及时处理。

（2）在查清事实的基础上依法处理。

（3）当事人在适用法律上一律平等。

### 2. 企业劳动争议调解委员会

企业可以设立劳动争议调解委员会（以下简称调解委员会）。调解委员会负责调解本企业发生的劳动争议。调解委员会由下列人员组成：

（1）职工代表；

（2）企业代表；

（3）企业工会代表。职工代表由职工代表大会（或者职工大会，下同）推举产生；企业代表由厂长（经理）指定；企业工会代表由企业工会委员会指定。调解委员会组成人员的具体人数不得超过调解委员会人数总额的1/3。调解委员会必须在30日内得出结果，否则视为调解不成，可转向仲裁。

### 3．劳动争议仲裁

当事人向仲裁委员会申请仲裁，应当提交申诉书，并按照被诉人数提交副本。申诉书载明下列事项：

（1）职工当事人的姓名、职业、住址和工作单位；企业的名称、地址和法定代表人的姓名、职务；

（2）仲裁请求和所根据的事实和理由；

（3）证据、证人的姓名和住址。

# 6.5　女职工和未成年工特殊劳动保护

**引导案例 6-4**

叶某在 2008 年被某冰激凌厂聘为工人，双方签订了为期 3 年的劳动合同，叶某被安排在速冻车间工作。工作一段时间后，叶某经常感到腰疼，月经紊乱，到医院检查，医生认为造成上述疾病的原因是由于她长期在低温条件下工作所致，遂建议她调换工作岗位。于是叶某手持医院证明找厂领导要求调换工作岗位，但遭到厂领导拒绝。为此叶某向当地劳动争议仲裁委员会提出申诉，要求冰激凌厂在其月经期间予以调换工作岗位并对其在经期从事低温冷水作业给予相应的经济赔偿。

思考题：（1）该冰激凌厂在叶某经期安排她在冷冻车间工作是否合法？

（2）劳动争议仲裁委员会应如何仲裁？

## 6.5.1　女职工特殊保护的概念

女职工在劳动方面的特殊保护，是指根据女职工身体结构、生理机能的特点及抚育子女的特殊需要，在劳动方面对妇女特殊权益的法律保障。

女职工应包括从事体力劳动和脑力劳动的妇女。2012 年 4 月 28 日发布了《第 619 号中华人民共和国国务院令》，宣布《女职工劳动保护特别规定》已经由 2012 年 4 月 18 日国务院第 200 次常务会议通过，现予公布，自公布之日起施行。1988 年 7 月 21 日国务院发布的《女职工劳动保护规定》同时废止。《女职工劳动保护特别规定》适用于中华人民共和国境内的一切国家机关、人民团体、企业、事业单位的女职工。

## 6.5.2　女职工特殊劳动保护的主要内容

### 1. 对女职工在劳动过程中的特殊保护

由于妇女的身体结构与生理机能与男子不同，有些作业环境会影响妇女的安全和健康。如繁重体力劳动、接触有毒有害物质、长期从事震动工作、不良气象条件、放射物质的照射、长期从事紧张性劳动等，都对妇女职工有不良影响。

 **相关链接**

《女职工劳动保护特别规定》中明确规定了女职工禁忌从事的劳动范围：

"一、女职工禁忌从事的劳动范围：

（一）矿山井下作业；

（二）体力劳动强度分级标准中规定的第四级体力劳动强度的作业；

（三）每小时负重 6 次以上、每次负重超过 20 公斤的作业，或者间断负重、每次负重超过 25 公斤的作业。

二、女职工在经期禁忌从事的劳动范围：

（一）冷水作业分级标准中规定的第二级、第三级、第四级冷水作业；

（二）低温作业分级标准中规定的第二级、第三级、第四级低温作业；

（三）体力劳动强度分级标准中规定的第三级、第四级体力劳动强度的作业；

（四）高处作业分级标准中规定的第三级、第四级高处作业。

三、女职工在孕期禁忌从事的劳动范围：

（一）作业场所空气中铅及其化合物、汞及其化合物、苯、镉、铍、砷、氰化物、氮氧化物、一氧化碳、二硫化碳、氯、己内酰胺、氯丁二烯、氯乙烯、环氧乙烷、苯胺、甲醛等有毒物质浓度超过国家职业卫生标准的作业；

（二）从事抗癌药物、己烯雌酚生产，接触麻醉剂气体等的作业；

（三）非密封源放射性物质的操作，核事故与放射事故的应急处置；

（四）高处作业分级标准中规定的高处作业；

（五）冷水作业分级标准中规定的冷水作业；

（六）低温作业分级标准中规定的低温作业；

（七）高温作业分级标准中规定的第三级、第四级的作业；

（八）噪声作业分级标准中规定的第三级、第四级的作业；

（九）体力劳动强度分级标准中规定的第三级、第四级体力劳动强度的作业；

（十）在密闭空间、高压室作业或者潜水作业，伴有强烈振动的作业，或者需要频繁弯腰、攀高、下蹲的作业。

四、女职工在哺乳期禁忌从事的劳动范围：

（一）孕期禁忌从事的劳动范围的第一项、第三项、第九项；

（二）作业场所空气中锰、氟、溴、甲醇、有机磷化合物、有机氯化合物等有毒物质浓度超过国家职业卫生标准的作业。”

### 2．对妇女生理机能变化过程中的保护

对妇女生理机能变化过程中的保护，一般是指女职工的经期、孕期、产期、哺乳期的保护。这种保护，不仅是对女职工本身，同时也是对下一代安全和健康的保护。

（1）经期保护。不良的劳动条件，对妇女月经期的健康是有影响的。在这方面不注意特殊保护，将会危及女职工的健康及其生育能力。《女职工劳动保护特别规定》中规定，女职工在月经期间，不得安排其从事高空、低温、冷水和国家规定的第三级体力劳动强度的劳动。

（2）孕期保护。女职工怀孕期的保护，是指对女职工在怀孕期间的各种保护规定。《女职工劳动保护特别规定》中对此做了规定。

（3）产期保护。产期保护是指女职工在生育期间的保护。女职工在产期之内，享受一定时期的生育假和生育待遇。生育期的保护，既包括正产，也包括小产（流产）。《女职工劳动保护特别规定》中对此做了规定。

（4）哺乳期保护。哺乳期（亦称"授乳期"）保护是指对女职工哺乳其婴儿期间的保护。《女职工劳动保护特别规定》中对此做了规定。

### 3．对女职工劳动保护设施的规定

《女职工劳动保护特别规定》中对女职工劳动保护设施做了方面规定，部分条款如下。女职工禁忌从事的劳动范围见附表 C。

"第十条　女职工比较多的用人单位应当根据女职工的需要，建立女职工卫生室、孕妇休息室、哺乳室等设施，妥善解决女职工在生理卫生、哺乳方面的困难。

第十一条　在劳动场所，用人单位应当预防和制止对女职工的性骚扰。

第十二条　县级以上人民政府人力资源社会保障行政部门、安全生产监督管理部门按照各自职责负责对用人单位遵守本规定的情况进行监督检查。

工会、妇女组织依法对用人单位遵守本规定的情况进行监督。

第十三条　用人单位违反本规定第六条第二款、第七条、第九条第一款规定的，由县级以上人民政府人力资源社会保障行政部门责令限期改正，按照受侵害女职工每人 1000 元以上 5000 元以下的标准计算，处以罚款。

用人单位违反本规定附录第一条、第二条规定的，由县级以上人民政府安全生产监督管理部门责令限期改正，按照受侵害女职工每人 1000 元以上 5000 元以下的标准计算，处以罚款。用人单位违反本规定附录第三条、第四条规定的，由县级以上人民政府安全生产

监督管理部门责令限期治理，处 5 万元以上 30 万元以下的罚款；情节严重的，责令停止有关作业，或者提请有关人民政府按照国务院规定的权限责令关闭。

第十四条　用人单位违反本规定，侵害女职工合法权益的，女职工可以依法投诉、举报、申诉，依法向劳动人事争议调解仲裁机构申请调解仲裁，对仲裁裁决不服的，依法向人民法院提起诉讼。

第十五条　用人单位违反本规定，侵害女职工合法权益，造成女职工损害的，依法给予赔偿；用人单位及其直接负责的主管人员和其他直接责任人员构成犯罪的，依法追究刑事责任。"

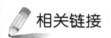 相关链接

中华人民共和国国务院令

第 619 号

《女职工劳动保护特别规定》已经 2012 年 4 月 18 日国务院第 200 次常务会议通过，现予公布，自公布之日起施行。

总　理　温家宝

二〇一二年四月二十八日

### 女职工劳动保护特别规定

第一条　为了减少和解决女职工在劳动中因生理特点造成的特殊困难，保护女职工健康，制定本规定。

第二条　中华人民共和国境内的国家机关、企业、事业单位、社会团体、个体经济组织以及其他社会组织等用人单位及其女职工，适用本规定。

第三条　用人单位应当加强女职工劳动保护，采取措施改善女职工劳动安全卫生条件，对女职工进行劳动安全卫生知识培训。

第四条　用人单位应当遵守女职工禁忌从事的劳动范围的规定。用人单位应当将本单位属于女职工禁忌从事的劳动范围的岗位书面告知女职工。

女职工禁忌从事的劳动范围由本规定附录列示。国务院安全生产监督管理部门会同国务院人力资源社会保障行政部门、国务院卫生行政部门根据经济社会发展情况，对女职工禁忌从事的劳动范围进行调整。

第五条　用人单位不得因女职工怀孕、生育、哺乳降低其工资、予以辞退、与其解除劳动或者聘用合同。

第六条　女职工在孕期不能适应原劳动的，用人单位应当根据医疗机构的证明，予以减轻劳动量或者安排其他能够适应的劳动。

对怀孕 7 个月以上的女职工，用人单位不得延长劳动时间或者安排夜班劳动，并应当在劳动时间内安排一定的休息时间。

怀孕女职工在劳动时间内进行产前检查，所需时间计入劳动时间。

**第七条** 女职工生育享受 98 天产假，其中产前可以休假 15 天；难产的，增加产假 15 天；生育多胞胎的，每多生育 1 个婴儿，增加产假 15 天。

女职工怀孕未满 4 个月流产的，享受 15 天产假；怀孕满 4 个月流产的，享受 42 天产假。

**第八条** 女职工产假期间的生育津贴，对已经参加生育保险的，按照用人单位上年度职工月平均工资的标准由生育保险基金支付；对未参加生育保险的，按照女职工产假前工资的标准由用人单位支付。

女职工生育或者流产的医疗费用，按照生育保险规定的项目和标准，对已经参加生育保险的，由生育保险基金支付；对未参加生育保险的，由用人单位支付。

**第九条** 对哺乳未满 1 周岁婴儿的女职工，用人单位不得延长劳动时间或者安排夜班劳动。

用人单位应当在每天的劳动时间内为哺乳期女职工安排 1 小时哺乳时间；女职工生育多胞胎的，每多哺乳 1 个婴儿每天增加 1 小时哺乳时间。

**第十条** 女职工比较多的用人单位应当根据女职工的需要，建立女职工卫生室、孕妇休息室、哺乳室等设施，妥善解决女职工在生理卫生、哺乳方面的困难。

**第十一条** 在劳动场所，用人单位应当预防和制止对女职工的性骚扰。

**第十二条** 县级以上人民政府人力资源社会保障行政部门、安全生产监督管理部门按照各自职责负责对用人单位遵守本规定的情况进行监督检查。

工会、妇女组织依法对用人单位遵守本规定的情况进行监督。

**第十三条** 用人单位违反本规定第六条第二款、第七条、第九条第一款规定的，由县级以上人民政府人力资源社会保障行政部门责令限期改正，按照受侵害女职工每人 1000 元以上 5000 元以下的标准计算，处以罚款。

用人单位违反本规定附录第一条、第二条规定的，由县级以上人民政府安全生产监督管理部门责令限期改正，按照受侵害女职工每人 1000 元以上 5000 元以下的标准计算，处以罚款。用人单位违反本规定附录第三条、第四条规定的，由县级以上人民政府安全生产监督管理部门责令限期治理，处 5 万元以上 30 万元以下的罚款；情节严重的，责令停止有关作业，或者提请有关人民政府按照国务院规定的权限责令关闭。

**第十四条** 用人单位违反本规定，侵害女职工合法权益的，女职工可以依法投诉、举报、申诉，依法向劳动人事争议调解仲裁机构申请调解仲裁，对仲裁裁决不服的，依法向人民法院提起诉讼。

**第十五条** 用人单位违反本规定，侵害女职工合法权益，造成女职工损害的，依法给予赔偿；用人单位及其直接负责的主管人员和其他直接责任人员构成犯罪的，依法追究刑事责任。

**第十六条** 本规定自公布之日起施行。1988 年 7 月 21 日国务院发布的《女职工劳动保护规定》同时废止。

### 6.5.3　未成年工特殊保护的概念

　　未成年工的特殊保护是指根据未成年工的身体发育尚未定型的特点，对未成年工在劳动过程中特殊权益的保护。在我国，未成年工是指年满 16 周岁至 18 周岁的少年工人。

　　随着我国城乡经济的发展，有些工厂、个体经济组织、私人企业、乡镇企业等招用不够法定就业年龄的工人。1994 年 12 月劳动部颁发了《未成年工特殊保护规定》，该规定于 1995 年 1 月 1 日起施行。

## 6.5.4　未成年工特殊保护的主要内容

#### 1．最低就业年龄的规定

　　对未成年工的特殊保护，在各国劳动法中，大都首先规定使用未成年工的年龄限制。1973 年，国际劳动工大会通过的《允许雇用的最低年龄公约》（第 138 号公约）规定，参加工业劳动的最低年龄标准为 15 周岁。根据我国有关招工制度规定，未成年工是指 16 周岁至 18 周岁的少年工人，也就是说，我国最低就业年龄为 16 周岁。特殊行业需要招收 16 周岁以下的人员（如文艺、体育部门等）时，须经劳动行政部门批准。对未成年工年龄的规定，一般还应考虑与国家颁布的义务教育法中受教育年龄相衔接。

　　近几年以来，陆续发现一些地方，特别是沿海地区的一部分城乡集体企业、私营企业和个体工商户，无视国家法律和政策，擅自招用未满 13 周岁的少年、儿童做工、从商、当学徒，不仅严重影响了少年儿童的身心健康，同时也影响《义务教育法》的贯彻实施。这种现象是不能任其继续发展的。为了严禁使用童工，劳动部、国家教委、农业部、国家工商总局和全国总工会于 1988 年 11 月 5 日联合发出《关于严禁使用童工的通知》。该通知规定坚决制止使用 16 周岁以下的童工。对违反国家规定，擅自使用童工者，除责令其立即退回外，并予以重罚，每招用一名童工，罚款 3 000 至 5 000 元。对情节严重，屡教不改者，应责令其停业整顿，直至吊销其营业执照。私营企业和个体工商户招用工人，必须经劳动争议仲裁机构鉴证，以防止招用童工的现象发生。工商行政管理机关对未按当地规定年限接受完义务教育的及 16 周岁以下的少年、儿童，不得发给个体营业执照。

#### 2．对未成年工在劳动过程中的保护

　　由于未成年工正处于身体的成长发育过程之中，在劳动中，要根据他们的身体特点，给予特殊保护。

　　《未成年工特殊保护规定》对未成年工的特殊保护作了如下规定。

　　（1）用人单位不得安排未成年工从事以下范围的劳动：

　　1）《生产性粉尘作业危害程度分级》国家标准中第一级以上的粉尘作业；

2）《有毒作业分级》国家标准中第一级以上的有毒作业；

3）《高处作业分级》国家标准中第二级以上的高处作业；

4）《冷水作业分级》国家标准中第二级以上的冷水作业；

5）《高温作业分级》国家标准中第三级以上的高温作业；

6）《低温作业分级》国家标准中第三级以上的低温作业；

7）《体力劳动强度分级》国家标准中第四级体力劳动强度的作业；

8）矿山井下及矿山地面采石作业；

9）森林业中的伐木、流放及守林作业；

10）工作场所接触放射性物质的作业；

11）易燃易爆、化学性烧伤和热烧伤等危险性大的作业；

12）地质勘探和资源勘探的野外作业；

13）潜水、涵洞、涵道作业和海拔 3 000 米以上的高原作业（不包括世居高原者）；

14）连续负重每小时在 6 次以上并每次超过 20 公斤，间断负重每次超过 25 公斤的作业；

15）使用凿岩机、捣固机、气镐、气铲、铆钉机、电锤的作业；

16）工作中需要长时间保持低头、弯腰、上举、下蹲等强迫体位和动作频率每分钟大于 50 次的流水线作业；

17）锅炉司炉。

（2）未成年工患有某种疾病或具有某些生理缺陷（非残疾型）时，用人单位不得安排其从事的劳动范围有：

1）《高处作业分级》国家标准中第一级以上的高处作业；

2）《低温作业分级》国家标准中第二级以上的低温作业；

3）《高温作业分级》国家标准中第二级以上的高温作业；

4）《体力劳动强度分级》国家标准中第三级以上的体力劳动强度的作业；

5）接触铅、苯、汞、甲醛、二硫化碳等易引起过敏反应的作业。《未成年工特殊保护规定》列举了"患有某种疾病或具有某些生理缺陷"的名称 24 种。

（3）用人单位对未成年工进行定期健康检查。用人单位对未成年工在安排工作之前、工作满 1 年、年满 18 周岁距前一次的体检时间已超过半年时要进行健康检查。经医务部门证明不能胜任原工作的，要减轻劳动量或安排其他劳动。

（4）招用未成年工实行《未成年工健康检查表》、《未成年工登记表》、《未成年工登记证》制度。未成年工须持劳动行政部门核发的《未成年工登记证》上岗工作。

（5）未成年工上岗前用人单位应对其进行有关的职业安全卫生教育、培训。未成年工体检和登记，由用人单位统一办理和承担费用。

以上规定自 1995 年 1 月 1 日起施行，这是新中国成立以来未成年工劳动特殊保护中最为具体的全国性统一规定。

## 本章习题

### 一、名词解释

1. 劳动安全卫生　2. 劳动安全技术规程　3. 劳动卫生技术规程　4. 工伤和职业病
5. 女职工特殊保护

### 二、选择题

1. 对新职工必须实行三级安全卫生教育，即（　　），经考试合格后方可进入操作岗位。

A. 上岗教育、车间教育、班级教育　　　　B. 入厂教育、车间教育、部门教育

C. 专业知识教育、车间教育、班级教育　　D. 入厂教育、车间教育、班级教育

2. 伤亡事故报告和处理制度主要法律依据是（　　）。

A.《刑法》　　　　　　　　　　　　B.《企业职工伤亡事故报告和处理规定》

C.《工厂安全卫生规程》　　　　　　D.《劳动法》

3. 劳动保护管理制度包括（　　）。

A. 安全卫生责任制度　　　　　　　　B. 安全卫生教育制度

C. 安全技术措施计划制度　　　　　　D. 安全卫生设施"三同时"制度

E. 劳动仲裁处理制度

4. 安全卫生设施"三同时"制度是指为确保劳动者在生产过程中的安全和健康，而要求新建、改建、扩建工程的劳动安全卫生设施必须与主体工程（　　）的一种劳动保护制度。

A. 同时设计　　　B. 同时施工　　　C. 同时投产

D. 同时完工　　　E. 同时使用

5. 工伤与非工伤的界限包括（　　）。

A. 时空界限　　　　B. 过错界限　　　C. 结果界限

D. 法律规定的特殊界限　　　　　E. 原因界限

### 三、判断题

1. 劳动安全卫生又称劳动保护，它是指直接保护劳动者在劳动中（或工作中）的安全和健康的法律保障。（　　）

2. 凡是承载机械或超过 15 米高的脚手架，必须先行设计，经批准后才可搭设。（　　）

3. 用人单位可以安排未成年工从事《高处作业分级》国家标准中第二级以上的高处作业。（　　）

4. 重大事故隐患是指可能导致重大人身伤亡或者重大经济损失的，潜在于作业场所、设备设施以及生产、管理行为之中的安全缺陷。（　　）

5. 因工外出期间，由于工作原因受到伤害或者发生事故下落不明的不属于工伤保险范围。（　　）

## 四、简答题

1. 阐述劳动安全卫生的概念。
2. 简述劳动安全卫生法律保障的主要内容。
3. 什么是工伤保险？包括哪些内容？
4. 对女职工特殊劳动保护的主要规定是什么？
5. 对未成年工特殊劳动保护的主要规定是什么？

## 五、案例题

### 【案情】

刘某原是沈新市仪表有限公司招聘的工人，在该公司整表车间检油表岗位工作，实际拿的是计件工资。今年2月25日，刘某在上班时，见同车间班组的铆上盖岗位人手紧张，影响到自己岗位的流程操作，遂前去帮忙，在帮忙过程中因操作不当右手被机器压伤致残。市劳动社会保障局认定其为工伤，但公司不服向法院提出诉讼。公司认为，刘某是公司招聘的工人，在整表车间检油表岗位工作，事发当天，刘某未经公司和车间管理人员的指派和许可，擅自到铆上盖岗位开机操作导致受伤。因其受伤并非在本职岗位上，又未经公司临时指派，故不符合工伤认定条件，故劳动社会保障局的认定工伤适用性规范性文件是错误的，要求依法撤销。而社保局认为，刘某在上班时间、工伤场所，因工作原因受伤，且不属于蓄意违章等排除工伤认定的情形，符合工伤认定条件。

### 【问题】

法院能否认定刘某是工伤呢？为什么？

# 第 **7** 章

# 工 资 管 理

## ➡ 本章重点掌握

　　工资的概念、调整的原则与工资制度中三方的权利；最低工资制度；主要的工资制度；工资形式；特殊情况下的工资；工资保障。

## ↗ 学习导航

第 7 章

```
7.1　工资概述
7.1.1　工资的概念
7.1.2　我国工资法律调整的原则
7.1.3　工资制度中三方的权利
```

```
7.2　最低工资制度
7.2.1　最低工资的概念及意义
7.2.2　最低工资标准的确定和发布
```

```
7.4　工资形式
7.4.1　工资形式的概念
7.4.2　计时工资
7.4.3　计件工资
7.4.4　奖金
7.4.5　津贴
```

```
7.3　主要的工资制度
7.3.1　工资等级制度
7.3.2　结构工资制度
7.3.3　效益工资制度
```

```
7.5　特殊情况下的工资
7.5.1　特殊情况下的工资的概念
7.5.2　特殊情况下工资的种类及支付规定
```

```
7.6　工资保障
7.6.1　工资保障的概念及意义
7.6.2　工资支付办法
7.6.3　工资保障措施
```

# 7.1 工资概述

刘某和几个没有考上大学的同乡姐妹从农村来城里闯世界，初来乍到，首要的问题是吃和住。经过一番艰苦努力，最后她们终于和一家制衣厂签订了为期两年的劳动合同。合同约定厂方"包吃包住"，每月每人工资 1000 元。工资到手时，她们傻眼了。工资哪是每月 1000 元？所谓的"包吃包住"原来是必须付费，扣掉住宿费、伙食费，每个月每人拿到手的工资只有 600 元，比当地的最低工资标准 800 元还少 200 元。

思考题：制衣厂如此支付工资合法吗？为什么？

## 7.1.1 工资的概念

工资是指用人单位依据国家有关规定或劳动合同约定，以货币形式直接支付给本单位劳动者的劳动报酬。

在我国现阶段，工资仍然是劳动者及其家庭成员生活的主要来源。它不仅直接关系到劳动者同企业的物质利益，也关系到社会的生产和消费、稳定和发展，是我国劳动立法的一个重要组成部分。

## 7.1.2 我国工资法律调整的原则

工资法律调整的原则，是指贯穿整个工资立法过程中的指导思想和准则，也是贯彻执行工资法律制度必须遵守的基本准则。

（1）按劳分配原则。这一原则的基本含义是把劳动量作为个人消费品分配的主要标准和形式。按劳分配要求按照劳动者的劳动数量和质量分配个人消费品，多劳多得，少劳少得。

（2）在经济发展的基础上逐步提高工资水平的原则。这一原则的基本含义是劳动者工资水平必须建立在经济发展的基础上，而且劳动生产率提高之后，必须提高工资水平。用发展生产的办法来增加劳动者收入，用增加劳动者收入的手段来促进经济的发展。

（3）用人单位自主分配和劳动者个人物质利益原则。用人单位自主分配原则的基本含义是工资分配的主体是企业，而不是国家。用人单位有权根据本单位的生产经营特点和经济效益，依法自主确定本单位的工资分配方式和工资水平。在国家宏观调控的前提下，工资分配方式由企业奖金组成方式和经营方式决定，工资水平由劳动力市场的供求关系来确定。这是工资制度的一项重大改革。个人物质利益原则的基本含义是承认个人物质利益是个人活力的一个基本因素，也是社会利益的基础，没有个人利益就无社会利益可谈。只有把国家、集体、企业利益和劳动者个人利益统一起来，才会真正实现个人利益，才能把劳动者的积极性和个人物质利益密切联系起来。

## 7.1.3　工资制度中三方的权利

### 1．劳动者的工资权

工资权是与劳动者的劳动给付义务相对的一项权利，正因为劳动者有工资权，劳动才得以成为劳动者的谋生手段。

许多国家的《劳动法》和国际劳工组织的有关公约和建议书规定，工资权的完整内容包括 4 个组成部分。

（1）工资取得权。即劳动者在履行劳动给付义务，以及合法免去劳动给付义务和因可归责于用人单位的事由而不能履行劳动给付义务的情况下，对用人单位有工资请求权和工资受领权。

（2）工资支配权。即劳动者对其取得的全部工资有权自由支配，不受任何他人或组织的干预。

（3）工资保障权。即劳动者有权获得最低工资保障、工资支付保障和实际工资保障。

（4）工资分配参与权。即劳动者有权通过法定方式参与企业工资分配过程，使劳动者的共同意志体现于企业工资分配的制度和方案之中。

### 2．用人单位的工资分配自主权

（1）工资分配自主权的主体范围。在社会主义市场经济中，享有工资分配自主权是市场主体依法自主经营、自负盈亏的必要条件和重要表现。因而，工资分配自主权的主体应限于从事生产经营活动和具有经济效益目标的用人单位，其中，主要是企业、个体经济组织以及实行企业化管理的事业组织。实行全额拨款和差额拨款的事业组织只对工资总额的部分享有工资分配自主权。我国目前尚处在计划向市场经济转型的阶段，不同用人单位的工资分配自主权不尽相同。一般说来，个体经济组织较之事业组织、非国有企业较之国有企业、差额拨款事业组织较之全额拨款事业组织享有更大程度的工资分配自主权。

（2）工资分配自主权的内容。工资分配自主权作为经营管理自主权的重要组成部分，是指用人单位依法自主确定本单位工资分配的权利。其内容包括两部分。

1）工资分配方式确定权。主要是自主选择基本工资制度，自主决定工资标准、工资形式，以及晋级增薪和降级减薪的办法、条件和时间。

2）工资水平确定权。主要是按照法定原则自主确定工资总额和职工平均工资水平。

（3）工资分配自主权的行使。用人单位行使工资分配自主权时，应当注意以下两点。

1）这里的"自主"是法定范围内的自主，凡是以强行性法律规范规定的工资分配规则，用人单位必须严格遵守；凡是法律和政策所界定的工资分配权限，用人单位不得超越。

2）这里的"自主"并不是指完全由单位单方决定工资分配，用人单位工资分配的制度和方案应当由职代会审议通过，或者与工会组织或职工代表协商一致，方能生效。

### 3．国家的工资管理权

在现代市场经济条件下，国家拥有一定的工资管理权，对于保护劳动者的工资权和维护、制约企业的工资分配自主权，对于实现工资分配的效率目标和公平目标，都很必要。但是，国家的工资管理权在权限上应当适当，既要确保国家对工资分配实行有效的宏观控制，又不能与工资分配中的市场调节机制相冲突。

国家的工资管理权应当包括下述3方面的内容。

（1）对全社会工资的一般管理。主要是制定工资政策和法规，控制工资总量，确定最低工资标准，管理工资基金，协调城乡居民收入比例关系和不同地区、行业、职业之间的工资比例关系。

（2）对企业工资的间接管理。主要是对企业工资总额进行动态的、适度的宏观调控，指导企业选择和完善工资制度，确定工资标准指导线，监督企业在工资分配过程中遵守工资政策法规。

（3）对国家机关（包括部分事业单位和社会团体）工资的直接管理。主要是确定国家机关工资分配的制度和方案，根据经济发展状况并参照企业平均工资水平确定和调整国家机关工资水平。

# 7.2  最低工资制度

**引导案例 7-2**

桑某系沈新县私营鞋厂职工，2016年3月15日向当地县劳动争议仲裁委员会提出申诉，请求该鞋厂支付不低于当地最低工资标准的工资报酬。仲裁委员会受理此案后，经调查，该鞋厂由于要赶活儿，2015年元旦后每天加班1小时，其中每月还有四个休息日不休息，但桑某的工资才1100元。扣除加班加点工资报酬外，实领工资600元。而当地政府规定的最低工资标准是800元。鞋厂认为桑某的工资1100元已高于当地最低工资标准，因而不同意给桑某增补工资。

思考题：最低工资包含加班加点工资吗？

## 7.2.1  最低工资的概念及意义

最低工资是指用人单位对单位时间劳动必须按法定最低标准支付的工资。从这一定义可以看出最低工资具有以下3个要件：①劳动者在单位时间内提供了正常劳动，这是取得最低工资的前提；②最低工资标准是由政府直接确定的，而不是劳动关系双方自愿协商的；

③只要劳动者提供了单位时间的正常劳动，用人单位支付的劳动报酬不得低于政府规定的标准。

在我国社会主义市场经济体制下，建立最低工资制度具有特殊意义。

（1）最低工资制度是建立我国劳动力市场的基本条件。由于劳动关系双方各自利益的相对差异，用人单位和劳动者双方都不可能自觉地站到宏观高度考虑社会劳动力的生产和发展问题。只有建立这一制度，才能保证劳动力市场的健康运行。

（2）最低工资制度作为国家干预分配的手段，可以保障劳动者权益，保证社会的发展和稳定。

（3）最低工资制度已成为世界潮流，许多发达国家和发展中国家都已根据国际劳工组织公约建立了这一制度，我国是国际劳工组织成员国，建立这一制度有利于我国工资制度与国际接轨。

《最低工资规定》已于 2003 年 12 月 30 日经劳动和社会保障部第 7 次部务会议通过，自 2004 年 3 月 1 日起施行。

## 7.2.2　最低工资标准的确定和发布

### 1．最低工资标准的确定

最低工资标准是指单位劳动时间的最低工资数额，它使最低工资制度具体化。如何确定我国最低工资标准呢？考虑到我国幅员辽阔，各地生产、生活水平差异较大等因素，我国不实行全国统一最低工资标准，允许各地根据其具体情况确定。

《最低工资规定》第六条规定，确定和调整月最低工资标准，应参考当地就业者及其赡养人口的最低生活费用、城镇居民消费价格指数、职工个人缴纳的社会保险费和住房公积金、职工平均工资、经济发展水平、就业状况等因素。

只有综合考虑这些因素，才能把劳动者的需要同当前社会生产水平和劳动生产率状况结合起来，使最低工资具有可能性和现实意义。如何把在岗职工同失业的劳动者之间的需要区别开来呢？如何使最低工资与效益工资之间有所区别，以体现按劳分配原则呢？《最低工资规定》规定，在综合考虑上述几个方面的因素后，具体的最低工资标准应当"高于当地的社会救济金和保险金标准，低于平均工资"，只有这样才能发挥最低工资的作用。

最低工资虽是政府干预分配的手段，但具体涉及劳动者的需要和企业的利益，干预的目的是发展生产，是调动劳动关系双方的积极性。为此，最低工资标准的确定和调整方案，应由省、自治区、直辖市人民政府劳动保障行政部门会同同级工会、企业联合会/企业家协会研究拟订，并将拟订的方案报送劳动保障部。方案内容包括最低工资确定和调整的依据、适用范围、拟订标准和说明。劳动保障部在收到拟订方案后，应征求全国总工会、中国企业联合会/企业家协会的意见。

由于最低工资主要是根据各地的生产、生活水平制定的，所以实行分级管理的原则，即"国务院劳动行政主管部门对全国最低工资制度实行统一管理"，"省、自治区、直辖市人民政府劳动行政主管部门对本行政区域内最低工资制度的实施统一管理"。只有贯彻这两个"统一管理"才能保证最低工资制度统一、完整、正确地执行。

### 2. 最低工资标准的发布

一个地区的最低工资标准确定之后，还需要换算成单位劳动时间，才能具体支付。所以工资标准一般按月确定，根据情况也可以按周、日或小时确定，而且各种单位时间的最低工资标准还应当可以互相转换。加之最低工资标准应考虑同一地区不同区域和行业的特点，对不同经济区域和行业可以确定不同最低工资标准。所以最低工资标准在同一区域和同一行业的统一执行显得特别重要。为使最低工资制度统一执行，让广大劳动者监督，最低工资标准的公开发布必须遵守两项重要程序。《最低工资规定》第九条对此做了专门规定：省、自治区、直辖市劳动保障行政部门应将本地区最低工资标准方案报省、自治区、直辖市人民政府批准，并在批准后7日内在当地政府公报上和至少一种全地区性报纸上发布。省、自治区、直辖市劳动保障行政部门应在发布后10日内将最低工资标准报劳动保障部。同时第十条还规定，最低工资标准发布实施后，如果所规定的相关影响因素发生变化，最低工资标准应当适时调整，并且最低工资标准每两年至少调整一次。

### 3. 最低工资的给付

正确给付最低工资，是正确执行最低工资制度的基本要求。要正确给付，不仅要提高企业领导人的法制观念，还需要掌握最低工资的特殊组成和计算办法。《最低工资规定》明确规定下列各项不得作为最低工资组成部分：

（1）延长工作时间工资；

（2）中班、夜班、高温、低温、井下、有毒有害等特殊工作环境、条件下的津贴；

（3）法律、法规和国家规定的劳动者福利待遇等。

另外，《最低工资规定》还规定确定最低工资标准的通用方法：①比重法，即根据城镇居民家计调查资料，确定一定比例的最低人均收入户为贫困户，统计出贫困户的人均生活费用支出水平，乘以每一就业者的赡养系数，再加上一个调整数；②恩格尔系数法，即根据国家营养学会提供的年度标准食物谱及标准食物摄取量，结合标准食物的市场价格，计算出最低食物支出标准，除以恩格尔系数，得出最低生活费用标准，再乘以每一就业者的赡养系数，再加上一个调整数。

# 7.3 主要的工资制度

**引导案例 7-3**

新柳县陶瓷厂是实行结构工资制的企业。2016年4月厂部决定：B班24名具有劳动合同关系的正式职工因废品率超标，停发一个月的职务工资、工龄工资和奖励工资，只发基础工资。以此来弥补因废品率超标给厂里带来的损失。B 班职工不服，遂向新柳县劳动争议仲裁委员会提出申诉。

　　**思考题**：你认为厂部这样做对吗？为什么？

　　工资等级制度、结构工资制度，是我国在计划经济体制下形成的国营、集体企业执行的主要工资制度。由于这些制度具有按劳分配、效益公平原则的合理内核，今天仍然不失为用人单位在社会主义市场经济体制下自主确定工资分配方式的恰当选择。自 1985 年以来，我国国有大中型企业开始实行效益工资制度。

## 7.3.1　工资等级制度

　　工资等级制度是指根据劳动的复杂性、繁重性和责任大小划分等级，按等级发放工资的制度。它是由工资标准、工资等级表和技术等级标准三个部分组成。对不同地区、不同行业、不同工种、不同岗位、不同技术水平的职工规定了不同的工资等级。

　　工资等级制度主要有以下几方面的作用。

　　（1）可以保证按劳分配原则和效益公平原则的贯彻实施。在当前，不仅社会分工之间的劳动存在着差别，就是同一工种的劳动者之间的劳动也存在着差别，包括数量和质量的差别、复杂劳动和简单劳动之间的差别，以及责任和贡献大小的差别。工资等级制度能比较全面地反映这些差别，把它们分别纳入工资标准、工资等级表和技术等级标准中，最后得出一个具体工资等级的工资量。这样，就能把不同劳动量，不同劳动复杂程度、技术熟练程度、业务水平、工作能力、责任大小区别开来，在按劳分配前提下体现公平、合理的要求。

　　（2）可以促进劳动者学习技术和钻研业务的积极性和主动性。工资等级制度总的精神是把职工之间各种不同的劳动区别开来，把劳动贡献与劳动报酬紧密地结合起来，把劳动技能高低同职工收入多少结合起来，促使职工学习技术和钻研业务，积极开展技术革新和技术革命，施展才能，多做贡献。

　　（3）可以合理使用劳动力。劳动力是生产要素中最重要的因素。合理使用劳动力的方式虽然很多，如劳动力计划、思想教育工作等，但是从物质利益上把劳动与工资挂钩，就可以使用人单位珍惜劳动，精简岗位，把最好的劳动力用到最需要的岗位上去，同样也可以鼓励劳动者自己尊重自己，向最适合自己的岗位流动。这样一个"珍惜"、一个"尊重"的结合就可以产生合理使用劳动力的客观效果，使劳动力与生产资料实现最佳结合。

## 7.3.2　结构工资制度

　　结构工资制又称分解工资制或组合工资制，它是在企业内部工资改革探索中建立的一种新工资制度。这一制度依据工资的各种职能，将工资分解为几个组成部分，分别确定工资额；它的各个组成部分，均有其质的规定性和量的规定性，各有其职能特点和作用方式；同时，各个组成部分又具有内在的联系，互相依存，互相制约，形成一个有机的统一体。结构工资由基础工资、职务工资、工龄工资、奖励工资等不同职能的工资组成。

（1）所谓基础工资，是指以大体维持职工本人的最低生活的工资额。因此，这一部分工资的数额，不分职务和工作岗位，从领导干部到一般工作人员都是相同的。

（2）所谓职务工资（包括技术职务工资、岗位工资），是指按照职务高低、责任大小、工作繁重和业务技术水平等因素确定的工资额。每一个职务设几个工资等级的工资标准，上下职务之间的工资适当交叉，工作人员按担任的实际职务确定相应的职务工资，并随职务的变动而变动。

（3）所谓工龄工资，亦称工龄津贴，是指按照工作人员的工作年限确定的工资额。计算工龄工资的工作年限，从参加工作时开始，到本人离开时止。但领取工龄工资的工作年限最多不超过 40 年。

（4）所谓奖励工资，是指对在工作中做出显著成绩的工作人员给予一定数额的报酬。贡献大的多奖，贡献小的少奖，没有贡献的不奖，不得平均发放。所需金额从行政经费中开支。

### 7.3.3　效益工资制度

效益工资制度，又称工效挂钩制度，即企业工资总额同企业经济效益挂钩的制度。建立这一制度的目的在于建立健全工资问题调控机制，促进企业经营机制的转换和经济效益的提高，同时也是国有企业向社会主义市场经济体制转换过程中，确定和调控企业工资总量的主要形式。

自 1985 年开始在国有大、中型企业实行这一制度以来，在工业、交通、商业和煤炭企业中都取得了较好的成绩。为了深化国有企业工资制度改革，1993 年 7 月国家两部三委（劳动部、财政部、国家计委、国家体改委、国家经贸委）又发布了《国有企业工资总额同经济效益挂钩规定》，对挂钩原则、经济效益指标及其基数、工资总额基数、浮动比例和工效挂钩的管理都做了具体的规定。

# 7.4　工资形式

引导案例 7-4

根据《法制晚报》的报道，近来有一些企业用饮料、绿豆汤、糖茶之类的物品代替高温津贴。按照国家相关规定：用人单位安排劳动者在日最高气温达到 35℃ 以上露天工作，或不能采取有效措施将工作场所温度降低到 33℃ 以下，用人单位应向劳动者支付高温补贴，并且不能以降温物品替代高温补贴。所以，国家法律是明令禁止以实物代替高温补贴的，高温补贴必须以现金发放，且不得以防暑降温饮料充抵高温津贴。另外，用人单位的高温津贴标准纳入工资总额，但不包括在最低工资标准范围内。

企业未按规定支付高温津贴的，员工可向所属地区的人力资源和社会保障部门举报，或依法申请劳动争议仲裁。

思考题：结合本案例谈谈你对建立津贴制度必要性的认识。

## 7.4.1　工资形式的概念

工资形式是指计量劳动和支付工资的形式。我国现行的工资形式主要有计时工资、计件工资两种基本形式和奖金、津贴两种辅助形式。各种工资形式的基本原则及基本要求就是工资制度的主要内容。具体采用什么工资形式，一般可由企业确定。

## 7.4.2　计时工资

计时工资是指按照职工技术熟练程度、劳动繁重程度和工作时间的长短支付工资的一种形式。也就是说，计时工资额是根据职工的工资标准和实际工作时间的长短来计算的。

工资标准只是劳动技能、劳动付出和贡献的一种假定条件，这种假定条件要变为现实，必须在时间上有所反映。只有同时间要素相结合，工资标准才能科学、合理地反映劳动量和劳动报酬的关系。也就是说，凡是工资等级相同的职工，劳动时间相同，就可以得到相同数量的工资。

计时工资可以分为月工资制、日工资制和小时工资制 3 种。

## 7.4.3　计件工资

计件工资是指按照合格产品的数量和预先规定的计件单位来计算的工资。它不直接用劳动时间来计量报酬，而是用一定时间内的劳动成果——产品量或作业量来计算。因此，它用间接劳动时间来计量，是计时工资的转化形式，能较好地把劳动与报酬直接联系起来，是贯彻按劳分配原则的一种主要工资形式。

## 7.4.4　奖金

### 1. 奖金的概念
奖金是有效超额劳动报酬，是职工工资的补充形式，是对在工作和生产建设中取得卓越成绩的职工的一种奖励。这里只作为工资形式加以研究。

计时工资主要反映职工可能计算的劳动量，但不是他们实际劳动量的反映；计件工资虽是职工实际劳动量的反映，但对一些不便于制定劳动定额和计量劳动成果的工作，就难以实行。并且这两种工资形式对于节约物资、提高产品质量、开发新产品、降低消耗、安全生产等方面，都不能很好体现，因此，需要以奖金的形式来补充，以鼓励职工提高劳动热情，钻研技术业务，更好地贯彻按劳分配原则。

### 2．奖金的种类

由于奖金具有较大的灵活性，凡是直接增加了社会财富的各种生产（业务）项目，或为增加社会财富创造了条件的项目都可以分别设置奖金，并以不同的形式发放。用不同标准把它们分类研究，无疑对于工资立法和实践都具有意义。

以直接增加社会财富为标准来划分，可以划分出超产奖、质量奖和节约奖。

以增加社会财富创造条件为标准划分，可以划分出劳动竞赛奖、创造发明奖和安全生产奖。

以设奖形式划分，可以分为单项奖、综合奖、集体奖、个人奖、年终奖等。

## 7.4.5　津贴

### 1．津贴的概念和建立津贴制度的必要性

津贴是指补偿职工在特殊条件下的劳动消耗及生活费额外支出的工资补充形式。

在现实中劳动条件是千差万别的。由于劳动条件不同，同一产品中的劳动含量肯定不同，为其支付的生活费用也不相同。然而计时工资、计件工资和奖金所反映的只是一般劳动条件下的劳动消耗和劳动数量与质量的差别，不能反映在特殊条件下的劳动消耗及生活费的额外支出。只有承认这种差别，才能全面贯彻按劳分配原则，鼓励劳动者到特殊劳动条件下去工作。为此，建立津贴制度是十分必要的。

### 2．津贴的种类

（1）按工作特点和劳动条件设置的津贴有矿山井下津贴、高温补贴、野外施工津贴等。

（2）为特殊劳动和额外生活支出的双重性设置的津贴有林区津贴、山区津贴、驻岛津贴、艰苦气象台站津贴，以及为鼓励职工到艰苦地方去工作而设立的津贴等。

（3）为特种保健要求设立的津贴有保健津贴、医疗卫生津贴。

（4）为补偿物价变动设置的津贴有生活费补贴、价格补贴等。

（5）为鼓励职工钻研技术、努力工作设置的津贴有科研津贴、优秀运动员补贴和体育津贴。

### 关于《防暑降温措施管理办法》

2012 年 6 月 29 日，国家安全生产监督管理总局、卫生部、人力资源和社会保障部、中华全国总工会以安监总安健〔2012〕89 号印发《防暑降温措施管理办法》。该《办法》共 25 条，自发布之日起施行。"第十七条 劳动者从事高温作业的，依法享受岗位津贴。用人单位安排劳动者在 35℃以上高温天气从事室外露天作业以及不能采取有效措施将工作场所温度降低到 33℃以下的，应当向劳动者发放高温津贴，并纳入工资总额。高温津贴标准由省级人力资源社会保障行政部门会同有关部门制定，并根据社会经济发展状况适时调整。"

# 7.5　特殊情况下的工资

## 7.5.1　特殊情况下的工资的概念

特殊情况下的工资，是指依法或按协议在非正常工作情况下支付给职工的工资。如职工在工作时间内履行国家和社会义务、法定假日、停工期间和生产废品、受处分时等非常情况下，支付给职工的工资。它体现了国家对劳动者权利和基本生活的保障，以及对民间习俗的尊重。《劳动法》和《工资支付暂行规定》对此都做了明确规定。

## 7.5.2　特殊情况下工资的种类及支付规定

### 1．履行国家和社会义务期间的工资

劳动者占用生产或工作时间履行下列义务时，用人单位应按劳动合同规定的标准支付工资：

（1）依法行使选举权或被选举权；

（2）当选代表出席乡（镇）、区以上政府、党派、工会、青年团、妇女会等组织召开的会议；

（3）出任人民法庭证明人；

（4）不脱产工会基层委员因工会活动占用的生产或工作时间；

（5）其他依法参加的社会活动。

### 2．加班工资

《劳动法》规定，有下列情形之一的，用人单位应当按照下列标准支付高于劳动者正常工作时间工资的工资报酬：

（1）安排劳动者延长工作时间的，支付不低于工资的150%的工资报酬；

（2）休息日安排劳动者工作的，支付不低于工资的200%的工资报酬；

（3）法定节假日安排劳动者工作的，支付不低于工资的300%的工资报酬。

### 3．婚、丧假工资

在劳动者婚丧假期间，用人单位应当依法支付工资。

### 4．年休假工资

《职工带薪年休假条例》规定，职工累计工作已满1年不满10年的，年休假5天；已满10年不满20年的，年休假10天；已满20年的，年休假15天。在年休假期间，用人单位应当依法支付工资。

### 5．探亲假工资

探亲假工资，是指依法支付给职工探望配偶、父母亲人期间的工资。1981年3月国务院在《关于职工探亲待遇的规定》中规定，职工探望配偶和未婚职工探望父母的往返路费由所在单位负担；已婚职工探望父母的往返路费，在本人月标准工资30%以内的由本人自理，超过部分由所在单位负担。职工在探亲假期间的工资，按照本人的标准工资发给。

### 6．企业依法破产时劳动者的工资

在破产清偿中，用人单位应按《中华人民共和国破产法》规定的清偿顺序，首先支付欠付本单位劳动者的工资。

## 7.6　工资保障

## 7.6.1　工资保障的概念及意义

从广义上来说，工资保障是指实现"国家保护公民的合法收入"的宪法原则的全部制度，如提高工资、稳定物价、扩大劳动就业、举办各种福利事业、修建住宅等确保工资水平的稳定和提高的所有制度。

在我国现阶段劳动者的生活来源仍然主要靠工资收入的情况下，一方面保障劳动者充分就业，有正常、稳定的工资收入，另一方面使劳动者的有限收入有保障，是我国立法的一项重要任务。为此，我国宪法一方面规定公民有劳动权，另一方面又规定"国家保护公民的合法收入"。为贯彻这一宪法原则,《劳动法》、《工资支付暂行规定》及有关政策、法规等对此做了专门规定,形成了较完整的工资保障制度。工资保障制度的建立,对于提高企业行政领导人员的管理水平和法制观念、禁止任意扣罚职工工资现象发生、保障职工合法收入不受侵犯,都具有重要意义。

# 7.6.2　工资支付办法

《工资支付暂行规定》规定用人单位支付工资必须按照以下方式执行:

（1）工资应以法定货币支付,不得以实物及有价证券代替货币支付;

（2）支付工资时,用人单位必须书面记录支付劳动者工资的数额、时间、领取者的姓名以及签字,并保存两年以上备查;

（3）支付工资时,应向劳动者提供一份其个人的工资清单;

（4）工资必须在用人单位与劳动者约定的日期支付,如遇节假日或休息日,则应提前在最近的工作日支付;

（5）工资至少每月支付一次,实行周、日、小时工资制的可按周、日、小时支付工资。对完成一次性临时性劳动或某项具体工作的劳动者,用人单位应按有关协议或合同规定在其完成劳动任务后即支付工资。

# 7.6.3　工资保障措施

工资保障主要为限制用人单位乱扣、滥罚工资,具体有下列规定。

（1）用人单位不得克扣劳动者的工资。

（2）有下列情况之一的,用人单位可以代扣劳动者工资:

1）用人单位代扣代缴个人所得税;

2）用人单位代扣代缴应由劳动者个人负担的各项社会保险费用;

3）法院判决、裁定中要求代扣的抚养费、赡养费;

4）法律、法规规定从劳动者工资中扣除的其他费用。

此外,由于劳动者本人原因给用人单位造成经济损失的,用人单位可按照劳动合同的约定要求其赔偿经济损失。经济损失的赔偿,可从劳动者本人的工资中扣除。

（3）扣除数额的限制。为保证劳动者的最低生活水平的需要,有关法律、法规规定,依法从劳动者工资中每月扣除的部分不得超过劳动者当月工资的20%。若扣除后的剩余工资部分低于当地月最低工资标准,则按最低工资标准支付。

（4）工资保障的监督。徒法不能自行。任何法律制度都有监督的组成部分。有关法律、法规和政策规定,劳动行政部门、工会组织和人民银行要加强对工资的监督。

劳动行政部门要监督国家工资法规的正确实施,监督、检查工资待遇的执行情况。

工会组织要监督企业行政切实执行国家工资法规的规定。

人民银行要加强工资基金的管理工作，监督企业执行工资基金使用计划和通知开户银行办理工资基金转移手续。

国有企业、集体企业本身应积极配合上述单位的检查监督工作，充分发挥工资管理制度的积极作用。

## 本章习题

### 一、名词解释

1. 工资　　2. 最低工资　　3. 工资等级制度　　4. 工资形式　　5. 工资保障

### 二、选择题

1. （　　）是指用人单位依据国家有关规定或劳动合同约定，以货币形式直接支付给本单位劳动者的劳动报酬。

A. 津贴　　　　　　B. 福利　　　　　　C. 奖金　　　　　　D. 工资

2. 计时工资可以分为（　　）。

A. 月工资制、日日工资制和小时工资制　　　B. 年工资制、月工资制和小时工资制

C. 年工资制、日工资制和小时工资制　　　　D. 年工资制、月工资制和日工资制

3. 我国工资法律调整的原则包括（　　）。

A. 按劳分配原则

B. 在经济发展的基础上逐步提高工资水平的原则

C. 用人单位自主分配和劳动者个人物质利益原则

D. 按资分配原则　　　　　　　　　E. 按生产要素分配原则

4. 劳动者的工资权包括（　　）。

A. 工资取得权　　　　　　B. 工资支配权　　　　　　C. 工资保障权

D. 工资分配参与权　　　　E. 工资制定权

5. 结构工资由（　　）等不同职能的工资组成。

A. 基础工资　　　　　　　B. 奖励工资　　　　　　　C. 工龄工资

D. 职务工资　　　　　　　E. 福利工资

### 三、判断题

1. 工资水平确定权主要是指自主选择基本工资制度，自主决定工资标准、工资形式，以及晋级增薪和降级减薪的办法、条件和时间。（　　）

2. 最低工资是指用人单位对单位时间劳动必须按法定最低标准支付的工资。（　　）

3. 工资等级制度是指根据劳动的复杂性、繁重性和责任大小划分等级，按等级发放工

资的制度。（　　）

4. 我国现行的工资形式主要有计时工资、计件工资两种基本形式和奖金、津贴两种辅助形式。（　　）

5. 计时工资主要反映职工可能计算的劳动量和他们实际劳动量。（　　）

## 四、简答题

1. 什么是劳动者的工资权？

2. 确定和调整最低工资标准应当考虑哪些因素？

3. 简述结构工资制度。

4. 津贴的概念和种类是什么？

5. 简述工资保障措施。

## 五、案例题

### 【案情】

2015 年 9 月 3 日，在一家公司担任司炉工的张某收到公司通知，称自当天起不再要他担任司炉工。接到通知后，张某即申请劳动争议仲裁，但仲裁裁决仅支持了加班工资和夜班津贴，对高温津贴不予支持。为此，张某诉至当地县法院，提出了 270 元高温津贴等的诉讼请求。张某认为，在高温季节，锅炉运转时周围温度达到 43～45℃，公司应当发放高温津贴。公司则辩称，锅炉周围的温度达到 43～45℃这是事实，但高温期间已提供了冷饮和绿豆汤，故不同意支付高温津贴。法院认为，法院除支持张某要求公司支付加班工资等外，还判决公司必须支付张某高温津贴 270 元。

### 【问题】

你认为公司和法院谁的意见正确？为什么？

# 第 **8** 章

# 劳动争议管理

## 本章重点掌握

劳动争议的含义、特点及分类；劳动争议原因分析；劳动争议处理的原则、程序和依据；劳动争议的预防。

## 学习导航

第 8 章

```
8.1    劳动争议概述                          8.2    劳动争议原因分析
8.1.1   劳动争议的含义                        8.2.1   不满和劳资纠纷
8.1.2   劳动争议的分类                        8.2.2   引起劳动争议的原因
8.1.3   劳动争议的特点
8.1.4   劳动争议处理的目的
8.1.5   劳动争议的范围                        8.3    劳动争议处理的原则、程序和依据
8.1.6   我国企业劳动争议的现状                  8.3.1   劳动争议处理的原则
                                          8.3.2   劳动争议处理的程序
                                          8.3.3   劳动争议处理的依据


                                          8.4    劳动争议的预防
                                          8.4.1   劳动争议预防的意义
                                          8.4.2   劳动争议预防的原则及措施
```

# 8.1 劳动争议概述

**引导案例 8-1**

2015 年 1 月 8 日，王某通过招工考试被录用为某商场营业员，双方签订聘用期为 3 年的劳动合同。2015 年 6 月 7 日，王某接到了商场解除劳动合同的书面通知。随后王某到商场人事部质问，人事部答复说：王某身高不够 165 厘米，只有 162 厘米，当初因为招不到身高 165 厘米以上的人，所以才录用了王某。现在已经招满了身高 165 厘米以上的人，因此才解除了与王某的劳动合同。王某不服，向当地县劳动争议仲裁委员会申诉要求商场履行原劳动合同。

思考题：商场这么做合法吗？为什么？

## 8.1.1 劳动争议的含义

劳动争议，又称劳动纠纷、劳资争议或劳资纠纷。广义的劳动争议是指劳动关系双方当事人或其团体之间关于劳动权利和劳动义务的争议；狭义的劳动争议仅指劳动关系双方当事人之间关于劳动权利和劳动义务的争议。

（1）在劳动争议的含义中，应当明确下述要点。

1）劳动争议的当事人，一方为劳动者或其团体，另一方为用人单位或其团体。若争议不是发生在劳动关系双方当事人或其团体之间，即使争议内容涉及劳动问题，也不构成劳动争议。例如，劳动者之间在劳动过程中发生的争议、企业之间因劳动力流动发生的争议、劳动者或企业与劳动行政部门在劳动行政管理中发生的争议、劳动者或企业与劳动服务主体在劳动服务过程中发生的争议，都不属于劳动争议。

2）劳动争议的内容涉及劳动权利和劳动义务，即劳动争议以劳动权利和劳动义务为标的。劳动权利和劳动义务是依据《劳动法》、集体合同和劳动合同具体确定的，因而劳动争议在一定意义上是因遵守《劳动法》和订立、履行、变更或终止集体合同或劳动合同所发生的争议。劳动权利和劳动义务的内容包括就业、工时、工资、劳动保护、保险福利、职业培训、民主管理、奖励惩罚等各个方面，因而，劳动争议的内容相当广泛。凡是以劳动权利义务之外的权利义务为标的争议都不属于劳动争议。

3）劳动争议的形式表现为当事人双方提出不同主张和要求的意思表示。即当事人双方对劳动权利和劳动义务的确定或实现各持己见，既包括当事人一方反驳另一方的主张或者拒绝另一方的要求，也包括当事人向国家机关、劳动争议处理机构或有关团体提出给予保护或处理争议的请求。

（2）劳动争议在一定意义上就是劳动者与用人单位之间的利益矛盾，就其矛盾性质而言，具有下述特点。

1）劳动争议既可以是非对抗性矛盾，也可以是对抗性矛盾。在劳动关系双方当事人之间，一方面具有共同的利益和合作的基础，另一方面又具有利益的差别性和冲突的必然性。劳动争议表现为非对抗性矛盾还是对抗性矛盾，就要取决于这两个方面各自在劳动争议中所占的分量。

2）劳动争议的矛盾性质在一定条件下可以发生转化。在现代社会中，劳动争议一般表现为非对抗性矛盾，但是，它容易激化，若处理不当或者不及时，就会转化为对抗性矛盾，给经济和社会造成破坏性后果。实践表明，对于已成为对抗性矛盾的劳动争议，只要采取有效的措施，也可以促使其向非对抗性矛盾转化，并最终得到解决。

## 8.1.2 劳动争议的分类

### 1．个别争议、集体争议和团体争议

在许多国家，劳动争议仅有个别争议与集体争议的区分。

（1）个别争议，又称个人争议，是指单个职工与用人单位之间的劳动争议。其特点：

1）它是关于单个劳动关系的争议，而不是关于一类劳动关系或团体劳动关系的争议。

2）职工当事人未达到集体争议的法定人数。在我国，个别争议的职工当事人仅限于1人或2人。

3）争议处理活动须由职工当事人本人参加，而不得由他人代表参加；职工当事人为2人时，其中任何一人不得作为另一人的代表。

4）争议的调解、仲裁和诉讼都适用普通程序，不适用特别程序。

（2）关于集体争议和团体争议。有人将二者视为同一个概念，也有人认为二者是两个不同的概念。就我国的实践和立法来看，我们同意后一种观点。

集体争议，又称多人争议，是指多个（或称部分）职工当事人基于共同理由与用人单位发生的劳动争议。团体争议，亦称集体合同争议，是工会与用人单位或其团体之间因集体合同而发生的争议。二者区别主要表现在以下几方面。

1）集体争议是关于同一类劳动关系的争议；团体争议是关于集体合同的争议。

2）集体争议的当事人一方为达到法定数额以上的特定部分职工（我国法定为3人以上），另一方为用人单位；而团体争议的当事人，一方为工会，另一方为用人单位或其团体。

3）集体争议的各个职工当事人应当具有与用人单位发生劳动争议的共同理由，即有同样的事实和要求，但这只限于特定部分职工各自的具体利益；团体争议则以全体职工的整体利益为争议标的。

4）集体争议的职工当事人应当推举代表参加争议处理程序，职工代表在争议处理过程中的行为只代表卷入争议的部分职工的利益和意志，对未卷入争议的职工则不具有法律意义；团体争议中工会的法定代表人是工会主席，在争议处理过程中，其行为涉及工会所代表的全体职工的利益，对全体职工具有法律意义。

### 2．权利争议和利益争议

（1）权利争议，又称实现既定权利的争议，是指因实现《劳动法》、集体合同和劳动合

同所规定的权利和义务所发生的争议。在当事人权利和义务既定的情况下，只要当事人双方都按照法规和合同的规定行使权利和履行义务，一般不会发生争议；如果当事人一方不按规定行使权利或履行义务，侵犯另一方既定合法权益，或者当事人双方对如何实现既定权利和义务的理解存在分歧，争议就会发生。因而，权利争议也就是因遵守《劳动法》，履行集体合同和劳动合同所发生的争议。

（2）利益争议，又称确定权利的争议，是指因主张有待确定的权利和义务所发生的争议。在当事人的权利和义务尚未确定的情况下，如果双方对权利和义务有不同的主张，就会发生争议。争议的目的是要求在合同中依法确定当事人的某种利益，使之上升为权利。在订立劳动合同时如果存在争议就不可能成立劳动合同，签约双方还未成为劳动关系当事人，因而这种争议不应作为劳动争议。所以，利益争议一般发生在劳动关系运行过程中的集体合同订立或变更环节，较多表现为订立、变更集体合同的集体谈判陷入僵局或者失败。利益争议一般不是通过调解、仲裁、诉讼程序解决，而是在政府干预下由双方协商解决。

### 3．国内劳动争议和涉外劳动争议

（1）国内劳动争议是指具有中国国籍的劳动者与用人单位之间的劳动争议。需要强调的是我国在国（境）外设立的机构与我国派往该机构工作的人员之间、外商投资企业与中国职工之间所发生的劳动争议也属于国内劳动争议。

（2）涉外劳动争议，是指当事人一方或双方具有外国国籍或无国籍的劳动争议。它包括中国用人单位与外籍职工之间、外籍雇主与中国职工之间、在华外籍雇主与外籍职工之间的劳动争议。涉外劳动争议的处理应当按照国际惯例，适用雇主所在地法。凡用人单位（雇主）在我国境内的涉外劳动争议，都应当适用我国法律进行处理。

## 8.1.3　劳动争议的特点

### 1．劳动争议的当事人是特定的

劳动争议的主体是彼此存在劳动关系的用人单位和劳动者。具有法人资格的企业应由其法定代表人参加仲裁活动；不具备法人资格的企业应由其主要负责人参加仲裁活动。依照国家和地方法律、法规的规定，依法与企业确立劳动关系的劳动者，包括企业的管理人员、专业技术人员和工人以及外籍员工等全体人员，只要也只有他们或其代表与企业管理者或其代表之间通过集体合同或劳动合同建立了劳动关系，他们才有可能成为企业劳动争议的双方当事人。只有发生在企业劳动关系双方主体之间的争议，才是企业劳动争议。若争议不是发生在企业劳动关系双方主体之间，即使争议是围绕企业劳动问题展开的，也不属于企业劳动争议。一般民事争议与劳动争议的不同之处就在于民事争议没有特定的当事人，任何公民都有可能成为民事争议的当事人。

### 2．劳动争议的范围是限定的

我国劳动争议的范围限定在法律规定的范围之内。只要属于法律规定范围内的劳动争

议，当事人均可向当地劳动争议仲裁委员会申诉。只有关于企业劳动权利和劳动义务的争
议，才是劳动争议；凡是在企业劳动权利和劳动义务范围之外的争议，都不属于企业劳动
争议。如企业因财务问题、营销问题以及职工的股份分红问题而发生的争议就不属于企业
劳动争议。此外，企业劳动争议一般发生在企业劳动过程和生产过程之中，而民事争议的
内容则不具备这方面的特点。民事争议的内容一般包括平等主体之间的财产关系以及与财
产关系密切相关的人身关系等的争议，它不仅涉及经济利益关系，而且也涉及社会利益和
政治利益关系；同时，民事争议一般发生在商品流通和商品交换领域。

### 3．不同的劳动争议适用不同的程序

劳动争议处理的一般程序包括协商、调解、仲裁和诉讼。我国法律规定，劳动争议发
生后，当事人应当协商解决；不愿协商或者协商不成的，可以向本企业劳动争议调解委员
会申请调解；调解不成的，可以向当地劳动争议仲裁委员会申请仲裁。当事人也可以直接
向当地劳动争议仲裁委员会申请仲裁；对仲裁裁决不服的，可以向人民法院起诉。我国现
行劳动争议处理制度的基本体制是自愿选择企业调解，仲裁是劳动争议诉讼的前置程序，
发生劳动争议的职工一方在3人以上，并有共同理由的，应当推举代表参加调解或者仲裁
活动。

## 8.1.4　劳动争议处理的目的

《中华人民共和国企业劳动争议处理条例》明确规定："为了妥善处理企业劳动争议，
保障企业和职工的合法权益，维护正常的生产经营秩序，发展良好的劳动关系，促进改革
开放的顺利发展，制定本条例。"因此，处理劳动争议的立法目的主要有以下几条。

（1）妥善处理企业劳动争议，保障企业和职工的合法权益，是劳动争议立法的直接目
的。只有将劳动纠纷纳入法制的轨道，才能妥善处理，切实保障双方的合法权益。

（2）维护正常的生产经营秩序，发展良好的劳动关系。劳动争议，特别是集体劳动争
议，如果不能及时预防和有效解决，就会引起停工、罢工，影响经济发展和社会安定。因
此，事先预防和事后公正处理劳动争议具有重要意义。这就需要建立解决争议的相应机
构，通过法定程序解决争议，使劳动关系在协调、稳定、有序的轨道上发展，促进劳动
关系双方的合作与共同发展。

（3）促进改革开放的顺利发展，是劳动争议立法的根本目的。加强劳动法制建设的最
终目的是保证改革开放事业的顺利发展。

## 8.1.5　劳动争议的范围

劳动争议的范围，视国家不同而有所区别。《中华人民共和国企业劳动争议处理条例》
规定了我国劳动争议的范围。

（1）因开除、除名、辞退职工和职工辞职、自动离职发生的争议。这是根据劳动关系双方当事人行为对等原则制定的。企业根据职工违纪情况或生产经营现状，有权对职工做出开除、除名、违纪辞退、正常辞退的行为；职工也可以根据企业和个人具体情况做出辞职、自动离职的行为。由于这些行为而引发的劳动争议，劳动争议处理机构均予受理。

（2）因执行国家有关工资、保险、福利、培训、劳动保护的规定发生的争议。

（3）因履行劳动合同发生的争议。具体包括因执行、变更、解除而终止劳动合同发生的劳动争议。这项规定适用于各类企业中签订劳动合同的劳动者，包括实施全员劳动合同的员工，签订了合同的临时工、农民工等。

（4）法律、法规规定依照本条例处理的其他劳动争议。考虑到我国劳动立法还不够完善，一些劳动争议目前还不具备纳入受理范围的条件，但随着立法步伐的加快，一些劳动争议需要而且具备纳入劳动争议处理机构受理范围的条件时，就会在有关法律、法规中明确规定该类争议适用《中华人民共和国企业劳动争议处理条例》。

## 8.1.6 我国企业劳动争议的现状

随着中国开放进程的不断深入，经济体制改革的不断发展，我国企业的所有制结构也从过去的纯国有和集体所有，变为今天的既有国有、集体所有制企业，也有民营企业、私营企业、外资企业、股份制企业等多种经济成分并存的局面。这也就意味着，劳动者所面对的是许多新型的劳动关系。这些劳动关系的客观存在决定了劳动争议的发生是不可避免的。

（1）劳动争议案件总量持续大幅度上升。1994 年全国各级劳动争议仲裁委员会共受理劳动争议案件 19 098 起，2005 年全国各级劳动争议仲裁委员会共立案受理劳动争议案件 314 000 余起，增长了 16 倍，截止到 2008 年，劳动争议案件仍然以较高水平增长。

（2）集体劳动争议案件数量及涉及人数明显上升。集体劳动争议是职工一方当事人为 3 人以上，有共同理由的劳动争议，而实际上自 1994 年至 2005 年集体劳动争议的平均涉及劳动者人数远远多于 3 人，平均在 29 人以上。

（3）非国有企业劳动争议数量上升明显并居主要地位。外商投资企业劳动争议从 1996 年的 10 083 起增至 1999 年的 27 824 起，劳动争议案件数已超过国有企业，居各种类型企业的首位；私营企业和个体商户劳动争议案件也逐年上升。

（4）劳动争议内容日趋复杂。在早期，劳动争议主要集中在开除、除名、辞退违纪职工等，形式单一，内容简单。近年来，劳动争议内容日趋复杂，解除劳动合同、劳动报酬、保险福利待遇等方面的争议比重不断加大。解除劳动合同、赔偿金以及订立劳动合同时劳动者缴纳风险金、保险金、集资款等方面发生的涉及经济方面的劳动争议开始增多且标的额增大。

（5）劳动争议的处理难度增大。劳动争议内容复杂化，增加了案件处理的难度。主要表现在：① 企业调解成功的案件数量逐年下降；② 劳动争议仲裁委员会以裁决方式结案的结案率逐年上升；③ 当事人不服仲裁委员会裁决起诉到人民法院的案件日益增加。

# 8.2　劳动争议原因分析

## 引导案例 8-2

　　李某是 A 建筑公司的职工，2015 年 8 月，因为拖欠工资问题与 A 建筑公司发生劳动争议。建筑公司工会出面进行协调，A 建筑公司认为这属于公司的内部人事问题和财务问题，工会不应当介入。在工会的支持下，李某向当地县劳动争议仲裁委员会申请劳动争议仲裁。

　　**思考题：** 1. 本案中引发劳动争议的原因是什么？
　　　　　　　 2. 劳动争议仲裁委员会应如何处理争议？

## 8.2.1　不满和劳资纠纷

### 1．不满和劳资纠纷的概念

　　在劳动关系中，人们用"不满"和"劳资纠纷"两个概念来表示雇员对其就业待遇和就业条件的不满意。这种不满意的内容包括两类，一是雇员对现有规章的解释和适用范围存在不同意见，人们称之为权利事宜；二是雇员对决定新的就业待遇和就业条件存在不同意见，人们称之为利益事宜。雇员的这种不满意可能只是单个雇员的，也可能是某个雇员团体甚至是全体雇员的不满意。雇员向管理方提出自己对就业待遇和就业条件不满意的方式也有不同，有时是采取非正式的方式，由雇员个人、雇员团体或雇员代表直接向管理方反映；有时则采取正式的方式，在劳资谈判过程中由工会出面向管理方反映雇员的不满意。

　　不满和劳资纠纷这两个概念存在区别。有人把雇员对就业待遇和就业条件的不满意分成三个层次，即抱怨、不满和劳资纠纷。雇员对就业待遇和就业条件的不满意最初只是一种抱怨，只有当这种抱怨没有得到资方的妥善处理，或没有得到应有的对待，或雇员对工作规章存在不同意见时，抱怨才变为不满。不满比抱怨提出不满意的方式更正式，并且雇员要求通过组织内部的解决不满的程序给予解决。因此，不满的正确定义为：单个雇员或雇员集体，主要就集体协议的适用范围、管理政策、管理行为或习惯做法等正式表达自己的不满意。

　　劳资纠纷的严重程度比不满更大。只有当雇员的不满没有得到解决，特别是当工会代表或工会的专职干部卷入其中，雇员的不满意不能在企业组织内部得到解决，而必须动用外部的程序时，不满就演变成了劳资纠纷。劳资纠纷一词意味着，雇员的不满意已经正式提出并试图通过工会和资方的谈判来解决，如果谈判一旦失败，则工会可能会采取产业行动。因此，劳资纠纷的正确定义是：由于不能解决不满，或不能在谈判过程中由劳资双方就利益事宜达成一致，而导致的某个组织的雇员集体正式表达自己的不满意。

### 2. 雇员不满意的原因

不满和劳资纠纷的处理程序的第一个步骤是，雇员要说明他们不满意的原因，以及要消除这种不满意需要做出的改变。

调查发现，与不满有关的问题主要有两类：一类是钱的问题，从简单的工资计算错误到工资损失，或者某种制度改变后引起的工资变化，以及和工作等级、工作评估有关的问题；另一类是工作问题，包括工作分配、雇员从一种工作换到另一种工作，以及工作的物质条件等。有关加班或休假方面的不满较少。调查还发现，与雇员福利有关的一些问题，例如小卖部、停车场和厕所等，在有些企业经常出现，在另外一些企业则很少出现。企业发生重大的技术变革也很少引起雇员的不满，这大概是因为在变革的计划阶段就已经解决了劳资间的冲突，也可能是因为这些重大问题都是劳资谈判的项目，或是劳资纠纷的内容。

从上面可以看出，引起雇员不满和劳资纠纷的主要原因是资方执行其经营决策的方式，但这些只是表面上的原因，还存在一些实质上的原因。这些原因可以用来说明不满和劳资纠纷的处理程序是否发挥了作用，这些实质上的原因包括以下几类：

（1）雇员需要从工作中得到某种满足感，资方忽视了这种需求。不同的雇员需要得到的满足感不同，同一位雇员在不同的时期需要得到的满足感也不同。对某些人来说，能带来满足感的是金钱和地位；对另外一些人来说，能带来满足感的是他们工作的质量。如果资方有意或无意地破坏了雇员的这种满足感，他们就可能要通过不满和劳资纠纷的处理程序来弥补自己的损失。然而，在多数情况下，雇员的这种损失并不能作为一种不满而清楚地表示出来，这可能会使受挫的雇员去争取自己"应有的权利"，而在受挫前，这种"应有的权利"并不是雇员关心的对象。许多较严重的不满可能都是雇员对工作情况总体上不满意的反映，这种不满意即使在不满得到解决之后也不会改变。当雇员自己的位置没有变化，而其他人的位置和待遇却提高了的时候，雇员也会有受挫感。这是一种相对损失的感觉。并且，不仅是雇员个人可能有受挫感，雇员群体也可能有受挫感。

（2）社会—技术特征。雇员在这方面的不满意可能是与工作特征有关或者是对一些关系到雇员与工作或与资方的关系的结构性因素不满意。这种社会—技术制度使雇员感到他们不能直接控制他们所从事的工作进程，为了弥补这种损失，雇员可能要求更多地控制决定着他们的日常工作局势的管理决策，要实现这种要求只能通过不满和劳资纠纷的处理程序。另外，这种社会—技术制度把雇员和他们的直接管理人员分隔开来，会导致问题的提出方式更正式，使某些本应当成为非正式抱怨的问题上升为不满或劳资纠纷问题。在管理决策被集中的情况下，由于雇员的直接管理人员没能参加决策，也会导致类似情况的发生。

（3）工作变化和适用性的要求会使雇员对自己的集团产生不稳定感，当这种工作变化经常出现时，雇员的这种不稳定感会更强。这种不稳定感会使雇员不断地要求资方在决策过程中考虑雇员的愿望和抱负。而要实现这一目标，雇员只有在变革发生时或在变革的计划时期向变革挑战，去影响这种变革。采取这种方法也许会使雇员感到满意；变革是必需的，但这种变革给他们带来的破坏最少。

（4）所有的劳动关系问题都是和用某种方式行使权力有关。资方的决策管理权总是要受到雇员和工会的挑战。如果资方的决策权受到质疑，就会出现不满和劳资纠纷。出现不满和劳资纠纷意味着，雇员和工会认为这个问题应当属于劳资谈判的问题，或者是劳资共同管理的问题，资方不能凭借管理权单方面做出决定。

### 3．雇员不满意的表达

如果雇员把引起不满意的原因归为资方的责任，他们必须决定采取何种方式把自己的不满意表达出来。不满意的表达方式大约有三种：第一种是正式向资方提出自己的不满意，可以是雇员个人或集体在适当的不满和劳资纠纷的处理程序中，或者在劳资谈判过程中向资方提出自己的不满意；第二种是雇员自己解决，例如，如果是某项变革引起的不满意，雇员可拒绝完成这项工作；第三种是如果雇员缺少单方面解决不满意问题的能力，他们可能不再对资方和企业保持友善，如缺勤次数增加、跳槽或士气降低。

正式向资方提出不满意的方式决定了解决问题时所采取的程序和机构。雇员如果是采取正式向资方提出的方式，就是要求资方对此做出反应，让资方进行考虑，或对此问题进行劳资谈判。如果雇员的不满意的表达方式是自己解决或对资方不再持友善态度，最好的可能结果是，资方已考虑到了雇员的不满意，作为一种可缓和的因素，用处分程序对付受挫的雇员。

雇员隐藏在心里的不满意要转变为外在的行动，要受到以下因素的影响：雇员对已确立的、用以解决这些问题的正式程序的合法性和有效性的接受程度，以及劳资之间的力量对比关系。雇员不会因为已确认的正式程序是解决意见分歧和雇员的不满意的法定手段就接受这个程序，并不断利用这个程序去解决问题，雇员和工会对正式程序的态度还会受到程序的运行方式及在程序中达成的解决方案的影响。如果雇员和工会感到正式的程序不能有效地代表和保护他们的利益，他们将在正式程序之外表达自己的不满意和寻求解决办法。同时，如果一群雇员拥有产业力量，这不仅加强了雇员个人或集体表达不满意的信心，还强化了他们的能力，使资方真正考虑这些问题，并能促使资方决策向有利于雇员和工会方向发展。这也可能使这些群体中的成员对他们利用或威胁利用产业力量时能采取什么措施或应当采取什么措施产生较高的期望。正是这些"战略性"群体最有能力沉迷于通过正式的不满和劳资纠纷的处理程序来进行分块谈判；或者，如果他们感到正式的程序不适用了，就要求改革，或在必要时自己寻求解决办法。然而，如果雇员既缺乏产业力量，又对正式程序的效用缺乏信心，他们就可能采取个人或集体不再对资方或企业持友善态度的方式来表达自己的不满意。

## 8.2.2　引起劳动争议的原因

### 1．用工不签订劳动合同

《劳动合同法》第十条规定："建立劳动关系，应当订立书面劳动合同。已建立劳动关系，未同时订立书面劳动合同的，应当自用工之日起一个月内订立书面劳动合同。用人单位与劳动者在用工前订立劳动合同的，劳动关系自用工之日起建立。"劳动合同是劳动者和所属单位确立劳动关系的法律形式，其主体的一方是劳动者，另一方是用人单位，通过劳动合同这种形式确认双方的劳动权利和义务。劳动合同制度包括有关劳动合同的订立、履行、变更、解除和终止，工作内容，劳动条件和报酬，违反劳动合同的责任，劳动合同纠纷的处理，劳动合同的管理等。但有一些用人单位用工不和劳动者签订劳动合同；有的单位急于用工，不办理任何用工手续，对劳动者不进行岗前教育就上岗工作；有的单位达成口头协议；有的单位不顾劳动者的多次要求，以各种理由拖延不办手续等，为的是一旦出事，主动权掌握在用人单位手中。这些都为劳动争议埋下了隐患，严重侵犯了劳动者的权益。此类情况以非国有企业农民工为多。

### 2．合同内容不完善

《劳动法》已颁布实施多年，但仍有许多单位及员工认为合同只是个形式，因而只注重形式，在合同上草率地签字，不从合同内容上完善。如北京市各区劳动局和社会保障印制的合同文本，一般都留出了一些空格以供甲、乙双方协商认为需要增加内容时使用。在签订合同时，双方往往都认为文本内容比较齐全，没有什么需要补充，而发生争议后才发现有些条款没有写进合同。另外，合同中涉及甲方哪些规章制度可作为合同附件等内容，往往也容易被忽视。有的单位是内部配套规章制度本身不健全，有的干脆不写，一旦乙方违反甲方某项规章制度，甲方若按规定处理乙方，乙方定会不服，因为合同中未载明需要乙方遵守。有的虽写明，但文字过于笼统或极不严密，用了模棱两可、含混不清的字眼。有的单位利用一些人不懂法，急于找工作的心理，同劳动者签订一边倒的不合法的合同，致使有许多劳动者在争议发生之前都不知道自己签订的合同是不合法合同。

### 3．不按合同办事

有的单位，虽然签订了完善而有效的合同，但遇到效益不好时，就不按合同规定兑现，侵害劳动者的合法权益；有的单位故意找茬，以"莫须有"的罪名辞退职工；有的单位对一些敢于站出来说话的员工进行打击报复，调换苦、脏、累、差的岗位，降低待遇变相逼迫劳动者提出解除合同，达到辞退劳动者的目的。尤其是对从社会上招用的下岗职工、临时工、农民工等一些单位随意性更大，钻政策空子，借招工之名，利用试工期大做文章，频繁辞退和解雇员工或不予兑现承诺。另外，一些劳动者遇到一点挫折或另找到更好的工作，不通过正常渠道解除劳动关系，企图逃避违约责任，采取了不辞而别的做法，给用人单位造成停工或损失；有的员工带走单位机密，对单位进行报复或要挟。

### 4．合同变更、解除以及续聘时没有及时履行必要的文字手续

在履行合同期间，甲乙双方一般会遵守合同的约定条款和内容。但因一些特殊情况和原因，甲乙双方均有可能发生变更、解除或终止合同。有不少企事业单位，没有能认真履行必要的程序，有的出于面子关系，认为都是多年相处的熟人，彼此间谁不信任谁？因而影响了签字。有的出于好心，甲乙双方口头上达成一致解除合同后，没有及时将人事关系转往职介中心，而是应乙方的要求，希望待自己联系到接收单位后再办理关系，因而一拖再拖。更有甚者，个别单位解除合同后，因考虑乙方一时生活困难，还一直发生活费等，这导致了甲乙双方没能真正解除劳动关系。究其原因，甲方主观上是想息事宁人或给予人道

主义的帮助，但客观上，乙方却正好利用这个理由把甲方推向被告席，即使甲方告乙方，因没有履行必要程序，乙方仍然在客观上是甲方的职工。这也是甲方自认为情理上做得对，但在法律面前却败诉的主要原因，教训也是深刻的。

### 5．工会组织的发展状况

在发达市场经济国家，企业劳动争议的发生大多是由工会出面组织的，工人个人或少数人与企业管理者之间的相互不满，一般较难上升到企业劳动争议甚至企业劳动关系的冲突这一高度。因此，可以说，工会的组织状况是造成企业劳动争议发生状况的组织原因。

一般来说，工会组织状况良好、发展运行顺利、工会参与率相对较高的国家或地区，企业劳动争议的发生相对较多，也相对规范；工会组织状况不好、发展运行不顺利、工会参与率相对较低的国家或地区，企业劳动争议的发生相对少一些，也相对欠规范。

过去劳动者对不合理的东西大多采取"忍"的态度。现在随着社会媒体对《劳动法》的宣传和各劳动执法部门维护劳动者的合法权益的力度加大，劳动者可以在一定程度上按照自己的意志，选择职业，选择岗位，使劳动目的、劳动形式、劳动过程都和其自身的需要统一起来。从劳动合同的订立，到劳动时间、报酬以及合同的变更、解除等，都不会像计划经济时期的用工形式那样，只能由用人单位规定劳动者，劳动者永远处于被动地位，而是劳动者与用人单位处于同等地位，一旦合同签订，劳动者更注重自己权益的自我保护。对不合理的东西和分歧，劳动者敢于拿起法律武器来保护自己，要求劳动仲裁，讨个"说法"。

# 8.3　劳动争议处理的原则、程序和依据

**引导案例 8-3**

2008 年 9 月 1 日，陈某在苏州一家机械有限公司上班时发生了工伤事故。2009 年 1 月，公司与陈某私下达成协议，由公司支付陈某医药费、护理费、工伤赔偿等共计 10 000 余元。企业原本以为双方的纠纷就此结束，但是没有想到，陈某还是向劳动仲裁委员会申请了仲裁，仲裁委经过审理后裁决该公司需支付陈某住院伙食补助费、一次性伤残补助金等共计 96 115.40 元。公司对仲裁结果不服，向法院提起上诉，请求重新对陈某的劳动能力伤残等级进行复查鉴定，判决公司无须支付仲裁委裁决的 96 115.40 元。

思考题：对此案法院应该如何处理？

## 8.3.1　劳动争议处理的原则

### 1．当事人在适用法律上一律平等原则

依法维护劳动争议双方当事人的合法权益体现了当事人适用法律上一律平等的原则。这一原则要求，调解委员会、仲裁委员会、人民法院在处理劳动争议案件时，对劳动争议

的任何一方当事人都应同等对待，其法律地位完全平等，双方当事人平等地享有和承担法律赋予当事人的权利义务，不应因身份、地位的不同而采取不同的标准对待。用人单位与劳动者在申请调解、仲裁和诉讼时，在参加调解、仲裁、诉讼活动时都享有同等的权利，时效一样、陈述事实、进行辩论和举证、申请回避、是否达成调解协议、不服仲裁裁决是否向法院起诉等方面权利是同等的，承担的义务也是同等的。

### 2．公正原则

公正作为一种抽象的价值观念，无论在理论上还是在实践中都具有不确定的含义。但作为解决劳动争议的基本原则，它至少应具备 3 个方面的含义。首先，公正原则在解决劳动争议的过程中，应体现为对劳动争议相关事实做出公正的判断。在解决劳动争议的过程中，当事人对双方的权利和义务以及争议发生、发展的过程认识和主张并不一致，并且常常是完全对立的。这就要求在解决争议的过程中通过一系列手段、方法，真实地回复争议的事实过程，并据此事实做出判定。其次，公正原则应当体现为恰当地运用解决争议的法律依据。为了做到恰当地运用法律，必须做到重视探究立法的本旨，而不拘泥于立法条文的字面表述，要求解决劳动争议的人员全面、准确地理解立法的精神，特别是依据立法的原则把握各个条款的真正意义，正确地加以运用。最后，公正原则应体现为赋予争议双方平等的地位，公正与平等是分不开的，没有平等，公正也无从谈起。

只有坚持公正原则，才能保障实体法的正确实施，才能使扭曲的社会关系得到恢复，才能最终使争议真正有效、顺利地解决。

### 3．调解原则

调解之所以能够成为解决劳动争议的一项原则，有其必要性和可能性。从必要性看，首先，调解有利于减少当事人的心理对抗，避免在解决争议过程中加剧双方的隔阂和对立，有利于促进当事人和睦团结。其次，恰当地运用调解手段能够较快地终结诉讼，在解决争议的任何阶段都能够运用调解。从可能性来看，在解决劳动争议过程中贯彻调解原则的可能，首先同劳动争议形成的原因有关。争议本质上是一种利益冲突，调解的过程实际上是当事人不同程度地放弃自己利益欲望的过程；调解的结果，也往往是利益的折中和妥协。其次，从更深层次看，调解之所以能成为解决争议的原则是同我国文化传统息息相关的，和睦相处、息事宁人一直是我国传统文化中处理人际关系的重要准则。

调解作为一项原则，在解决争议的过程中主要体现在以下几个方面：第一，劳动争议发生以后，当事人应先向企业劳动争议调解委员会申请调解，双方当事人应当互谅互让，以和平的方式解决争议；第二，劳动争议仲裁委员会在处理劳动争议时，必须先进行调解，不进行调解不能进行仲裁裁决；第三，人民法院审理劳动争议案件也应着重调解，尽量争取双方调解解决争议。只有在调解不成的情况下，才能进行裁决。

### 4．及时处理原则

及时处理原则作为解决劳动争议的一项基本原则，具有重要的实践意义。劳动争议直接产生于社会生活中，每一次争议的发生，都直接影响生产、工作的正常进行，甚至造成局部性的社会动荡。因此，对争议要及时处理。具体地讲，就是要求当事人在发生劳动争议以后，要及时、尽快地依法定处理程序加以协商解决，协商不成的应及时申请调解或请求仲裁，及时起诉，不要延误期限。对解决劳动争议的部门和机构来讲，就是要求它们对于当事人申请处理的劳动争议，应当依法及时受理、及时审查、及时做出处理决定、及时地将处理结果告知当事人，以便及时结案。对已经生效的调解协议、仲裁裁决、法院判决，当事人应当及时执行，有关部门、机构在当事人拒不执行时，要及时对当事人教育，必要时应当依法请求人民法院对处理决定予以强制执行，以保证劳动争议案件的顺利解决。

### 5. 以事实为依据，以法律为准绳原则

以事实为依据，以法律为准绳是我国法制的基本原则，在处理劳动争议时，要求调解委员会、仲裁委员会及人民法院都必须对争议的事实进行深入、细致、客观的调查、分析，查明事实真相，这是准确适用法律、公正处理争议的基础。在查清事实的基础上，应当依照法律规定依法进行调解、仲裁和审判。处理劳动争议是一项政策性很强的工作，既不能主观臆断，更不能徇私枉法。以法律为准绳要求处理劳动争议判断是非、责任要以劳动法律、法规为依据；处理争议的程序要依法；处理的结果要合法，不得侵犯社会公共利益和他人的利益。

 **相关链接**

中华人民共和国主席令

第八十号

《中华人民共和国劳动争议调解仲裁法》已由中华人民共和国第十届全国人民代表大会常务委员会第三十一次会议于 2007 年 12 月 29 日通过，现予公布，自 2008 年 5 月 1 日起施行。

中华人民共和国主席　胡锦涛

2007 年 12 月 29 日

中华人民共和国劳动争议调解仲裁法

（2007 年 12 月 29 日第十届全国人民代表大会常务委员会

第三十一次会议通过）

目　录

第一章　总则

第二章　调解

第三章　仲裁

第一节　一般规定

第二节　申请和受理

第三节　开庭和裁决

第四章 附则

# 第一章 总 则

第一条 为了公正及时解决劳动争议,保护当事人合法权益,促进劳动关系和谐稳定,制定本法。

第二条 中华人民共和国境内的用人单位与劳动者发生的下列劳动争议,适用本法:

(一)因确认劳动关系发生的争议;

(二)因订立、履行、变更、解除和终止劳动合同发生的争议;

(三)因除名、辞退和辞职、离职发生的争议;

(四)因工作时间、休息休假、社会保险、福利、培训以及劳动保护发生的争议;

(五)因劳动报酬、工伤医疗费、经济补偿或者赔偿金等发生的争议;

(六)法律、法规规定的其他劳动争议。

第三条 解决劳动争议,应当根据事实,遵循合法、公正、及时、着重调解的原则,依法保护当事人的合法权益。

第四条 发生劳动争议,劳动者可以与用人单位协商,也可以请工会或者第三方共同与用人单位协商,达成和解协议。

第五条 发生劳动争议,当事人不愿协商、协商不成或者达成和解协议后不履行的,可以向调解组织申请调解;不愿调解、调解不成或者达成调解协议后不履行的,可以向劳动争议仲裁委员会申请仲裁;对仲裁裁决不服的,除本法另有规定的外,可以向人民法院提起诉讼。

第六条 发生劳动争议,当事人对自己提出的主张,有责任提供证据。与争议事项有关的证据属于用人单位掌握管理的,用人单位应当提供;用人单位不提供的,应当承担不利后果。

第七条 发生劳动争议的劳动者一方在十人以上,并有共同请求的,可以推举代表参加调解、仲裁或者诉讼活动。

第八条 县级以上人民政府劳动行政部门会同工会和企业方面代表建立协调劳动关系三方机制,共同研究解决劳动争议的重大问题。

第九条 用人单位违反国家规定,拖欠或者未足额支付劳动报酬,或者拖欠工伤医疗费、经济补偿或者赔偿金的,劳动者可以向劳动行政部门投诉,劳动行政部门应当依法处理。

# 第二章 调 解

第十条 发生劳动争议,当事人可以到下列调解组织申请调解:

(一)企业劳动争议调解委员会;

(二)依法设立的基层人民调解组织;

(三)在乡镇、街道设立的具有劳动争议调解职能的组织。

企业劳动争议调解委员会由职工代表和企业代表组成。职工代表由工会成员担任或者由全体职工推举产生,企业代表由企业负责人指定。企业劳动争议调解委员会主任由工会成员或者双方推举的人员担任。

第十一条　劳动争议调解组织的调解员应当由公道正派、联系群众、热心调解工作，并具有一定法律知识、政策水平和文化水平的成年公民担任。

第十二条　当事人申请劳动争议调解可以书面申请，也可以口头申请。口头申请的，调解组织应当当场记录申请人基本情况、申请调解的争议事项、理由和时间。

第十三条　调解劳动争议，应当充分听取双方当事人对事实和理由的陈述，耐心疏导，帮助其达成协议。

第十四条　经调解达成协议的，应当制作调解协议书。

调解协议书由双方当事人签名或者盖章，经调解员签名并加盖调解组织印章后生效，对双方当事人具有约束力，当事人应当履行。

自劳动争议调解组织收到调解申请之日起十五日内未达成调解协议的，当事人可以依法申请仲裁。

第十五条　达成调解协议后，一方当事人在协议约定期限内不履行调解协议的，另一方当事人可以依法申请仲裁。

第十六条　因支付拖欠劳动报酬、工伤医疗费、经济补偿或者赔偿金事项达成调解协议，用人单位在协议约定期限内不履行的，劳动者可以持调解协议书依法向人民法院申请支付令。人民法院应当依法发出支付令。

## 第三章　仲裁

第一节　一般规定

第十七条　劳动争议仲裁委员会按照统筹规划、合理布局和适应实际需要的原则设立。省、自治区人民政府可以决定在市、县设立；直辖市人民政府可以决定在区、县设立。直辖市、设区的市也可以设立一个或者若干个劳动争议仲裁委员会。劳动争议仲裁委员会不按行政区划层层设立。

第十八条　国务院劳动行政部门依照本法有关规定制定仲裁规则。省、自治区、直辖市人民政府劳动行政部门对本行政区域的劳动争议仲裁工作进行指导。

第十九条　劳动争议仲裁委员会由劳动行政部门代表、工会代表和企业方面代表组成。劳动争议仲裁委员会组成人员应当是单数。

劳动争议仲裁委员会依法履行下列职责：

（一）聘任、解聘专职或者兼职仲裁员；

（二）受理劳动争议案件；

（三）讨论重大或者疑难的劳动争议案件；

（四）对仲裁活动进行监督。

劳动争议仲裁委员会下设办事机构，负责办理劳动争议仲裁委员会的日常工作。

第二十条　劳动争议仲裁委员会应当设仲裁员名册。

仲裁员应当公道正派并符合下列条件之一：

（一）曾任审判员的；

（二）从事法律研究、教学工作并具有中级以上职称的；

（三）具有法律知识、从事人力资源管理或者工会等专业工作满五年的；

（四）律师执业满三年的。

第二十一条　劳动争议仲裁委员会负责管辖本区域内发生的劳动争议。

劳动争议由劳动合同履行地或者用人单位所在地的劳动争议仲裁委员会管辖。双方当事人分别向劳动合同履行地和用人单位所在地的劳动争议仲裁委员会申请仲裁的，由劳动合同履行地的劳动争议仲裁委员会管辖。

第二十二条　发生劳动争议的劳动者和用人单位为劳动争议仲裁案件的双方当事人。

劳务派遣单位或者用工单位与劳动者发生劳动争议的，劳务派遣单位和用工单位为共同当事人。

第二十三条　与劳动争议案件的处理结果有利害关系的第三人，可以申请参加仲裁活动或者由劳动争议仲裁委员会通知其参加仲裁活动。

第二十四条　当事人可以委托代理人参加仲裁活动。委托他人参加仲裁活动，应当向劳动争议仲裁委员会提交有委托人签名或者盖章的委托书，委托书应当载明委托事项和权限。

第二十五条　丧失或者部分丧失民事行为能力的劳动者，由其法定代理人代为参加仲裁活动；无法定代理人的，由劳动争议仲裁委员会为其指定代理人。劳动者死亡的，由其近亲属或者代理人参加仲裁活动。

第二十六条　劳动争议仲裁公开进行，但当事人协议不公开进行或者涉及国家秘密、商业秘密和个人隐私的除外。

第二节　申请和受理

第二十七条　劳动争议申请仲裁的时效期间为一年。仲裁时效期间从当事人知道或者应当知道其权利被侵害之日起计算。

前款规定的仲裁时效，因当事人一方向对方当事人主张权利，或者向有关部门请求权利救济，或者对方当事人同意履行义务而中断。从中断时起，仲裁时效期间重新计算。

因不可抗力或者有其他正当理由，当事人不能在本条第一款规定的仲裁时效期间申请仲裁的，仲裁时效中止。从中止时效的原因消除之日起，仲裁时效期间继续计算。

劳动关系存续期间因拖欠劳动报酬发生争议的，劳动者申请仲裁不受本条第一款规定的仲裁时效期间的限制；但是，劳动关系终止的，应当自劳动关系终止之日起一年内提出。

第二十八条　申请人申请仲裁应当提交书面仲裁申请，并按照被申请人人数提交副本。

仲裁申请书应当载明下列事项：

（一）劳动者的姓名、性别、年龄、职业、工作单位和住所，用人单位的名称、住所和法定代表人或者主要负责人的姓名、职务；

（二）仲裁请求和所根据的事实、理由；

（三）证据和证据来源、证人姓名和住所。

书写仲裁申请确有困难的，可以口头申请，由劳动争议仲裁委员会记入笔录，并告知对方当事人。

第二十九条　劳动争议仲裁委员会收到仲裁申请之日起五日内，认为符合受理条件的，应当受理，并通知申请人；认为不符合受理条件的，应当书面通知申请人不予受理，并说明理由。对劳动争议仲裁委员会不予受理或者逾期未作出决定的，申请人可以就该劳动争议事项向人民法院提起诉讼。

第三十条　劳动争议仲裁委员会受理仲裁申请后，应当在五日内将仲裁申请书副本送达被申请人。

被申请人收到仲裁申请书副本后，应当在十日内向劳动争议仲裁委员会提交答辩书。劳动争议仲裁委员会收到答辩书后，应当在五日内将答辩书副本送达申请人。被申请人未提交答辩书的，不影响仲裁程序的进行。

第三节　开庭和裁决

第三十一条　劳动争议仲裁委员会裁决劳动争议案件实行仲裁庭制。仲裁庭由三名仲裁员组成，设首席仲裁员。简单劳动争议案件可以由一名仲裁员独任仲裁。

第三十二条　劳动争议仲裁委员会应当在受理仲裁申请之日起五日内将仲裁庭的组成情况书面通知当事人。

第三十三条　仲裁员有下列情形之一，应当回避，当事人也有权以口头或者书面方式提出回避申请：

（一）是本案当事人或者当事人、代理人的近亲属的；

（二）与本案有利害关系的；

（三）与本案当事人、代理人有其他关系，可能影响公正裁决的；

（四）私自会见当事人、代理人，或者接受当事人、代理人的请客送礼的。

劳动争议仲裁委员会对回避申请应当及时作出决定，并以口头或者书面方式通知当事人。

第三十四条　仲裁员有本法第三十三条第四项规定情形，或者有索贿受贿、徇私舞弊、枉法裁决行为的，应当依法承担法律责任。劳动争议仲裁委员会应当将其解聘。

第三十五条　仲裁庭应当在开庭五日前，将开庭日期、地点书面通知双方当事人。当事人有正当理由的，可以在开庭三日前请求延期开庭。是否延期，由劳动争议仲裁委员会决定。

第三十六条　申请人收到书面通知，无正当理由拒不到庭或者未经仲裁庭同意中途退庭的，可以视为撤回仲裁申请。

被申请人收到书面通知，无正当理由拒不到庭或者未经仲裁庭同意中途退庭的，可以缺席裁决。

第三十七条　仲裁庭对专门性问题认为需要鉴定的，可以交由当事人约定的鉴定机构鉴定；当事人没有约定或者无法达成约定的，由仲裁庭指定的鉴定机构鉴定。

根据当事人的请求或者仲裁庭的要求，鉴定机构应当派鉴定人参加开庭。当事人经仲裁庭许可，可以向鉴定人提问。

第三十八条　当事人在仲裁过程中有权进行质证和辩论。质证和辩论终结时，首席仲裁员或者独任仲裁员应当征询当事人的最后意见。

第三十九条 当事人提供的证据经查证属实的，仲裁庭应当将其作为认定事实的根据。

劳动者无法提供由用人单位掌握管理的与仲裁请求有关的证据，仲裁庭可以要求用人单位在指定期限内提供。用人单位在指定期限内不提供的，应当承担不利后果。

第四十条 仲裁庭应当将开庭情况记入笔录。当事人和其他仲裁参加人认为对自己陈述的记录有遗漏或者差错的，有权申请补正。如果不予补正，应当记录该申请。

笔录由仲裁员、记录人员、当事人和其他仲裁参加人签名或者盖章。

第四十一条 当事人申请劳动争议仲裁后，可以自行和解。达成和解协议的，可以撤回仲裁申请。

第四十二条 仲裁庭在作出裁决前，应当先行调解。

调解达成协议的，仲裁庭应当制作调解书。

调解书应当写明仲裁请求和当事人协议的结果。调解书由仲裁员签名，加盖劳动争议仲裁委员会印章，送达双方当事人。调解书经双方当事人签收后，发生法律效力。

调解不成或者调解书送达前，一方当事人反悔的，仲裁庭应当及时作出裁决。

第四十三条 仲裁庭裁决劳动争议案件，应当自劳动争议仲裁委员会受理仲裁申请之日起四十五日内结束。案情复杂需要延期的，经劳动争议仲裁委员会主任批准，可以延期并书面通知当事人，但是延长期限不得超过十五日。逾期未作出仲裁裁决的，当事人可以就该劳动争议事项向人民法院提起诉讼。

仲裁庭裁决劳动争议案件时，其中一部分事实已经清楚，可以就该部分先行裁决。

第四十四条 仲裁庭对追索劳动报酬、工伤医疗费、经济补偿或者赔偿金的案件，根据当事人的申请，可以裁决先予执行，移送人民法院执行。

仲裁庭裁决先予执行的，应当符合下列条件：

（一）当事人之间权利义务关系明确；

（二）不先予执行将严重影响申请人的生活。

劳动者申请先予执行的，可以不提供担保。

第四十五条 裁决应当按照多数仲裁员的意见作出，少数仲裁员的不同意见应当记入笔录。仲裁庭不能形成多数意见时，裁决应当按照首席仲裁员的意见作出。

第四十六条 裁决书应当载明仲裁请求、争议事实、裁决理由、裁决结果和裁决日期。裁决书由仲裁员签名，加盖劳动争议仲裁委员会印章。对裁决持不同意见的仲裁员，可以签名，也可以不签名。

第四十七条 下列劳动争议，除本法另有规定的外，仲裁裁决为终局裁决，裁决书自作出之日起发生法律效力：

（一）追索劳动报酬、工伤医疗费、经济补偿或者赔偿金，不超过当地月最低工资标准十二个月金额的争议；

（二）因执行国家的劳动标准在工作时间、休息休假、社会保险等方面发生的争议。

第四十八条 劳动者对本法第四十七条规定的仲裁裁决不服的，可以自收到仲裁裁决书之日起十五日内向人民法院提起诉讼。

第四十九条　用人单位有证据证明本法第四十七条规定的仲裁裁决有下列情形之一，可以自收到仲裁裁决书之日起三十日内向劳动争议仲裁委员会所在地的中级人民法院申请撤销裁决：

（一）适用法律、法规确有错误的；

（二）劳动争议仲裁委员会无管辖权的；

（三）违反法定程序的；

（四）裁决所根据的证据是伪造的；

（五）对方当事人隐瞒了足以影响公正裁决的证据的；

（六）仲裁员在仲裁该案时有索贿受贿、徇私舞弊、枉法裁决行为的。

人民法院经组成合议庭审查核实裁决有前款规定情形之一的，应当裁定撤销。

仲裁裁决被人民法院裁定撤销的，当事人可以自收到裁定书之日起十五日内就该劳动争议事项向人民法院提起诉讼。

第五十条　当事人对本法第四十七条规定以外的其他劳动争议案件的仲裁裁决不服的，可以自收到仲裁裁决书之日起十五日内向人民法院提起诉讼；期满不起诉的，裁决书发生法律效力。

第五十一条　当事人对发生法律效力的调解书、裁决书，应当依照规定的期限履行。一方当事人逾期不履行的，另一方当事人可以依照民事诉讼法的有关规定向人民法院申请执行。受理申请的人民法院应当依法执行。

## 第四章　附　　则

第五十二条　事业单位实行聘用制的工作人员与本单位发生劳动争议的，依照本法执行；法律、行政法规或者国务院另有规定的，依照其规定。

第五十三条　劳动争议仲裁不收费。劳动争议仲裁委员会的经费由财政予以保障。

第五十四条　本法自 2008 年 5 月 1 日起施行。

资料来源：http://www.gov.cn/zhengce/2007-12/29/content_2602214.htm

## 8.3.2　劳动争议处理的程序

劳动争议发生后，当事人可以向本单位劳动争议调解委员会申请调解；调解不成，当事人一方要求仲裁的，可以向劳动争议仲裁委员会申请仲裁。当事人一方也可以直接向劳动争议仲裁委员会申请仲裁。对仲裁裁决不服的，可以向人民法院起诉。仲裁是诉讼前的必经程序，不经过仲裁，人民法院不予受理。根据上述规定，劳动争议的处理途径有 4 种：双方自行协商解决；用人单位劳动争议调解委员会调解；劳动争议仲裁委员会仲裁；人民法院审判解决。

### 1. 协商

由于劳动争议的当事人一方为用人单位，另一方为该单位的职工，因此，处理劳动争议应首先经过充分的协商，以利于自愿达成协议，解决争议，消除双方隔阂，加强团结，共同生产。如果争议双方经过协商达成一致，应将达成的协议报请当地劳动行政机关审查备案，劳动行政机关在审查过程中对于不合法的协议令其修改或确认其无效。

当事人双方自行协商不是处理劳动争议的必经程序。双方当事人可以自愿进行协商，并提倡协商解决争议，但任何一方或他人都不能强迫另一方进行协商。因此，不愿协商或者协商不成的，当事人可以向本企业劳动争议调解委员会申请调解。

**2．调解**

广义上的调解除了企业劳动争议调解委员会进行的调解外，还包括劳动争议仲裁机关进行的调解，以及人民法院进行的调解。这里所说的调解是狭义上的，即企业调解委员会的调解。

企业调解委员会调解解决劳动争议是一种非常有效并且有利于改善争议双方当事人关系的方式，因此，在劳动争议处理过程中，企业调解委员会的调解占有很重要的地位。但企业调解并非解决劳动争议的必经途径，劳动争议发生后，当事人不愿协商或者协商不成的，可以向本企业的劳动争议调解委员会申请调解，也可以不向调解委员会申请调解，而直接申请仲裁。企业劳动争议调解委员会进行的调解为群众性调解，不具有法律效力，完全依靠劳动争议当事人的自觉、自愿达成协议，并且，双方达成的协议也要靠当事人的自我约束来履行，不能强制。若当事人反悔，并不妨碍其向仲裁机关申请仲裁。

（1）劳动争议调解的机构。调解委员会是进行调解工作的机构。《中华人民共和国劳动争议调解仲裁法》明确规定："第七条　发生劳动争议的劳动者一方在十人以上，并有共同请求的，可以推举代表参加调解、仲裁或者诉讼活动。

第八条　县级以上人民政府劳动行政部门会同工会和企业方面代表建立协调劳动关系三方机制，共同研究解决劳动争议的重大问题。"

"第十条　发生劳动争议，当事人可以到下列调解组织申请调解：

（一）企业劳动争议调解委员会；

（二）依法设立的基层人民调解组织；

（三）在乡镇、街道设立的具有劳动争议调解职能的组织。

企业劳动争议调解委员会由职工代表和企业代表组成。职工代表由工会成员担任或者由全体职工推举产生，企业代表由企业负责人指定。企业劳动争议调解委员会主任由工会成员或者双方推举的人员担任。

第十一条　劳动争议调解组织的调解员应当由公道正派、联系群众、热心调解工作，并具有一定法律知识、政策水平和文化水平的成年公民担任。"

（2）劳动争议调解的原则。

1）自愿原则。劳动争议调解委员会应当依照法律、法规，遵循双方当事人自愿原则进行调解。经调解达成协议的，制作调解协议书，双方当事人应当自觉履行；调解不成的，当事人在规定的期限内，可以向劳动争议仲裁委员会申请仲裁。双方自愿原则体现在以下3方面：① 是否向调解委员会申请调解，由当事人自行决定，任何一方不得强迫。调解委员会的调解，在我国劳动争议处理程序中不是必经的程序，是否向调解委员会申请调解，由争议双方自愿选择。当事人任何一方或双方也可以直接向当地劳动争议仲裁委员会申请仲裁。② 在调解过程中，始终贯彻自愿协商的原则。调解委员会本身并无决定权，劳动争议的解决主要依靠双方自愿调解达成的协议，由当事人自愿执行，不得强迫。调解机构在调解过程中不能强行调解或勉强达成协议，更不允许包办代替。调解的过程是一个自愿协商的过程，双方当事人法律地位平等，任何一方不得强迫另一方。③ 调解协议的执行是自愿的。经劳动争议调解委员会调解达成的协议，没有强制执行的法律效力。调解协议只能依靠当事人承诺、彼此信任以及道德约束自觉遵守。如果一方反悔，不履行，任何人无权强制其履行。根据劳动法律法规的规定，劳动争议经调解达成协议的，当事人应当自觉履行，对当事人一方不履行协议的，任何一方可以通过仲裁或诉讼解决问题。

2）民主说服原则。这是由劳动争议调解委员会的性质决定的。企业劳动争议调解委员会是专门处理企业内部劳动争议的群众性组织，不像司法、仲裁机构和行政机关那样拥有国家授予的权力，调解活动的参加人不享有诉讼活动中的权利和义务。企业劳动争议调解委员会对劳动争议没有强制处理权，对调解达成的协议也没有法律强制力的保障。因此，在调解劳动纠纷时，主要依据法律、法规，运用民主讨论、说服教育的方法，摆事实，讲道理，做深入细致的思想工作，在双方认识一致的前提下，动员其自愿协商后达成协议。坚持这一原则，要反对强迫命令、用权势压服的做法。

（3）调解的程序及期限。调解委员会调解劳动争议，无严格程序要求，一般包括调解准备、调节开始、实施调解、调解终止等几个阶段。当事人申请调节，应当从知道或应当知道其权利被侵害之日起 30 日内，以口头或书面形式向调解委员会提出申请，并填写劳动争议调解申请书。调解委员会接到调解申请后，应征询对方当事人的意见，对方当事人不愿调解的，应做好记录，在 3 日内以书面形式通知申请人。调解委员会应在 4 日内做出受理或不受理申请的决定，对不受理的，应向申请人说明理由。调解的步骤包括调查核实、召开调解会议、听取陈述、公正调解。调解达成协议的，制作调解协议书；调解不成的，应做好记录。调解委员会调解劳动争议，应当自当事人申请调解之日起 30 日内结束；到期未结束的，视为调解不成。自劳动争议调解组织收到调解申请之日起 15 日内未达成调解协议的，当事人可以依法申请仲裁。

### 3．仲裁

劳动争议的仲裁是解决劳动争议的重要手段，它既像劳动争议调解一样具有灵活、快捷的特点，又具有可强制执行的特点，构成企业劳动争议调解委员会调解劳动争议和法院审判劳动争议之间承上启下的重要环节。

仲裁俗称公断，是指对某一事件、某一问题发生争议的双方当事人，在争议发生前约定，或者在争议发生后协商确定，或者根据法律规定，将争议自愿地或者依法必须交由无利害关系的第三人或法律所指定的机构，依法进行调解、斡旋，直至按照一定程序进行判断、裁决。争议双方当事人对于生效的裁决必须执行，否则当事人可以依法申请强制执行从而使争议得以解决。劳动争议仲裁作为仲裁的一种，是指经劳动争议当事人申请，由劳动争议仲裁委员会对劳动争议当事人因劳动权利、义务等问题产生的争议进行的评价、调解和裁决，其生效裁决具有国家强制力。其任务在于妥善处理劳动争议，保护企业和职工的合法权益，维护正常的生产秩序和社会秩序，促进社会主义建设。

（1）劳动争议仲裁的特征。

1）劳动争议仲裁是由争议双方当事人以外的第三人所做出的行为，即由劳动争议仲裁委员会做出的行为。

《中华人民共和国劳动争议调解仲裁法》明确规定："第十七条 劳动争议仲裁委员会按照统筹规划、合理布局和适应实际需要的原则设立。省、自治区人民政府可以决定在市、县设立；直辖市人民政府可以决定在区、县设立。直辖市、设区的市也可以设立一个或若干个劳动争议仲裁委员会。劳动争议仲裁委员会不按行政区划层层设立。"

根据上述规定，我国劳动争议仲裁的主体包括市、县、市辖区一级的劳动争议仲裁委员会，同时也可能涉及省、自治区、直辖市一级的劳动争议仲裁委员会，但当事人只能选择其中一级仲裁委员会进行仲裁。

2）劳动争议仲裁具有强制执行的特征。《中华人民共和国劳动争议调解仲裁法》明确规定："第五十一条当事人对发生法律效力的调解书、裁决书，应当依照规定的期限履行。一方当事人逾期不履行的，另一方当事人可以依照民事诉讼法的有关规定向人民法院申请执行。受理申请的人民法院应当依法执行。"可见，劳动争议仲裁虽不属于司法机关审判的范畴，不是由司法机关来进行的，而是由劳动争议仲裁委员会做出的，但当仲裁裁决生效以后即具备了法律上的强制力，如果一方当事人不执行裁决，对方当事人就可以请求法院强制执行。

3）劳动争议仲裁的范围具有广泛性。劳动合同关系是一种关系到人的物质文化生活的极为重要的关系，涉及千家万户。劳动合同发生的争议是劳动争议的重要组成部分，具体包括因执行、变更、解除、终止劳动合同发生的争议。而仲裁是解决劳动争议的必经途径，这就决定了劳动争议仲裁的范围是非常广泛的。

根据《中华人民共和国劳动争议调解仲裁法》的规定，我国劳动争议仲裁采取了强制性的、多轨制的一级终裁体制。所谓强制性，即指劳动争议仲裁是解决劳动争议的必经途径，只有经过仲裁，方可向人民法院起诉。所谓多轨制，是指劳动争议经过仲裁机关仲裁，如果争议当事人对仲裁裁决不服，还可向人民法院提起诉讼，而并非只能在仲裁与诉讼中选择其一。所谓一级终裁是指我国的劳动争议仲裁只设一级仲裁机构，争议当事人只能申请一次仲裁。在我国，县、自治市辖区必须设有劳动争议仲裁委员会，省、自治区、直辖市也可能设有劳动争议仲裁委员会，但它们两者之间并无隶属关系，只是在受理案件的范围及职责上有所区分。劳动争议在经过一个仲裁机关裁决以后，当事人就不得再要求另一仲裁机关裁决。

（2）劳动争议仲裁的机构。《中华人民共和国劳动争议调解仲裁法》规定："第十七条　劳动争议仲裁委员会按照统筹规划、合理布局和适应实际需要的原则设立。省、自治区人民政府可以决定在市、县设立；直辖市人民政府可以决定在区、县设立。直辖市、设区的市也可以设立一个或者若干个劳动争议仲裁委员会。劳动争议仲裁委员会不按行政区划层层设立。"

劳动争议仲裁机构主要包括劳动争议仲裁委员会和仲裁委员会办事机构以及仲裁庭。

仲裁委员会是国家授权依法独立处理劳动争议的专门机构，负责处理本仲裁委员会管辖范围内的劳动争议案件，聘任专职和兼职仲裁员，并对仲裁员进行管理。仲裁委员会由劳动行政主管部门的代表、同级工会的代表及用人单位方面的代表组成。仲裁委员会的组成实行"三方原则"，劳动行政主管部门代表政府；工会代表劳动者；还有用人单位的代表。仲裁委员会的组成人数必须是单数，主任由劳动行政部门的负责人担任，实行少数服从多数的原则。

劳动行政主管部门的劳动争议处理机构为仲裁委员会的办事机构，负责办理仲裁委员会的日常事务。

（3）仲裁案件的受理范围。可以申请仲裁的劳动争议有 3 种情况：

1）发生争议后，直接向仲裁委员会申请仲裁的；

2）发生争议后，本企业没有调解委员会的；

3）发生争议后，经企业调解委员会调解不成的。

凡属上述 3 种情况，又符合法律规定受案范围的劳动争议，双方当事人都有权向仲裁委员会申请仲裁。

（4）仲裁案件的管辖。它是指确定各个仲裁机构审理劳动争议案件的权限，明确当事人应向哪一个仲裁机关申请仲裁，由哪一个仲裁机关受理的法律制度，其实质是仲裁机关审理案件的内部分工。明确管辖范围，有利于仲裁机关行使仲裁权和当事人正确行使申诉权。仲裁管辖实行地域管辖为主，级别管辖为辅的原则。

1）地域管辖。地域管辖指同级仲裁委员会之间，对于审理劳动争议案件的职权划分。同级仲裁委员会的管辖权，原则上依行政区域划分。《中华人民共和国劳动争议调解仲裁法》规定："第二十一条 劳动争议仲裁委员会负责管辖本区域内发生的劳动争议。劳动争议由劳动合同履行地或者用人单位所在地的劳动争议仲裁委员会管辖。双方当事人分别向劳动合同履行地和用人单位所在地的劳动争议仲裁委员会申请仲裁的，由劳动合同履行地的劳动争议仲裁委员会管辖。"

2）级别管辖。级别管辖指上下级仲裁委员会之间，受理劳动争议案件的分工和权限，其实质是由哪一家仲裁委员会审理什么样的劳动争议案件。划分级别管辖的主要依据是案件的性质、重大与复杂程度，在劳动争议仲裁实践中还应依据企业的类型等。目前，主要有两种级别管辖的方法：① 直辖市与其所辖区审理案件的权限划分。市辖区仲裁委员会处理本辖区的劳动争议案件；直辖市的仲裁委员会则受理本市范围内有重大影响、案情复杂以及涉外的劳动争议，如集体争议、外资企业劳动争议和大型企业的劳动争议等。② 省、自治区仲裁委员会与其所属的地、市一级的仲裁委员会的权限划分。一般省一级仲裁委员会不直接受理劳动争议案件，只负责指导全省（区）的劳动仲裁工作；省辖市、地区一级的仲裁委员会受理本行政区域内有重大影响、案情复杂以及外资企业和大型企业的劳动争议。

（5）仲裁时效。时效是指在规定的期限内，劳动争议当事人不行使申诉权，申诉权因期满而归于消灭的制度。《中华人民共和国劳动争议调解仲裁法》规定："第二十七条  劳动争议申请仲裁的时效期间为一年。仲裁时效期间从当事人知道或者应当知道其权利被侵害之日起计算。前款规定的仲裁时效，因当事人一方向对方当事人主张权利，或者向有关部门请求权利救济，或者对方当事人同意履行义务而中断。从中断时起，仲裁时效期间重新计算。因不可抗力或者有其他正当理由，当事人不能在本条第一款规定的仲裁时效期间申请仲裁的，仲裁时效中止。从中止时效的原因消除之日起，仲裁时效期间继续计算。劳动关系存续期间因拖欠劳动报酬发生争议的，劳动者申请仲裁不受本条第一款规定的仲裁时效期间的限制；但是，劳动关系终止的，应当自劳动关系终止之日起一年内提出。"

法律为行使申诉权规定了时间界限，当事人应当从知道或者应当知道其权利被侵害之日起 60 日内，以书面形式向仲裁委员会申请仲裁。如期限届满，即丧失请求保护其权利的申诉权，仲裁委员会对其仲裁申请不予受理。

时效的规定，是针对正常情况做出的，如果当事人因不可抗力或者有其他正当理由超过时效的，仲裁委员会应当受理。

（6）仲裁裁决的效力。仲裁裁决是仲裁庭做出的、对当事人具有约束力的、具体解决争议的决定。仲裁庭处理劳动争议案件应当先行调解，调解达成协议的，制作调解书，调解书自送达之日起具有法律效力。调解未达成协议或者调解书送达前当事人反悔的，仲裁庭应当及时裁决。当事人对仲裁裁决不服的，自收到裁决书之日起 15 日内，可以向人民法院起诉；期满不起诉的，裁决书即发生法律效力，当事人对发生法律效力的调解书和裁决书，应当依照规定的期限履行。一方当事人逾期不履行的，另一方当事人可以申请人民法院强制执行。

劳动争议仲裁委员会做出仲裁裁决后，当事人对裁决中的部分事项不服，依法向人民法院起诉的，劳动争议仲裁裁决不发生法律效力。

劳动争议仲裁委员会对涉及多个劳动者的劳动争议做出仲裁裁决后，部分劳动者对仲裁裁决不服，依法向人民法院起诉的，仲裁裁决对提出起诉的劳动者不发生法律效力；对未提出起诉的部分劳动者发生法律效力。

（7）仲裁的程序。仲裁主要包括 3 个步骤：立案、裁决和结案。

当事人向仲裁委员会申请仲裁，应当提交书面仲裁申请，并按照被申请人人数提交副本。

仲裁申请书应当载明下列事项：①劳动者的姓名、性别、年龄、职业、工作单位和住所，用人单位的名称、住所和法定代表人或者主要负责人的姓名、职务；②仲裁请求和所根据的事实、理由；③证据和证据来源、证人姓名和住所。

书写仲裁申请确有困难的，可以口头申请，由劳动争议仲裁委员会记入笔录，并告知对方当事人。

劳动争议仲裁委员会收到仲裁申请之日起五日内，认为符合受理条件的，应当受理，并通知申请人；认为不符合受理条件的，应当书面通知申请人不予受理，并说明理由。对劳动争议仲裁委员会不予受理或者逾期未作出决定的，申请人可以就该劳动争议事项向人民法院提起诉讼。

劳动争议仲裁委员会受理仲裁申请后，应当在五日内将仲裁申请书副本送达被申请人。被申请人收到仲裁申请书副本后，应当在十日内向劳动争议仲裁委员会提交答辩书。劳动争议仲裁委员会收到答辩书后，应当在五日内将答辩书副本送达申请人。被申请人未提交答辩书的，不影响仲裁程序的进行。

劳动争议仲裁委员会应当在受理仲裁申请之日起五日内将仲裁庭的组成情况书面通知当事人。

仲裁庭应当在开庭五日前，将开庭日期、地点书面通知双方当事人。当事人有正当理由的，可以在开庭三日前请求延期开庭。是否延期由劳动争议仲裁委员会决定。

申请人收到书面通知，无正当理由拒不到庭或者未经仲裁庭同意中途退庭的，可以视为撤回仲裁申请。被申请人收到书面通知，无正当理由拒不到庭或者未经仲裁庭同意中途退庭的，可以缺席裁决。

仲裁庭在作出裁决前，应当先行调解。调解达成协议的，仲裁庭应当制作调解书。调解书应当写明仲裁请求和当事人协议的结果。调解书由仲裁员签名，加盖劳动争议仲裁委员会印章，送达双方当事人。调解书经双方当事人签收后，发生法律效力。调解不成或者调解书送达前，一方当事人反悔的，仲裁庭应当及时作出裁决。

（8）仲裁的期限。仲裁庭裁决劳动争议案件，应当自劳动争议仲裁委员会受理仲裁申请之日起四十五日内结束。案情复杂需要延期的，经劳动争议仲裁委员会主任批准，可以延期并书面通知当事人，但是延长期限不得超过十五日。逾期未作出仲裁裁决的，当事人可以就该劳动争议事项向人民法院提起诉讼。仲裁庭裁决劳动争议案件时，其中一部分事实已经清楚，可以就该部分先行裁决。对于请示待批、工伤鉴定当事人因故不能参加仲裁活动及其他妨碍仲裁办案进行的客观情况，应视为仲裁时效中止，并需报仲裁委员会审查同意。仲裁时效中止不计入仲裁办案时效内。

 **相关链接**

---

**中华人民共和国人力资源和社会保障部令**

**第 2 号**

《劳动人事争议仲裁办案规则》已于 2008 年 12 月 17 日经人力资源和社会保障部第 15 次部务会议通过，现予公布，自公布之日起施行。

部长 尹蔚民

二〇〇九年一月一日

劳动人事争议仲裁办案规则

二〇〇九年一月一日

第一章

第一条 为公正及时处理劳动、人事争议（以下简称争议），规范仲裁办案程序，根据《中华人民共和国劳动争议调解仲裁法》（以下简称调解仲裁法）以及《中华人民共和国公务员法》（以下简称公务员法）、《中国人民解放军文职人员条例》和有关法律法规、国务院有关规定，制定本规则。

---

第二条　本规则适用下列争议的仲裁：

（一）企业、个体经济组织、民办非企业单位等组织与劳动者之间，以及机关、事业单位、社会团体与其建立劳动关系的劳动者之间，因确认劳动关系，订立、履行、变更、解除和终止劳动合同，工作时间、休息休假、社会保险、福利、培训以及劳动保护，劳动报酬、工伤医疗费、经济补偿或者赔偿金等发生的争议；

（二）实施公务员法的机关与聘任制公务员之间、参照公务员法管理的机关（单位）与聘任工作人员之间因履行聘任合同发生的争议；

（三）事业单位与工作人员之间因除名、辞退、辞职、离职等解除人事关系以及履行聘用合同发生的争议；

（四）社会团体与工作人员之间因除名、辞退、辞职、离职等解除人事关系以及履行聘用合同发生的争议；

（五）军队文职人员聘用单位与文职人员之间因履行聘用合同发生的争议；

（六）法律、法规规定由仲裁委员会处理的其他争议。

第三条　仲裁委员会处理争议案件，应当遵循合法、公正的原则，先行调解，及时裁决。

第四条　劳动者一方在十人以上的争议，或者因履行集体合同发生的劳动争议，仲裁委员会可优先立案，优先审理。

仲裁委员会处理因履行集体合同发生的劳动争议，应当按照三方原则组成仲裁庭处理。

## 第二章　一般规定

第五条　因履行集体合同发生的劳动争议，经协商解决不成的，工会可以依法申请仲裁；尚未建立工会的，由上级工会指导劳动者推举产生的代表依法申请仲裁。

第六条　发生争议的劳动者一方在十人以上，并有共同请求的，劳动者可以推举三至五名代表人参加仲裁活动。

第七条　代表人参加仲裁的行为对其所代表的当事人发生效力，但代表人变更、放弃仲裁请求或者承认对方当事人的仲裁请求，进行和解，必须经被代表的当事人同意。

第八条　发生争议的用人单位被吊销营业执照、责令关闭、撤销以及用人单位决定提前解散、歇业，不能承担相关责任的，依法将其出资人、开办单位或主管部门作为共同当事人。

第九条　劳动者与个人承包经营者发生争议，依法向仲裁委员会申请仲裁的，应当将发包的组织和个人承包经营者作为当事人。

第十条　在争议申请仲裁的时效期间内，有下列情形之一的，仲裁时效中断；从中断时起，仲裁时效期间重新计算：

（一）一方当事人通过协商、申请调解等方式向对方当事人主张权利的；

（二）一方当事人通过向有关部门投诉，向仲裁委员会申请仲裁，向人民法院起诉或者申请支付令等方式请求权利救济的；

（三）对方当事人同意履行义务的。

第十一条 因不可抗力，或者有无民事行为能力或者限制民事行为能力劳动者的法定代理人未确定等其他正当理由，当事人不能在规定的仲裁时效期间申请仲裁的，仲裁时效中止。从中止时效的原因消除之日起，仲裁时效期间继续计算。

第十二条 劳动合同履行地为劳动者实际工作场所地，用人单位所在地为用人单位注册、登记地。用人单位未经注册、登记的，其出资人、开办单位或主管部门所在地为用人单位所在地。

案件受理后，劳动合同履行地和用人单位所在地发生变化的，不改变争议仲裁的管辖。

多个仲裁委员会都有管辖权的，由先受理的仲裁委员会管辖。

第十三条 仲裁委员会发现已受理案件不属于其管辖范围的，应当移送至有管辖权的仲裁委员会，并书面通知当事人。

对上述移送案件，受移送的仲裁委员会应依法受理。受移送的仲裁委员会认为受移送的案件依照规定不属于本仲裁委员会管辖，或仲裁委员会之间因管辖争议协商不成的，应当报请共同的上一级仲裁委员会主管部门指定管辖。

第十四条 当事人提出管辖异议的，应当在答辩期满前书面提出。当事人逾期提出的，不影响仲裁程序的进行，当事人因此对仲裁裁决不服的，可以依法向人民法院起诉或者申请撤销。

第十五条 当事人提出回避申请，应当说明理由，在案件开始审理时提出；回避事由在案件开始审理后知道的，也可以在庭审辩论终结前提出；当事人在庭审辩论终结后提出的，不影响仲裁程序的进行，当事人因此对仲裁裁决不服的，可以依法向人民法院起诉或者申请撤销。

被申请回避的人员在仲裁委员会作出是否回避的决定前，应当暂停参与本案的处理，但因案件需要采取紧急措施的除外。

第十六条 仲裁员是否回避，由仲裁委员会主任或其授权的办事机构负责人决定。仲裁委员会主任担任案件仲裁员是否回避，由仲裁委员会决定。

第十七条 当事人对自己提出的主张有责任提供证据。与争议事项有关的证据属于用人单位掌握管理的，用人单位应当提供；用人单位不提供的，应当承担不利后果。

第十八条 在法律没有具体规定，依本规则第十七条规定无法确定举证责任承担时，仲裁庭可以根据公平原则和诚实信用原则，综合当事人举证能力等因素确定举证责任的承担。

第十九条 承担举证责任的当事人应当在仲裁委员会指定的期限内提供有关证据。当事人在指定期限内不提供的，应当承担不利后果。

第二十条 当事人因客观原因不能自行收集的证据，仲裁委员会可以根据当事人的申请，参照《中华人民共和国民事诉讼法》有关规定予以收集；仲裁委员会认为有必要的，也可以决定参照《中华人民共和国民事诉讼法》有关规定予以收集。

第二十一条 仲裁委员会依法调查取证时，有关组织和个人应当协助配合。

第二十二条 争议处理中涉及证据形式、证据提交、证据交换、证据质证、证据认定等事项，本规则未规定的，参照民事诉讼证据规则的有关规定执行。

第二十三条 仲裁期间包括法定期间和仲裁委员会指定期间。

仲裁委员会送达仲裁文书必须有送达回证，由受送达人在送达回证上记明收到日期，签名或盖章。受送达人在送达回证上的签收日期为送达日期。

仲裁期间的计算和仲裁文书的送达方式，仲裁委员会可以参照民事诉讼关于期间的计算和送达方式的有关规定执行。

第二十四条 案件处理终结后，仲裁委员会应当将处理过程中形成的全部材料立卷归档。

第二十五条 仲裁案卷分正卷和副卷装订。

正卷包括：仲裁申请书、受理（不予受理）通知书、答辩书、法定代表人身份证明书、授权委托书、调查证据、勘验笔录、开庭通知、庭审笔录、延期通知书、仲裁建议书、调解书、裁决书、送达回执等。

副卷包括：评议记录、立案审批表、调查提纲、阅卷笔录、会议笔录、底稿、结案审批表等。

第二十六条 仲裁委员会应当建立案卷查阅制度。对不需要保密的内容，应当允许当事人及其代理人查阅、复印。

第二十七条 仲裁调解和其他方式结案的案卷，保存期不少于五年，仲裁裁决结案的案卷，保存期不少于十年，国家另有规定的从其规定。保存期满后的案卷，应按照国家有关档案管理的规定处理。

第二十八条 在仲裁活动中涉及国家秘密和军事秘密的，按照国家和军队有关保密规定执行。

### 第三章 仲裁程序

第一节 申请和受理

第二十九条 申请人申请仲裁应当提交书面仲裁申请，并按照被申请人人数提交副本。仲裁申请书应当载明下列事项：

（一）劳动者的姓名、性别、年龄、职业、工作单位、住所、通讯地址和联系电话，用人单位的名称、住所、通讯地址、联系电话和法定代表人或者主要负责人的姓名、职务；

（二）仲裁请求和所根据的事实、理由；

（三）证据和证据来源，证人姓名和住所。

书写仲裁申请确有困难的，可以口头申请，由仲裁委员会记入笔录，经申请人签名或者盖章确认。

申请人的书面仲裁申请材料齐备的，仲裁委员会应当出具收件回执。

对于仲裁申请书不规范或者材料不齐备的，仲裁委员会应当当场或者在五日内一并告知申请人需要补正的全部材料。申请人按要求补正全部材料的，仲裁委员会应当出具收件回执。

第三十条 仲裁委员会对符合下列条件的仲裁申请应当予以受理，并在收到仲裁申请之日起五日内向申请人出具受理通知书：

（一）属于本规则第二条规定的争议范围；

（二）有明确的仲裁请求和事实理由；

（三）在申请仲裁的法定时效期间内；

（四）属于仲裁委员会管辖范围。

第三十一条　对不符合第三十条第一、二、三项规定之一的仲裁申请，仲裁委员会不予受理，并在收到仲裁申请之日起五日内向申请人出具不予受理通知书。

对不符合第三十条第四项规定的仲裁申请，仲裁委员会应当在收到仲裁申请之日起五日内，向申请人作出书面说明并告知申请人向有管辖权的仲裁委员会申请仲裁。

对仲裁委员会逾期未作出决定或决定不予受理的，申请人可以就该争议事项向人民法院提起诉讼。

第三十二条　仲裁委员会受理案件后，发现不应当受理的，除本规则第十三条规定外，应当撤销案件，并自决定撤销案件后五日内，按照本规则第三十一条的规定书面通知当事人。

第三十三条　仲裁委员会在申请人申请仲裁时，可以引导当事人通过协商、调解等方式解决争议，给予必要的法律释明及风险提示。

第三十四条　仲裁委员会受理仲裁申请后，应当在五日内将仲裁申请书副本送达被申请人。

被申请人收到仲裁申请书副本后，应当在十日内向仲裁委员会提交答辩书。仲裁委员会收到答辩书后，应当在五日内将答辩书副本送达申请人。被申请人逾期未提交答辩书的，不影响仲裁程序的进行。

第三十五条　被申请人可以在答辩期间提出反申请，仲裁委员会应当自收到被申请人反申请之日起五日内决定是否受理并通知被申请人。

决定受理的，仲裁委员会可以将反申请和申请合并处理。

该反申请如果是应当另行申请仲裁的争议，仲裁委员会应当书面告知被申请人另行申请仲裁；该反申请如果是不属于本规则规定应当受理的争议，仲裁委员会应当向被申请人出具不予受理通知书。

被申请人在答辩期满后对申请人提出反申请的，应当另行提出，另案处理。

第二节　开庭和裁决

第三十六条　仲裁委员会应当在受理仲裁申请之日起五日内组成仲裁庭并将仲裁庭的组成情况书面通知当事人。

第三十七条　仲裁庭应当在开庭五日前，将开庭日期、地点书面通知双方当事人。当事人有正当理由的，可以在开庭三日前请求延期开庭。是否延期，由仲裁委员会根据实际情况决定。

第三十八条　申请人收到书面通知，无正当理由拒不到庭或者未经仲裁庭同意中途退庭的，可以按撤回仲裁申请处理，申请人重新申请仲裁的，仲裁委员会不予受理。被申请人收到书面通知，无正当理由拒不到庭或者未经仲裁庭同意中途退庭的，可以缺席裁决。

第三十九条　开庭审理时，仲裁员应当听取申请人的陈述和被申请人的答辩，主持庭审调查、质证和辩论、征询当事人最后意见，并进行调解。

第四十条 仲裁庭应当将开庭情况记入笔录。当事人或者其他仲裁参加人认为对自己陈述的记录有遗漏或者差错的，有权申请补正。仲裁庭认为申请无理由或者无必要的，可以不予补正，但是应当记录该申请。

仲裁员、记录人员、当事人和其他仲裁参加人应当在庭审笔录上签名或者盖章。当事人或者其他仲裁参加人拒绝在庭审笔录上签名或者盖章的，仲裁庭应记明情况附卷。

第四十一条 申请人在举证期限届满前可以提出增加或者变更仲裁请求；仲裁庭对申请人增加或者变更的仲裁请求审查后认为应当受理的，应当通知被申请人并给予答辩期，被申请人明确表示放弃答辩期的除外。

申请人在举证期限届满后提出增加或变更仲裁请求的，应当另行提出，另案处理。

第四十二条 当事人申请仲裁后，可以自行和解。达成和解协议的，可以撤回仲裁申请，也可以请求仲裁庭根据和解协议制作调解书。

第四十三条 仲裁调解达成协议的，仲裁庭应当制作调解书。

调解书应当写明仲裁请求和当事人协议的结果。调解书由仲裁员签名，加盖仲裁委员会印章，送达双方当事人。调解书经双方当事人签收后，发生法律效力。

调解不成或者调解书送达前，一方当事人反悔的，仲裁庭应当及时作出裁决。

第四十四条 仲裁庭裁决案件，应当自仲裁委员会受理仲裁申请之日起四十五日内结束。案情复杂需要延期的，经仲裁委员会主任批准，可以延期并书面通知当事人，但延长期限不得超过十五日。

第四十五条 有下列情形的，仲裁期限按照下列规定计算：

（一）申请人需要补正材料的，仲裁委员会收到仲裁申请的时间从材料补正之日起计算；

（二）增加、变更仲裁申请的，仲裁期限从受理增加、变更仲裁申请之日起重新计算；

（三）仲裁申请和反申请合并处理的，仲裁期限从受理反申请之日起重新计算；

（四）案件移送管辖的，仲裁期限从接受移送之日起计算；

（五）中止审理期间不计入仲裁期限内；

（六）有法律、法规规定应当另行计算的其他情形的。

第四十六条 因出现案件处理依据不明确而请示有关机构，或者案件处理需要等待工伤认定、伤残等级鉴定、司法鉴定结论，公告送达以及其他需要中止仲裁审理的客观情形，经仲裁委员会主任批准，可以中止案件审理，并书面通知当事人。中止审理的客观情形消除后，仲裁庭应当恢复审理。

第四十七条 当事人因仲裁庭逾期未作出仲裁裁决而向人民法院提起诉讼的，仲裁委员会应当裁定该案件终止审理；当事人未就该争议事项向人民法院提起诉讼，并且双方当事人同意继续仲裁的，仲裁委员会可以继续处理并裁决。

第四十八条 仲裁庭裁决案件时，其中一部分事实已经清楚，可以就该部分先行裁决，当事人就该部分达成调解协议的，可以先行出具调解书。当事人对先行裁决不服的，可以依照调解仲裁法有关规定处理。

第四十九条 仲裁庭裁决案件时，裁决内容同时涉及终局裁决和非终局裁决的，应分别作出裁决并告知当事人相应的救济权利。

第五十条　仲裁庭对追索劳动报酬、工伤医疗费、经济补偿或者赔偿金的案件，根据当事人的申请，可以裁决先予执行，移送人民法院执行。

仲裁庭裁决先予执行的，应当符合下列条件：

（一）当事人之间权利义务关系明确；

（二）不先予执行将严重影响申请人的生活。

劳动者申请先予执行的，可以不提供担保。

第五十一条　裁决应当按照多数仲裁员的意见作出，少数仲裁员的不同意见应当记入笔录。仲裁庭不能形成多数意见时，裁决应当按照首席仲裁员的意见作出。

第五十二条　裁决书应当载明仲裁请求、争议事实、裁决理由、裁决结果、当事人权利和裁决日期。裁决书由仲裁员签名，加盖仲裁委员会印章。对裁决持不同意见的仲裁员，可以签名，也可以不签名。

第五十三条　对裁决书中的文字、计算错误或者仲裁庭已经裁决但在裁决书中遗漏的事项，仲裁庭应当及时予以补正并送达当事人。

第五十四条　对于权利义务明确、事实清楚的简单争议案件或经双方当事人同意的其他争议案件，仲裁委员会可指定一名仲裁员独任处理，并可在庭审程序、案件调查、仲裁文书送达、裁决方式等方面进行简便处理。

第五十五条　当事人对裁决不服向人民法院提起诉讼的，依照调解仲裁法的有关规定处理。

### 第四章　附　则

第五十六条　本规则未作规定的人事争议仲裁涉及事项，依照《人事争议处理规定》有关规定执行。

第五十七条　本规则规定的"三日"、"五日"，指工作日。

第五十八条　本规则自颁布之日起施行。1993年10月18日原劳动部颁布的《劳动争议仲裁委员会办案规则》和1999年9月6日原人事部颁布的《人事争议处理办案规则》同时废止。

资料来源：http://www.gov.cn/gzdt/2009-01/09/content_1201018.htm

**4．诉讼**

《中华人民共和国劳动争议调解仲裁法》规定："**第四十七条**　下列劳动争议，除本法另有规定外，仲裁裁决为终局裁决，裁决书自作出之日起发生法律效力：（一）追索劳动报酬、工伤医疗费、经济补偿或者赔偿金，不超过当地月最低工资标准十二个月金额的争议；（二）因执行国家的劳动标准在工作时间、休息休假、社会保险等方面发生的争议。

**第四十八条**　劳动者对本法第四十七条规定的仲裁裁决不服的，可以自收到仲裁裁决书之日起十五日内向人民法院提起诉讼。

**第五十条**　当事人对本法第四十七条规定以外的其他劳动争议案件的仲裁裁决不服的，可以自收到仲裁裁决书之日起十五日内向人民法院提起诉讼；期满不起诉的，裁决书发生法律效力。

**第五十一条**　当事人对发生法律效力的调解书、裁决书，应当依照规定的期限履行。一方当事人逾期不履行的，另一方当事人可以依照民事诉讼法的有关规定向人民法院申请执行。受理申请的人民法院应当依法执行。"

综合上述规定，可以得出两点结论：① 人民法院的审判是劳动争议解决的最终途径。任何一个劳动争议案件，在它没有得到解决以前，当事人不服仲裁委员会仲裁的，有权向人民法院起诉。人民法院应当受理、审理并做出判决。法院的审理包括一审、二审及三审程序，最终的生效判决标志着这一劳动争议案件的最终解决。② 无论是生效的劳动争议案件的调解协议，还是仲裁裁决，或是人民法院的终审判决，都存在一个实际执行的问题，若一方当事人应当履行而拒不履行，则另一方当事人有权申请人民法院强制执行。法院的强制执行是劳动争议案件能够真正切实得以解决的保障。

劳动争议诉讼指劳动争议当事人不服劳动争议仲裁委员会的裁决，在规定的期限内向人民法院起诉，人民法院依照民事诉讼程序，依法对劳动争议案件进行审理的活动。此外，劳动争议的诉讼，还包括当事人一方不履行仲裁委员会已发生法律效力的裁决书或调解书，另一方当事人申请人民法院强制执行的活动。

劳动争议诉讼是处理劳动争议的最终程序，它通过司法程序保证了劳动争议的最终彻底解决。由人民法院参与处理劳动争议，从根本上将劳动争议处理工作纳入了法制轨道，有利于保障当事人的诉讼权，有助于监督仲裁委员会的裁决，有利于生效的调解协议、仲裁裁决和法院判决的执行。

最高人民法院于 2001 年 4 月 30 日公布了《关于审理劳动争议案件适用法律若干问题的解释》（以下简称《解释》），随后又公布了《关于审理劳动争议案件适用法律若干问题的解释》（二）、（三）、（四），《解释（四）》于 2012 年 12 月 31 日由最高人民法院审判委员会第 1566 次会议通过，自 2013 年 2 月 1 日起施行。对劳动争议案件的受理、举证责任、仲裁效力等方面做出明确规定。主要体现了《劳动法》保护劳动关系中的劳动者的立法精神，同时也有效地保障了用人单位的正当权益。

（1）劳动争议诉讼的特点。

1）劳动争议诉讼是在国家审判机关主持下进行的协商，是依靠争议主体自己的行为而使争议得到平息或解决。调解（指企业劳动争议调解委员会的调解和仲裁机关的调解，下同）或仲裁则是在非审判机构的第三者主持下解决争议的方式。与此不同，劳动争议诉讼是由国家审判机关来主持，审判权由法院独立行使，其他任何机构均无权行使民事审判权。

2）劳动争议诉讼依靠国家强制力作为解决劳动争议的后盾，协商所体现的是争议主体本身的意志和情感，调解与仲裁对于争议的解决则主要依靠主持调解或仲裁的第三者的威望与影响。尽管我国立法赋予了生效调解协议和仲裁裁决强制执行的效力，但就整体而言，它们对争议的解决主要依靠的并不是国家的强制力。劳动争议诉讼与这些非诉讼手段的重要区别之一在于，它始终是以国家强制力作为解决争议的后盾。这种强制力不仅体现在诉讼过程中，法院可以根据实际需要依法采取某些强制性手段，如强制传唤被告到庭应诉、强制采取某些保全措施，强制地排除某些妨碍诉讼活动的行为等，更重要的是，法院可以应当事人的申请，对逾期不履行的生效判决、仲裁裁决和调解协议采取强制措施、以国家强制力保证执行。

3）劳动争议诉讼是依照严格的程序和程式进行的。与解决劳动争议的非诉讼手段相比，劳动争议诉讼更加注重解决争议过程的程序与程式。这些程序和程式对于保障全面审查争议发生和发展的事实过程，保障法律的准确适用有重要意义。这一点既与完全不需要程序和程式的当事人协商不同，同时也有别于调解和仲裁。虽然调解和仲裁也要遵循一定的程序，但当事人在调解和仲裁过程中的自主程度比较高，行为选择的余地也比较大。在劳动争议诉讼中，是否依照法定的程序和程式行事，不仅关系到争议主体的实体权益将如何处置，也关系到法院和各诉讼参加人的行为是否符合法律的要求。无论实体裁判结果怎样，诉讼中某些严重违反程序或程式的行为都将会引起严重的法律后果。

在分析劳动争议诉讼的上述特点的同时，还应指出其与解决劳动争议的非诉讼手段之间的联系。概括地说，它们之间的联系体现在两方面：① 劳动争议诉讼与非诉讼手段在适用上具有相继关系，即当非诉讼手段不能使争议得到解决时，则可进一步适用诉讼手段。劳动争议诉讼与非诉讼手段适用上的这种相继性，体现了"司法最终解决"的原则。② 劳动争议诉讼的存在和适用可以强化非诉讼手段的适用效果。从现象上看，非诉讼手段解决争议的过程是独立实现的，但实质上，非诉讼手段之所以能够取得一定的效果，同诉讼手段的存在和适用是密切相关的。因为劳动争议诉讼的存在和适用同时也意味着，如果争议主体不能运用非诉讼手段使冲突得到解决，则会导致诉讼的发生，导致国家强制力的运用。可以肯定，如果没有劳动合同争议诉讼的存在，非诉讼手段适用的实际效果也是极其微弱的。

（2）劳动争议诉讼的原则。人民法院审理劳动争议案件适用《中华人民共和国民事诉讼法》所规定的诉讼程序，遵循司法审判中的一般诉讼原则。例如，以事实为根据、以法律为准绳的原则；独立行使审判权的原则；回避原则；着重调解的原则等。处理劳动争议案件要以劳动法律、法规和政策为依据。此外，根据劳动争议案件的特殊性，还应体现与有关单位密切配合的原则。劳动行政机关是国家管理劳动工作的专门部门，了解和熟悉劳动法律、法规和政策。另外，工会等有关部门都从事企业生产、安全、工资福利、劳动保护等各项管理和监督检查工作，情况也比较熟悉。特别是劳动争议仲裁机关，是代表国家处理劳动争议的专门机构，直接受理和负责处理各种劳动争议案件，对争议的原因、过程等情况比较了解，并且有一定的办案经验。人民法院审理劳动争议案件时，应多向这些部门调查，密切与之配合。

（3）劳动争议诉讼的主要环节。劳动争议诉讼，在实践中表现为由若干连续阶段所构成的一个整体过程，每一阶段都有其确定的任务，在完成上一阶段任务后，依次再往下一阶段转移，各阶段互相衔接，保持连续性。一般来说，一个完整的劳动争议诉讼主要有以下几个环节。

1）起诉和受理。即当事人向法院提出起诉和人民法院受理起诉。这一阶段的中心任务是审查起诉是否符合条件和能否立案审理。如果决定受理，诉讼便由此开始。

2）案件审理前的准备。这一环节主要是人民法院为案件的正式审理做好各方面的准备，包括调查收集证据、准备有关材料。这一环节是案件正式审理的基础。

3）开庭审理。即审判组织集合诉讼参加人和其他诉讼参与人正式开庭审理案件。这是全部诉讼的核心环节，是诉讼活动的集中体现和典型形态。

4）裁判。即对案件的事实做出认定，并依据所选择适用的法律，对案件的争议做出实体判决和程序上的裁定。

5）上诉。上诉是指当事人一方或双方不服一审法院的裁判而向上级人民法院上诉，上级人民法院由此对该案进行审查的过程。上诉环节的任务在于通过对案件，尤其是对一审法院的裁判进行审查，保证案件最终处理的正确性。

6）强制执行。这一环节的主要任务是对当事人不履行法院判决或其生效法律文书所确定的义务，而通过法定手段和形式强制义务人履行。

除了这 6 个环节外，对于已经发生法律效力的裁判，如发现确有错误，还可按审判监督程序进行再审。这一环节是一种补充，不属于诉讼正常的、必备的环节。需要说明的是，虽然上述 6 个环节共同构成劳动争议诉讼的整体，但并不是每一具体的诉讼都要经历这 6 个环节。有些案件在一审终结后，不再上诉，案件便由此而终结，不需再经过上诉审理环节；有些案件，当事人在起诉后，开庭审理前便撤诉，案件便不必再经历以后的环节。这 6 个环节是一个完整的劳动争议诉讼经历的全部阶段，而各阶段必须依次进行，不能逾越。

（4）劳动争议案件的受理。关于劳动争议案件的受理范围，《解释》适当地扩大了人民法院受理劳动争议案件的范围。

劳动者与用人单位之间发生的下列纠纷，属于《劳动法》规定的劳动争议，当事人不服劳动争议仲裁委员会做出的裁决，依法向人民法院起诉的，人民法院应当受理：① 劳动者与用人单位在履行劳动合同过程中发生的纠纷；② 劳动者与用人单位之间没有订立书面劳动合同，但已形成劳动关系后发生的纠纷；③ 劳动者退休后，与尚未参加社会保险统筹的原用人单位因追索养老金、医疗费、工伤保险待遇和其他社会保险费而发生的纠纷。

在严格执行《劳动法》规定的劳动仲裁诉讼的前置程序的基础上，《解释》规定，对劳动争议仲裁委员会以当事人申请仲裁的事项不属于劳动争议为由，或以当事人的仲裁申请超过 60 日期限为由，做出不予受理的书面裁决、决定或者通知，当事人不服，依法向人民法院起诉的，人民法院应当分别情况予以处理。属于劳动争议案件的，应当受理；虽不属于劳动争议案件，但属于人民法院主管的其他案件，应当依法受理；对确已超过仲裁申请期限，又无不可抗力或者其他正当理由的，依法驳回其诉讼请求。

劳动争议仲裁委员会以申请仲裁的主体不合格为由，做出不予受理的书面裁决、决定或者通知，当事人不服，依法向人民法院起诉的，经审查，确属主体不合格的，裁定不予受理或者驳回起诉。

劳动争议仲裁委员会为纠正原仲裁裁决错误重新做出裁决，当事人不服，依法向人民法院起诉的，人民法院应当受理。

《解释》还规定："劳动争议仲裁委员会仲裁的事项不属于人民法院受理的案件范围，当事人不服，依法向人民法院起诉的，裁定不予受理或者驳回起诉。"

（5）劳动诉讼案件的证据。2001 年 12 月，最高人民法院公布了《最高人民法院关于民事诉讼证据的若干规定》（以下简称《证据规定》），共计 83 条，极大地丰富了民事审判的证据规则，无论是对公民参加诉讼还是法官审理案件都具有非同寻常的意义。

在这些规定中，对劳动争议而言，应特别注意以下几方面。

1）举证责任后果。举证责任，是指当事人在诉讼中对自己的主张加以证明，并在自己的主张最终不能得到证明时承担不利的法律后果的责任。在《证据规定》中，对举证不能的后果，进行了明确规定："没有证据或者证据不足以证明当事人的事实主张的，由负有举证责任的当事人承担不利的法律后果。"同时还规定了因证据的证明力无法判断导致争议事实难以认定的，人民法院应当依据举证责任分配的规则做出裁判。在劳动争议案件的举证问题上，《解释》免除了劳动者的一些举证责任，规定："因用人单位做出的开除、除名、辞退、解除劳动合同、减少劳动报酬、计算劳动者工作年限等决定而发生的劳动争议，用人单位负举证责任。"

2）举证时限制度。针对过去长期实行的当事人在诉讼中的各个阶段均可以随时提出新的证据主张，导致诉讼程序的安定性得不到应有保障的问题，新的《证据规定》明确规定了举证时限制度。人民法院应当根据案情确定举证期限，举证期限不得少于 30 日，自当事人收到案件受理通知书和应诉通知书的次日起算，举证期限也可由当事人协商并经法院认可。人民法院应当向当事人说明举证的要求及法律后果，促使当事人在合理期限内积极、全面、正确、诚实地完成举证。对逾期举证的，法院将不组织质证，也就是不能作为定案的依据，并且逾期举证提供的证据不能作为推翻原判决的新证据。举证期内提交证据材料有困难的，须由当事人提出申请并经法院决定。

3）证据交换制度。双方当事人在开庭审理前互相交换证据，证据交换可以由当事人申请，也可以由法院依职权决定。证据交换的主持人是审判人员。

4）界定了非法取证的范围。《证据规定》明确规定："以侵害他人合法权益或者违反法律禁止性规定的方法取得的证据，不能作为认定案件事实的依据。"这就对"非法"的范围进行了限定。电视暗访、私自录音、录像，不一定就是非法证据，只有侵犯了他人隐私权、侵犯了国家秘密、企业商业秘密等才是非法证据。

5）被告的答辩义务。《证据规定》规定："被告应当在答辩期届满前提出书面答辩，阐明其对原告诉讼请求及所依据的事实和理由的意见。"被告如果不答辩，不向法院提供其相关证据，将要承担对其不利的诉讼后果，从而改变了以前司法实践中，答辩被视为当事人的一种权利的做法。

（6）劳动争议案件的审理。人民法院受理劳动争议案件后，当事人增加诉讼请求的，如该诉讼请求与讼争的劳动争议具有不可分性，应当合并审理；如属独立的劳动争议，应当告知当事人向劳动争议仲裁委员会申请仲裁。

用人单位对劳动者做出的开除、除名、辞退等处理，或者因其他原因解除劳动合同确有错误的，人民法院可以依法判决予以撤销。对于追索劳动报酬、养老金、医疗费以及工伤保险待遇、经济补偿金、培训费及其他相关费用等案件，给付数额不当的，人民法院可以予以变更。

（7）劳动争议诉讼时效。根据《劳动法》和《中华人民共和国企业劳动争议处理条例》的规定，劳动争议当事人对仲裁裁决不服的，自收到裁决书之日起 15 日内，可以向人民法院起诉。当事人在法定期限内既不起诉，又不履行仲裁裁决的，另一方当事人可以申请人民法院强制执行。

（8）劳动争议案件的执行。当事人对发生法律效力的调解书和裁决书，应当依照规定的期限履行。一方当事人逾期不履行的，另一方当事人可以申请人民法院强制执行。当事人申请人民法院执行劳动争议仲裁机构做出的发生法律效力的裁决书、调解书，被申请人提出证据证明劳动争议仲裁裁决书、调解书有下列情形之一，并经审查核实的，人民法院可以根据《民事诉讼法》第二百一十七条的规定，裁定不予执行：① 裁决的事项不属于劳动争议仲裁范围，或者劳动争议仲裁机构无权仲裁的；② 适用法律确有错误的；③ 仲裁员仲裁该案件，有徇私舞弊、枉法裁决行为的；④ 人民法院认定执行该劳动争议仲裁裁决违背社会公共利益的。人民法院在不予执行的裁定书中，应当告知当事人在收到裁定书之次日起 30 日内，可以就该劳动争议事项向人民法院起诉。

## 8.3.3　劳动争议处理的依据

按劳动法的要求，劳动权利和劳动义务是依据劳动标准、劳动合同、集体合同和企业劳动规则等具体确定的。因而，明确这些依据同劳动争议处理的关系，在理论和实践中都具有重要意义。

### 1．劳动标准

劳动标准既是法律规范的主要内容，也是法律调整的基本方法。在我国，无论是劳动法规直接规定的劳动标准，还是有关国家机关依据劳动法规制定的劳动标准，都可依其任务不同分为保障性劳动标准和管理性劳动标准。保障性劳动标准又称劳动者保护标准，是关于用人单位向劳动者提供劳动条件和劳动待遇的最低标准，即《劳动法》保护劳动者利益的基本标准，通常称为劳动基准，如最低工资标准、最高工时标准、劳动安全卫生标准等。管理性劳动标准又称劳动管理标准，是作为劳动管理尺度的标准，如劳动定员标准、劳动定额标准、职业技能等级标准、劳动岗位规范标准、基本工资标准、职工伤亡事故等级标准、残废等级标准等。这两种劳动标准同劳动争议相关，尤其是保障性劳动标准，与劳动争议的联系更为密切。

劳动标准作为劳动法律规范的内容或延伸，是处理劳动争议的必要依据，对劳动争议的调解、仲裁和诉讼都有一定的约束作用。但保障性劳动标准与管理性劳动标准对劳动争议处理的约束在约束对象、约束力度和约束方式上都不尽相同。

保障性劳动标准对争议处理的约束有 3 个特点。

（1）就其内容来说，它属于劳动权利标准，即关于劳动者在劳动关系中应享有权利的标准，因而，它的约束对象仅限于关于劳动权利的争议，而劳动义务争议的处理则不受此标准约束。

（2）就其法律效力来说，它属于强制性标准，因而，它的约束力度具有必须执行的刚性。凡是国家对作为争议标的的劳动权利已规定标准的，该争议的处理就必须严格执行已有标准。即使是以调解方式处理争议，调解的结果也不得违反标准。无论是调解协议还是仲裁裁决或法院判决，其内容都必须符合标准的要求。

（3）就其表现形式来说，它属于最低标准，因而，它的约束方式是为劳动者在劳动关系中所应享有的权利规定一个最低限，处理劳动争议时，应保障劳动者的权利不低于标准的要求。即使当事人之间达成调解协议，该协议所确定的劳动权利应等于或高于标准所规定的水平。也就是说，当事人双方不得就作为争议标的的劳动权利达成低于标准的调解协议，否则，调解协议因违法而无效。

管理性劳动标准，就其内容看，既有劳动权利标准（如基本工资标准），又有劳动义务标准（如劳动定额标准），还有不直接以劳动权利和义务为内容而只同劳动权利和劳动义务有一定联系的标准（如职业技能等级标准）；就其法律效力看，大多为推荐性标准，也有一定的强制性标准；就其表现形式看，大多既非最低标准也非最高标准，而是既可高于也可低于要求执行的标准或者既不能高于也不能低于要求执行的标准。可见，管理性劳动标准对劳动争议处理的约束，呈现出多样性。在处理劳动争议时，对于劳动争议标的涉及管理性劳动标准，应当根据其内容、效力和形式，准确把握其约束的对象、力度和方式，从而确定其作为处理劳动争议依据的具体法律意义。例如，当劳动争议涉及某项劳动定额标准时，该项劳动定额标准可否作为处理劳动争议的依据，主要取决于这样两个因素：① 作为争议当事人一方的企业是否具备适用该项劳动定额标准的生产、技术和组织条件。因为只有在已实际具备该条件的企业，才可以按照该项劳动定额标准确定劳动者应完成的劳动定额。于是，该项劳动定额标准才能作为处理该争议的依据。② 该项劳动定额标准属于推荐性标准还是强制性标准。若属于推荐性标准，它对具备条件的企业确定劳动定额仅具有示范作用，只能成为处理争议的参考性依据；若属于强制性标准，则具备条件的企业在确定劳动定额时应当执行该项劳动定额标准，处理争议时必须严格以该项劳动定额标准为依据。

## 2．劳动合同

在市场经济中，劳动合同是劳动关系的普遍性法律形式，也是劳动争议处理的普遍性法定依据。劳动合同对劳动争议处理的制约，因劳动争议处理方式是调解还是裁决（判决）而有所不同。

劳动合同作为劳动者与用人单位之间的合意行为，决定着劳动争议可以用调解方式予以解决。因为调解在本质上也是一种合意行为，既然作为劳动争议标的的劳动权利和劳动义务是由劳动者和用人单位的合意行为所确定的，当劳动者与用人单位就劳动权利和劳动义务发生争议时，以调解方式解决争议也就理所当然。在这里，调解实际上是劳动争议双方当事人就劳动权利和劳动义务重新达成新协议（新合同）。正是由于调解也属于合同，所以劳动合同所约定的劳动权利和劳动义务，可以为调解协议所变更。换言之，劳动合同作为调解的法定依据，只具有相对意义，调解既要以劳动合同为依据，又可以做出不同于劳动合同条款的协议。但应当明确的是，调解的自由度，即争议当事人双方达成调解协议的自主程度，因劳动合同条款所依据的法律规范是任意性规范还是强行性规范而有所不同。如果发生争议的合同条款是以强行性法律规范为依据的，调解时，双方当事人只能在该强行性法律规范所允许的限度内进行协议，也就是说，双方当事人只能在该合同条款的基础上进行调解，并且调解协议的内容必须严格符合该合同条款所依据的法律规范。如果发生争议的合同条款是以任意性法律规范为依据的，调解时，双方当事人就不一定要在该合同条款的基础上进行调解，也就是说，调解协议的内容可以与该合同条款部分不同，甚至完全不同，即使调解协议内容是对合同条款的否定，只要没有违反相关的强行性法律规范，也不能认为违法。

裁决（判决）与调解不同，它排除了争议当事人双方的合意，只要发生争议的合同条款本身是合法有效的，就不必要也不应当在裁决（判决）时变更或否定该合同条款。换言之，裁决（判决）的内容应当与该合同条款的要求相符合。在此意义上，合同也即法律。

### 3．集体合同

集体合同，是用人单位或其团体与工会组织签订的，以全体劳动者在劳动、生活方面的共同条件为中心内容的书面协议。按其主体范围不同，可分为企业集体合同、产业集体合同、职业集体合同、地区集体合同和全国集体合同。在我国现阶段，只存在企业集体合同。对于已实行集体合同制度的企业来说，职工的劳动权利和劳动义务除了由劳动合同规定外，还由集体合同规定，因而集体合同也是处理劳动争议的一种重要依据。

在集体合同内容中，一般有标准性条款、目标性条款和程序性条款，其中可作为处理劳动争议依据的，只限于标准性条款。所谓标准性条款，即规定个人劳动关系的标准的条款。它是签订劳动合同所应遵循的标准，劳动合同所约定的劳动任务、劳动条件和劳动待遇是它的具体化。因而，它应当并且能够成为劳动争议处理的依据。而目标性条款则是规定在集体合同期限内用人单位或全体职工应当实现特定目标的条款，这种目标一般不分解到各个劳动合同中去，因而同职工个人的劳动权利义务无直接联系。至于程序性条款则是规定集体合同自身运行的程序规则的条款，同职工个人的劳动权利和劳动义务无直接联系。所以，目标性条款和程序性条款都不适合作为劳动争议处理的依据。

集体合同与职工个人劳动权利和劳动义务的联系方式有两种：① 间接联系，即集体合同—劳动合同—劳动权利和劳动义务；② 直接联系，即集体合同—劳动权利和劳动义务。在这两种联系方式中，集体合同作为劳动争议处理依据的法律意义不尽相同。

在集体合同与职工个人劳动权利和劳动义务的间接联系方式中，集体合同为签订劳动合同规定标准，劳动合同则依据集体合同所规定的标准具体确定职工个人的劳动权利和劳动义务。当发生劳动争议时，一般只需以劳动合同作为处理劳动争议的依据即可。但是，有两种情况应当以集体合同作为处理劳动争议的依据：① 劳动合同所约定的劳动权利和劳动义务低于集体合同所规定的标准时，该劳动合同条款因违反集体合同而无效，就应当以集体合同中相应的条款作为处理劳动争议的依据。② 劳动合同条款的意思表示有瑕疵时，如内容不具体、含义不明确等，如果当事人双方不能达成调解协议，对该劳动争议进行裁决或判决时，就应当以集体合同中相应的条款为依据。

在实践中，集体合同与职工个人劳动权利和劳动义务的直接联系方式，一般只可能发生在下述场合：① 企业与职工不签订劳动合同，而以集体合同取代劳动合同。② 劳动合同内容不全面，其漏项部分由集体合同中相应的条款作补充。③ 原劳动合同失效又未签订新劳动合同，或者从未签订有效的劳动合同，而存在事实劳动关系，集体合同中可适用于该劳动关系的条款就当然地起着劳动合同的作用。在上述各种场合，如果发生劳动争议，集体合同就应当直接作为处理劳动争议的依据。

集体合同对劳动争议处理的约束，较之劳动合同，有一个不应被忽视的特点，即争议当事人双方达成的调解协议虽然可以变更劳动合同内容，但不得变更集体合同内容。这是因为，集体合同是用人单位与全体职工之间的协议，对企业行政和全体职工都有约束力，集体合同规定的企业行政方的义务是企业行政对职工集体的义务，体现了集体合同中的职工方意志是全体职工的集体意志，所以，企业行政和任何单个或部分职工都无权变更集体合同。因此，在以调解方式处理劳动争议时，调解协议的内容不得违反集体合同条款。

### 4．企业劳动规则

企业劳动规则，又称厂规厂法，是指企业依法制定的在本企业范围内有效的关于如何组织劳动过程和进行劳动管理的规则。它是劳动法律规范的延伸和具体化，对劳动关系、当事人双方的权利和义务都有规定，劳动纪律是其中的必要部分。各国在立法上都赋予企业以制定企业劳动规则的权力，并确认企业劳动规则的法律效力。因而，劳动争议处理应当以企业劳动规则为依据。

应当明确的是，作为劳动争议处理依据的企业劳动规则，必须具备有效要件。一般认为，企业劳动规则包括以下几个有效要件。

（1）企业劳动规则的制定主体合法。作为企业自主权的一个组成部分，企业劳动规则的制定权只能归企业行政。从理论上说，有权代表企业行政制定企业劳动规则的机构，应当是在企业内部管理系统中处于最高层次、对企业的各个组成部分和全体职工有权实行全面和统一管理的机构。

（2）企业劳动规则的内容合法，即必须符合有关法规和政策，符合道德规范。

（3）企业劳动规则的制定程序合法。在其程序中，一般必须包括有职工参与制定的环节。企业劳动规则的有效要件一般应由有关法规具体规定，也可以由集体合同做补充性规定。凡是不完全具备有效要件的企业劳动规则，都不能作为劳动争议处理的依据。尤其是关于职工违纪处分的争议，更应强调以合法有效的企业劳动规则作为依据。

在以企业劳动规则作为劳动争议处理的依据时，还应当明确企业劳动规则与劳动合同、集体合同的关系。

企业劳动规则与集体合同在效力上并非处于同一层次或等级。集体合同的签订，是企业行政与全体职工意思表示一致的双方法律行为，而企业劳动规则的制定，则是企业行政的单方行为，尽管在制定企业劳动规则的过程中有职工方的参与，且反映和吸收了职工方的意志，但仍然是以企业行政的名义制定的。由于劳动合同约定职工有义务遵守规章制度和劳动纪律，所以企业劳动规则对职工有约束力。在集体合同中，还可以就企业劳动规则的制定和实施做出规定。因此，企业劳动规则在效力上低于集体合同，只有不同集体合同条款相抵触的企业劳动规则，才可以作为处理劳动争议的依据。

# 8.4　劳动争议的预防

### 引导案例 8-4

企业工会要牢固构筑劳动争议预防体系，要严格落实以"预测、预审、预报、预控"为主要内容的劳动争议预警排查制度。工会组织要发挥"第一知情人、第一报告人、第一监督人"的作用，扎实做好职工舆情信息收集整理工作，及时向单位党政和上级工会客观反映职工的思想动态和利益诉求，帮助协调解决职工群众的切身利益问题。特别是在当前企业普遍面临转型发展的严峻经济形势下，要认真分析排查影响劳动关系和谐的不稳定因素，加强对劳动关系矛盾和问题的信息沟通、反馈和协调处理，把调解贯穿于处理劳动争议的整个过程。如果发现重大劳动争议隐患，工会组织要对可能引发矛盾激化的事件提前介入、及时疏导、积极化解，既要积极代表职工群众的切身利益和合理要求说话，又要充分考虑企业状况和承受能力，向职工做好解惑释疑工作，促进劳动关系双方的理解和信任，努力把矛盾和问题解决在萌芽状态，为创建劳动关系和谐企业奠定坚实的基础。

思考题：谈谈你对劳动争议预防的具体措施的认识。

## 8.4.1　劳动争议预防的意义

劳动争议的发生，既有不以人的意志为转移的客观的一面，也有人力可以改变的主观的一面。劳动争议的预防就是要在认识劳动争议发生的客观规律的基础上，发挥人的主观能动性，尽量限制或减少劳动争议的发生。在市场经济发达的国家和地区，劳动争议的治理可以划分为两种：一种是预防，另一种是处理。劳动争议的处理，不管其制度和法律多么健全和有效，也只能是一种事后处理，只能是在劳动关系运行不正常情况下的一种补救措施，法学上称之为"公力救济"。劳动争议的处理结果，不管多么完善或令双方当事人多么满意，但争议所带来的经济损失甚至社会损失已经发生，这是无法挽回的。尽管劳动争议的发生在社会上是难以避免的，但尽量减少劳动争议的发生仍是劳动争议治理的最终目标。这就是说，劳动争议的预防在劳动争议的治理中占据着特殊的地位。

就市场经济发达的国家和地区的实践来看，劳动争议的预防对维护劳动者的合法劳动权益和管理者的合法经营权益、提高劳动者的个人福利和企业的经济效益有着十分重要的意义，而且对维护整个社会的经济秩序甚至国家的社会经济环境的稳定也有着不容忽视的效果。具体来说，劳动争议的预防具有以下几方面明显的意义。

### 1. 有利于企业劳动关系的稳定和合作

劳动争议是基于劳动关系双方主体的矛盾和摩擦而发生的。劳动争议的预防，就是要采取有效的预防措施，化解双方主体的矛盾和摩擦，防止事态的进一步发展和恶化。同时，通过这些预防措施，还可以促进双方主体的互谅互让，在企业内形成一种相互尊重、平等协商、共谋发展的态势和格局。这显然有利于劳动关系的稳定和合作。

### 2．有利于企业经济效益的提高和劳动者个人福利的增加

劳动争议主要涉及劳动者的切身利益和企业的经济利益。劳动争议发生后，双方主体在坚持自身利益的相持过程中和劳动争议的处理过程中，劳动者缺乏生产积极性，企业管理也不会有效开展，甚至企业的生产经营处于停滞状态，这样，企业经营效益势必低下，劳动者的工资福利等也难以保证。而通过劳动争议的预防，就完全可以避免这种状况的出现。相反，通过适当的预防措施，还可以提高劳动者的生产积极性和劳动生产率，保证企业经营的顺利运行，实现企业经济效益和劳动者个人福利的双丰收。

### 3．有利于减轻企业劳动者的精神负担和经济负担，避免"官司"之苦

劳动争议发生后，劳动者一方面要在漫长的劳动争议处理中耗费较多的时间和精力，另一方面有时还要缴纳相应的仲裁费或诉讼费甚至律师费等。而通过劳动争议的预防，就可以完全避免劳动者在这方面的精神负担和经济负担，避免这方面的"官司"给劳动者带来的不必要的麻烦和痛苦。

## 8.4.2　劳动争议预防的原则及措施

### 1．劳动争议预防的原则

劳动争议预防的原则，是指劳动关系的各个环节、各个部门以及劳动争议的处理机构，在劳动争议的预防工作中必须遵循的行动指南和贯彻的行为准则。

（1）劳动争议的预防要贯彻预防为主的原则。所谓预防为主，就是指在劳动争议的治理中，劳动关系的各个环节、各个部门以及劳动争议的处理机构要坚持以预防为主，要采取一切切实可行的措施，尽可能将劳动争议的事后处理转变为事前预防。可以说，预防为主是劳动争议预防必须贯彻的基本原则。

（2）劳动争议的预防要贯彻化解矛盾的原则。化解矛盾就是要求只要劳动关系的双方主体之间出现了利益矛盾和利益分歧，就要尽快解决或化解，避免矛盾的升级或激化，尽可能将劳动争议消灭在萌芽状态。对此，劳动关系的双方主体和工会以及劳动争议调解委员会都可以成为直接行为人或行为主体，都有很多工作可做。

（3）劳动争议的预防还要贯彻保障劳动者权益的原则。劳动者在劳动关系的运作中处于相对弱势的地位，大多数劳动争议的发生都是建立在劳动者权益受到侵害或忽视的前提下。因此，要预防劳动争议的发生，依法保护劳动者的各种权益，意义十分重大。保障劳动者权益的原则就是要求保证劳动者工资和各种福利待遇等如期兑现，并能得到不断改善以保证劳动者正常的工作时间和正常的休息、休假时间，保障劳动者参与企业管理的权利，尊重劳动者参与工会的自由权，保障劳动者自主选择职业的权利等。

应当指出的是，化解矛盾的原则和保障劳动者权益的原则，是劳动争议预防需要贯彻的具体原则。

### 2．劳动争议预防的具体措施

劳动争议预防的具体措施，要围绕劳动争议产生的原因尤其是主要原因来寻找。概括起来，劳动争议预防的具体措施包括以下几个方面。

（1）建立、健全劳动法规，加强劳动执法力度，规范管理者和劳动者的各种行为。劳动争议发生的根本原因是劳动关系双方主体之间的利益差别，而这种利益差别在任何情况下都会存在。要保证一方主体在实现自己利益的同时不侵害或不忽视另一方主体的利益，遏制劳动争议的发生，建立、健全劳动法规，加强劳动执法力度，规范双方主体的有关行为，就显得十分重要。

（2）加强劳动法规的宣传、教育工作，增强劳动关系双方主体的法律意识，使他们都能够做到知法、懂法和守法。劳动争议的发生很多是出现在劳动关系双方主体自身素质不高、法律意识淡薄的情况下，这样，对他们进行普及企业劳动法规的宣传和教育，对于有效减少因双方主体法律意识淡薄而造成的劳动争议的发生大有好处。

（3）加强劳动合同或集体合同的监督和管理，使劳动关系双方主体都能依法签订或履行劳动合同或集体合同。因劳动合同或集体合同的签订或履行方面的矛盾和纠纷而导致的劳动争议的发生并不少见，加强劳动合同或集体合同的监督和管理，对于有效减少劳动争议的发生也会有积极的作用。

（4）发挥工会组织的积极作用，促进其真正成为维护工人合法权益的代言人。工会组织的作用并不仅仅在于通过组织工人与雇主进行抗争，从而成为劳动争议甚至劳动关系冲突的工人一方的代表或代言人。工会组织还可以通过与雇主谈判的方式，维护工人的合法权益，从而将工人与雇主之间的矛盾化解掉，这也可以有效减少劳动争议的发生。

（5）加强企业的民主管理，建立和完善劳动关系的内部协调和制约机制。劳动争议的发生有相当大的比例与企业管理尤其是企业民主管理，即工人参与管理密切相关，因此，加强企业的民主管理，对于减少劳动争议的发生也会发挥积极的作用。同时，加强企业的民主管理，吸收工人参与企业管理，对于发挥工人的生产积极性、融洽双方主体之间的关系、促进劳动关系内部协调机制和制约机制的建立和完善、加强劳动关系的合作，都将发挥不容忽视的作用。

# 本章习题

## 一、名词解释

1．劳动争议　　　　2．劳动争议仲裁　　　　3．劳动争议诉讼

4．企业劳动规则　　5．劳动争议预防的原则

## 二、选择题

1. 在我国，个别争议的职工当事人仅限于（　　）。

A. 1人　　　　　B. 2人　　　　　C. 1人或2人　　　　　D. 最少2人

2. 企业调解委员会调解劳动争议未达成协议的，当事人可以自劳动争议发生之日起（　　）日内，向劳动争议仲裁委员会申请仲裁。

A. 10　　　　　B. 20　　　　　C. 30　　　　　D. 60

3. 劳动争议处理的一般程序包括（　　）。

A. 协商　　　　　B. 调解　　　　　C. 仲裁

D. 诉讼　　　　　E. 备案

4. 引起劳动争议的原因包括（　　）。

A. 用工不签订劳动合同

B. 合同内容不完善

C. 合同程序不合法

D. 合同变更、解除以及续聘时没有及时履行必要的文字手续

E. 劳动者运用法律武器保护自己合法权益的意识逐步增强

5. 劳动争议处理的原则包括（　　）。

A. 及时处理原则　　　　　　　　　B. 调解原则

C. 正义原则　　　　　　　　　　　D. 当事人在适用法律上一律平等原则

E. 道德至上原则

## 三、判断题

1. 广义的劳动争议仅指劳动关系双方当事人之间关于劳动权利和劳动义务的争议。（　　）

2. 劳动争议以劳动权利和劳动义务为标的。（　　）

3. 劳动争议的主体是彼此存在劳动关系的用人单位和劳动者。（　　）

4. 在劳动争议中不满的严重程度比劳资纠纷更大。（　　）

5. 劳动争议调解委员会由职工代表、企业代表及企业工会代表组成。（　　）

## 四、简答题

1. 简述劳动争议的含义及特点。

2. 简述引起劳动争议的原因。

3. 简述劳动争议处理的原则。

4. 简述劳动争议处理的依据。

5. 企业应如何预防劳动争议的发生？

## 五、案例题

### 【案情】

2015年1月，沈新机械设备厂招聘一名机械设计师。孙某应聘后，与厂方签订了为期

5 年的劳动合同，未约定试用期。一个月后，厂方发现孙某根本不能胜任工作，便书面通知与其解除劳动合同。孙某不服，诉至劳动争议仲裁委员会，要求仲裁。

　　经劳动争议仲裁机构调查：当时该机械设备厂因生产需要，欲招聘一名有机床设计工作经验且掌握机床电气原理和机床维修知识的机械设计师。孙某得知此事后到该厂应聘。当时他自称自己完全符合该厂所提出的招聘条件，不但具有 8 年从事机床设计工作的经验，而且精通各种机床的电气原理和维修知识。厂方听了孙某的自我介绍后，便与其签订了为期 5 年的劳动合同，约定的工作岗位为机械设计师。一个月后，厂方在工作中发现，孙某不但不能胜任机床设计工作，而且连进行该项工作的基本常识都不懂。于是，厂方便怀疑孙某应聘时的自荐材料有假。经过调查得知，孙某的自荐材料纯属虚构，他高中毕业后，一直在一家国有企业当机床维修工人，并不懂机械设计。进该机械设备厂前，他刑满释放，在社会上游荡。厂方在获悉了孙某的真实情况后，决定与其解除劳动合同。

　　【问题】
　　你认为劳动争议仲裁委员会应如何断案？为什么？

# 附录 A 　劳动合同格式

甲方（用人单位）：

法定代表人：

地址：

电话：

乙方（劳动者）：

身份证号码：

身份证住址：

现居住地址：

家庭电话： 　　　　　　手机：

合同起止日期：

根据《中华人民共和国劳动法》、《中华人民共和国劳动合同法》及国家有关法律法规，甲乙双方经平等协商，自愿签订本合同，共同遵守本合同所列条款。

## 一、合同订立条件

第一条　乙方保证符合甲方如下录用条件：

（1）岗位技能：＿＿＿＿＿＿＿＿＿＿＿＿＿＿

（2）工作经验：＿＿＿＿＿＿＿＿＿＿＿＿＿＿

（3）文化程度：＿＿＿＿＿＿＿＿＿＿＿＿＿＿

（4）其他条件：＿＿＿＿＿＿＿＿＿＿＿＿＿＿

第二条　乙方保证在签订本合同时与其他任何单位不存在任何形式的劳动关系。

## 二、合同期限

第三条　甲、乙双方选择以下第＿＿＿＿＿种形式确定本合同期限：

（一）固定期限：自＿＿＿年＿＿＿月＿＿＿日起至＿＿＿年＿＿＿月＿＿＿日止。

（二）无固定期限：自＿＿＿年＿＿＿月＿＿＿日起至法定的或本合同所约定的终止条件出现时止。

（三）以完成一定的工作任务为期限。自＿＿＿年＿＿＿月＿＿＿日起至＿＿＿＿＿＿工作任务完成时即行终止。

第四条　合同期限前＿＿＿个月为试用期。即＿＿＿＿年＿＿＿＿月＿＿＿日至＿＿＿＿年＿＿＿＿月＿＿＿日。

### 三、工作内容和工作地点

第五条　乙方同意根据甲方工作需要，在＿＿＿＿＿＿部门从事＿＿＿＿＿＿岗位工作。

第六条　甲方根据经营情况和乙方工作业绩能力表现，可以变更或调整乙方的职位和工作内容。

第七条　乙方应按照甲方的要求，按时完成规定的工作数量，达到规定的质量标准。

第八条　乙方的工作地点为＿＿＿＿＿＿＿＿＿。根据甲方的工作需要，经甲乙双方协商同意，可以变更工作地点。

### 四、工作时间和休息休假

第九条　乙方实行＿＿＿＿＿＿＿＿＿＿＿工时制（标准工时制、不定时工时制、综合计算工时制）。

（一）实行标准工时制的，甲方安排乙方每日工作时间不超过八小时，每周不超过四十小时。甲方由于工作需要，经与乙方协商后可以延长工作时间，一般每日不得超过一小时，因特殊原因需要延长工作时间的，在保障乙方身体健康的条件下延长工作时间每日不得超过三小时，每月不得超过三十六小时。

（二）实行综合计算工时制的，平均每日工作时间不得超过八小时，平均周工作时间不得超过四十小时。

（三）实行不定时制的，工作时间和休息休假乙方自行安排。

第十条　乙方在合同期内享受国家规定的各项休息、休假的权利，甲方应保证乙方每周至少休息一天。

### 五、劳动报酬

第十一条　工资分配遵循按劳分配原则。甲方每月＿＿＿日以货币形式支付乙方上月工资，遇节假日可以微调发薪日期。

第十二条　乙方试用期的月工资为人民币＿＿＿＿＿＿＿元整（税前），转正后的月工资为人民币＿＿＿＿＿＿＿元整（税前）。乙方的个人所得税由甲方代扣。如甲方的工资制度发生变化或乙方工作岗位变动，按新的工资标准确定。

第十三条　乙方任职不同的职位和不同的级别享受相应的工资和奖金。甲方将根据乙方的业绩、能力和表现调整乙方的工资和奖金。

第十四条　乙方患病或非因工负伤，其病假工资、疾病救济费和医疗待遇按国家有关规定执行。

第十五条　甲方根据实际经营状况、规章制度、对乙方考核情况，以及乙方的工作年限、奖罚记录、岗位变化等，调整乙方的工资标准，但不可低于国家规定的最低工资标准。

第十六条　甲方根据工作需要安排乙方加班，应依法安排乙方同等时间补休或支付加班加点工资。

第十七条 乙方依法享受各种休假期间，甲方应按国家有关规定或规章制度规定的标准，支付乙方工资。

## 六、社会保险与福利待遇

第十八条 甲乙双方应按国家和地方社会保险的有关规定缴纳职工养老、失业、医疗、工伤等社会保险费用。其中单位应缴部分由甲方缴纳，个人应缴部分由乙方缴纳，甲方可从乙方工资代为扣缴。

第十九条 甲乙双方解除、终止劳动合同时，甲方应按国家有关规定为乙方办理社会保险相关手续。

第二十条 乙方患病或非因工负伤的医疗待遇按照国家和地方有关政策规定执行。

第二十一条 乙方工伤待遇按国家和地方有关政策法规规定执行。

第二十二条 乙方在孕期、产期、哺乳期内等各项待遇，按照国家和地方有关生育保险政策规定执行。

第二十三条 甲方为乙方提供以下福利待遇：
（一）_____
（二）_____

## 七、劳动条件与劳动保护

第二十四条 甲方根据国家的有关法律、法规，建立健全工作规范、操作规程、劳动安全卫生制度；为乙方提供符合国家安全卫生标准的工作场所和完成工作任务所必须的劳动工具。

第二十五条 对乙方从事接触职业病危害作业的，甲方应按国家有关规定组织上岗前和离岗时的职业健康检查，在合同期内应定期对乙方进行职业健康检查。

第二十六条 乙方须严格遵守甲方制定的岗位规范、工作流程、操作规定、劳动安全卫生制度，自觉预防事故和职业病的发生。

第二十七条 甲方根据工作的需要，对乙方进行必要的业务、技能、技术培训和职业道德、劳动安全卫生等有关规章制度的培训教育。

## 八、劳动纪律

第二十八条 甲方依法规定的各项规章制度应向乙方公示。

第二十九条 乙方应遵守甲方依法制定的规章制度；履行所从事职位的职责；服从甲方的工作安排；遵守工作规范；爱护财产；参加甲方组织的培训，提高职业技能。

第三十条 乙方违反劳动纪律，甲方可依据本单位规章制度的规定，给予相应的行政处分、经济处罚等处理，直至解除劳动合同。

## 九、合同的变更、解除、终止、续订

第三十一条 订立本合同所依据的法律、行政法规及规章发生变化时，本合同相关内容亦相应变更。

第三十二条　订立本合同所依据的客观情况发生重大变化，致使本合同无法履行的，经甲乙双方协商同意，可以变更本合同相关内容。

第三十三条　经甲乙双方协商一致，本合同可以解除。

第三十四条　乙方有下列情形之一，甲方可以解除本合同：

（一）在试用期间被证明不符合录用条件的；

（二）严重违反甲方劳动纪律或甲方规章制度的；

（三）严重失职，营私舞弊，给甲方造成重大损害的；

（四）同时与其他用人单位建立劳动关系，对完成甲方的工作任务造成严重影响，或者经甲方提出，拒不改正的；

（五）以欺诈、胁迫的手段或者乘人之危，使甲方在违背真实意思的情况下订立或者变更劳动合同的；

（六）被依法追究刑事责任的。

第三十五条　下列情形之一，甲方可以解除本合同，但应提前三十日以书面形式通知乙方：

（一）乙方患病或者非因工负伤，在规定的医疗期满后不能从事原工作，也不能从事由甲方另行安排的工作的；

（二）乙方不能胜任工作，经过培训或者调整工作岗位，仍不能胜任工作的；

（三）劳动合同订立时所依据的客观情况发生重大变化，致使劳动合同无法履行，经甲方与乙方协商，未能就变更劳动合同内容达成协议的。

第三十六条　甲方濒临破产进行法定整顿期间或者生产经营发生严重困难，经提前三十日向工会或者全体职工说明情况，听取工会或者职工的意见，并将裁减人员方案向劳动保障行政部门报告后，可以解除本合同。

第三十七条　乙方有下列情形之一，甲方不得依据本合同第三十五条、第三十六条终止、解除本合同：

（一）从事接触职业病危害作业未进行离岗前职业健康检查或者疑似职业病人在诊断或者医学观察期间的；

（二）患职业病或因工负伤达到国家规定不得终止、解除劳动合同等级的；

（三）患病或非因公负伤，在规定的医疗期内的；

（四）女职工在孕期、产期、哺乳期内的；

（五）在甲方连续工作满十五年，且距法定退休年龄不足五年的；

（六）符合法律法规规定的其他情形的。

第三十八条　乙方可以单方面解除劳动合同，但应当提前三十日以书面形式通知甲方。在试用期内应提前三日通知甲方。

第三十九条　乙方参与甲方项目的，在项目结束后方可单方面解除劳动合同。如在项目未结束时辞职，乙方应当根据甲方项目管理办法的规定处理。甲方无项目管理规定的，乙方应以其最后一个月的全部工资和奖金承担赔偿责任，并赔偿对甲方造成的直接和间接的损失。

第四十条 甲方有下列情形之一，乙方可以随时通知甲方解除本合同：

（一）未按照劳动合同约定提供劳动保护或者劳动条件的；

（二）未及时足额支付劳动报酬的；

（三）未依法为劳动者缴纳社会保险的；

（四）甲方规章制度违反法律、法规的规定，并且损害劳动者权益的；

（五）以欺诈、胁迫的手段或者乘人之危，使乙方在违背真实意思的情况下订立或者变更劳动合同的；

（六）法律、行政法规规定劳动者可以解除劳动合同的其他情形。

第四十一条 甲方以暴力、威胁或者非法限制人身自由的手段强迫乙方劳动的，或者甲方违章指挥、强令冒险作业危及乙方人身安全的，乙方可以立即解除劳动合同，不需事先告知甲方。

第四十二条 有下列情形之一的，甲乙双方劳动合同终止：

（一）劳动合同期满的；

（二）乙方开始依法享受基本养老保险待遇的；

（三）乙方死亡，或者被人民法院宣告死亡或者宣告失踪的；

（四）甲方被依法宣告破产的；

（五）甲方被吊销营业执照、责令关闭、撤销或者甲方决定提前解散的；

（六）法律、行政法规规定的其他情形。

第四十三条 本合同期满后，甲乙双方经协商同意，可以续订劳动合同。如果劳动合同到期，甲乙双方签订的培训协议约定的服务期限未到期，原劳动合同有效期顺延至培训协议约定的服务期限到期为止。

第四十四条 本合同期满后，双方仍存在劳动关系的，甲方应与乙方及时补签或续订劳动合同，双方就合同期限协商不一致时，补签或续订的合同期限应从签字之日起不得少于____个月。

第四十五条 乙方符合续订无固定期限劳动合同条件的，甲方应与其签订无固定期限劳动合同。订立无固定期限劳动合同的，出现法定终止条件或甲乙双方约定的下列终止条件出现，本合同终止。

（一）_____

（二）_____

（三）_____

十、经济补偿与赔偿

第四十六条 下列解除劳动合同的情形，甲方应向乙方支付经济补偿金：

（一）乙方依照本法第三十八条规定解除劳动合同的；

（二）甲方依照《中华人民共和国劳动合同法》第三十六条规定向乙方提出解除劳动合同并与乙方协商一致解除劳动合同的；

（三）甲方依照《中华人民共和国劳动合同法》第四十条规定解除劳动合同的；

（四）甲方依照《中华人民共和国劳动合同法》第四十一条第一款规定解除劳动合同的；

（五）甲方依照《中华人民共和国劳动合同法》第四十四条第一项规定终止固定期限劳动合同的；甲方维持或者提高劳动合同约定条件续订劳动合同，乙方不同意续订的情形除外。

（六）甲方依照《中华人民共和国劳动合同法》第四十四条第四项、第五项规定终止劳动合同的；

第四十七条　甲方向乙方支付的经济补偿金，以乙方本人解除劳动合同前十二个月的平均工资为标准，按乙方在甲方工作年限，工作每满一年支付一个月工资的经济补偿金，六个月以上不满一年的，按一年计算；不满六个月的，向乙方支付半个月工资的经济补偿，经济补偿金最多不超过十二个月。

第四十八条　甲方违反本合同约定的条件解除劳动合同或由于甲方原因订立的无效劳动合同，给乙方造成损失的，应按损失的程度依法承担赔偿责任。

第四十九条　乙方提出提前解除合同申请，经甲方批准后，应在规定期限内办理离职手续。甲方依照法律、法规有关规定应当向劳动者支付的经济补偿金，在乙方办理好工作交接时支付。

第五十条　乙方违反本合同约定的条件解除劳动合同，不辞而别，或者辞职未提前一个月以书面通知或未在规定期限内办理离职手续，除以其最后一个月的全部收入作为赔偿金外，应按其给甲方造成的损失程度依法承担赔偿责任。

第五十一条　乙方不服从甲方的工作安排或拖延工作时间的，除非甲方认为有充分合理的理由，否则视为乙方辞职，甲方可通知乙方办理离职交接手续。

## 十一、劳动争议处理

第五十二条　因履行本合同发生的劳动争议，当事人可以向本单位劳动争议调解委员会申请调解；不愿调解或调解不成，当事人一方要求仲裁的，应当自劳动争议发生之日起六十日内向劳动争议仲裁委员会申请仲裁。当事人一方也可以直接向劳动争议仲裁委员会申请仲裁。对裁决不服的，可以向人民法院提起诉讼。

## 十二、其他

第五十三条　乙方确认下列地址为劳动关系管理相关文件、文书的送达地址，如以下地址发生变化，乙方应书面告知甲方。送达地址：_____邮编：_____。

第五十四条　甲方的各项规章制度及员工手册，均为本合同的附件，与本合同具有同等效力。

第五十五条　甲乙双方签订的《职位说明书》作为本合同的附件，与本合同具有同等

效力。

第五十六条 甲乙双方另行签订的《保密协议》、《竞业限制约定》作为本合同的附件，与本合同具有同等效力。

第五十七条 本合同未尽事宜或与今后国家有关规定相悖的，按有关规定执行。

第五十八条 本合同一式两份，甲乙双方各执一份。

甲方（盖章）： 乙方：

或委托代理人：

日期： 日期：

# 附录 B  劳务合同格式

甲方：

地址：

电话：

传真：

乙方：

地址：

电话：

传真：

鉴于甲方业务的需要，雇用乙方为甲方提供劳务。根据《中华人民共和国民法通则》、《中华人民共和国合同法》和有关规定，甲乙双方经平等协商一致，自愿签订本劳务合同书，共同遵守所列条款。

第一条　劳务合同期限

本劳务合同期限为＿＿＿个月，自＿＿＿年＿＿＿月＿＿＿日起至＿＿＿年＿＿＿月＿＿＿日止。甲方视业务需要及乙方绩效等可提前与乙方解除劳务关系或征得乙方同意与乙方续签劳务合同。

第二条　双方权利义务

1. 乙方承诺，根据乙方目前的健康状况，能够按照本合同约定为甲方提供劳务，也愿意承担所约定之劳务。

2. 甲方根据业务需要，委托乙方承担＿＿＿＿＿＿＿＿＿＿工作。

3. 乙方工作时间根据甲方需要确定。

4. 乙方提供劳务应遵守甲方的规章制度，达到甲方的各项要求和标准，并接受甲方的绩效考核。

5. 乙方在为甲方提供劳务中知悉的甲方商业秘密，不得提供或泄露给任何第三方。

6. 甲方按照乙方提供的劳务，向乙方支付报酬。

7. 乙方的各类社会劳动保险费用均由乙方原单位缴纳或由乙方本人自行缴纳。甲方依法代为扣缴乙方个人所得税。

第三条　劳务报酬支付

1．甲方每月＿＿＿日前以货币形式支付乙方上一个月的劳务报酬。

2．甲方每月向乙方支付的劳务报酬包括保底酬金＿＿＿元以及奖金。奖金的计算方式为：＿＿＿＿＿＿＿＿。

3．如需调整劳务报酬，甲乙双方另行约定。

第四条　合同的终止与解除

1．本合同期满如双方未续签，则合同自行终止。双方应及时办理交接手续。

2．甲方有权视业务需要及乙方业绩情况等随时解除本合同。除应当支付的劳务报酬外，甲方不向乙方支付任何补偿。

3．乙方需要提前解除本合同，应提前七日通知甲方，或补偿甲方＿＿＿元代替通知。

4．本合同终止或解除后，双方应及时办理交接手续。

第五条　违约责任

1．甲方不按照本合同约定日期向乙方支付劳务报酬的，每拖欠一日按照所拖欠金额的万分之四向乙方支付违约金。

2．乙方在提供劳务中因故意或过失给甲方造成损失的，按照损失的金额据实赔偿。

第六条　争议解决

甲乙双方在履行本合同过程中发生争议，应当通过协商解决。协商不成的，任何一方均有权向甲方所在地有管辖权的人民法院提起诉讼。

第七条　文本及生效

1．本合同文本一式两份，甲乙双方各执一份。

2．本合同于甲方盖章、乙方签字之日生效。

甲方：　　　　　　　　　　　　　　乙方：

　　　　　　　　　　　　　　　　　　日期：　　年　　月　　日

# 附录 C　女职工禁忌从事的劳动范围

**一、女职工禁忌从事的劳动范围：**

（一）矿山井下作业；

（二）体力劳动强度分级标准中规定的第四级体力劳动强度的作业；

（三）每小时负重 6 次以上、每次负重超过 20 公斤的作业，或者间断负重、每次负重超过 25 公斤的作业。

**二、女职工在经期禁忌从事的劳动范围：**

（一）冷水作业分级标准中规定的第二级、第三级、第四级冷水作业；

（二）低温作业分级标准中规定的第二级、第三级、第四级低温作业；

（三）体力劳动强度分级标准中规定的第三级、第四级体力劳动强度的作业；

（四）高处作业分级标准中规定的第三级、第四级高处作业。

**三、女职工在孕期禁忌从事的劳动范围：**

（一）作业场所空气中铅及其化合物、汞及其化合物、苯、镉、铍、砷、氰化物、氮氧化物、一氧化碳、二硫化碳、氯、己内酰胺、氯丁二烯、氯乙烯、环氧乙烷、苯胺、甲醛等有毒物质浓度超过国家职业卫生标准的作业；

（二）从事抗癌药物、己烯雌酚生产，接触麻醉剂气体等的作业；

（三）非密封源放射性物质的操作，核事故与放射事故的应急处置；

（四）高处作业分级标准中规定的高处作业；

（五）冷水作业分级标准中规定的冷水作业；

（六）低温作业分级标准中规定的低温作业；

（七）高温作业分级标准中规定的第三级、第四级的作业；

（八）噪声作业分级标准中规定的第三级、第四级的作业；

（九）体力劳动强度分级标准中规定的第三级、第四级体力劳动强度的作业；

（十）在密闭空间、高压室作业或者潜水作业，伴有强烈振动的作业，或者需要频繁弯腰、攀高、下蹲的作业。

**四、女职工在哺乳期禁忌从事的劳动范围：**

（一）孕期禁忌从事的劳动范围的第一项、第三项、第九项；

（二）作业场所空气中锰、氟、溴、甲醇、有机磷化合物、有机氯化合物等有毒物质浓度超过国家职业卫生标准的作业。

资料来源：中国政府网 http://www.gov.cn/flfg/2012-05/07/content_2131582.htm

# 参考文献

[1]  中华人民共和国劳动法[M]. 北京：中国法制出版社，2014.

[2]  中华人民共和国劳动合同法[M]. 北京：中国法制出版社，2013.

[3]  中华人民共和国劳动法（注释本）[M]. 北京：法律出版社，2012.

[4]  中华人民共和国劳动合同法（注释本）[M]. 北京：法律出版社，2013.

[5]  中华人民共和国劳动合同法实施条例[M]. 北京：法律出版社，2008.

[6]  中华人民共和国劳动争议调解仲裁法[M]. 北京：中国劳动社会保障出版社，2012.

[7]  中华人民共和国社会保险法·工伤保险条例·失业保险条例[M]. 北京：法律出版社，2014.

[8]  女职工劳动保护特别规定[M]. 北京：中国法制出版社，2012.

[9]  中华人民共和国职业病防治法[M]. 北京：法律出版社，2012.

[10]  中华人民共和国工会法[M]. 北京：中国法制出版社，2010.

[11]  郭捷,等. 劳动法学[M]. 北京：高等教育出版社，2014.

[12]  张志京. 劳动法学[M].上海：复旦大学出版社，2014.

[13]  姜俊禄. 劳动法律师基础实务[M].北京：中国人民大学出版社，2014.

[14]  黎建飞. 劳动合同法与实施条例简明问答三百问（人大版新法精释丛书）[M]. 北京：中国人民大学出版社，2008.

[15]  北京市劳动和社会保障法学会. 专家说法：劳动纠纷案例解析[M]. 北京：中国法制出版社，2013.

[16]  北京市劳动和社会保障法学会. 劳动争议疑难案例审理与解析[M]. 北京：中国法制出版社，2013.

[17]  圣才学习网.2016年国家司法考试《民法》法律法规汇编（含历年真题）.

[18]  圣才学习网.2016年国家司法考试《民事诉讼法与仲裁制度》法律法规汇编（含历年真题）.

# 反侵权盗版声明